# Procédure pénale marocaine

## Logiques Juridiques

*Fondée par Gérard Marcou*
*Dirigée par Jean-Claude Némery et Thomas Perroud*

Le droit n'est pas seulement un savoir, il est d'abord un ensemble de rapports et pratiques que l'on rencontre dans presque toutes les formes de sociétés. C'est pourquoi il a toujours donné lieu à la fois à une littérature de juristes professionnels, produisant le savoir juridique, et à une littérature sur le droit, produite par des philosophes, des sociologues ou des économistes notamment.

Parce que le domaine du droit s'étend sans cesse et rend de plus en plus souvent nécessaire le recours au savoir juridique spécialisé, même dans des matières où il n'avait jadis qu'une importance secondaire, les ouvrages juridiques à caractère professionnel ou pédagogique dominent l'édition, et ils tendent à réduire la recherche en droit à sa seule dimension positive. À l'inverse de cette tendance, la collection « Logiques juridiques » des éditions L'Harmattan est ouverte à toutes les approches du droit. Tout en publiant aussi des ouvrages à vocation professionnelle ou pédagogique, elle se fixe avant tout pour but de contribuer à la publication et à la diffusion des recherches en droit, ainsi qu'au dialogue scientifique sur le droit. Comme son nom l'indique, elle se veut plurielle.

### Dernières parutions

Jérémy BOUSQUET, *Le précédent judiciaire dans les conclusions des rapporteurs publics. Étude à partir du droit des contrats administratifs*, 2024.
Cătălin-Silviu SARARU et Cristina Elena Popa TACHE (dir.), *Le droit international en transition, Contributions à la 4e Conférence sur le droit comparé et international, Conférence internationale, 14 juin 2024, Bucarest*, 2024.
Laurence WARIN, *La santé dans toutes les politiques, État des lieux et réflexion sur son entrée et sa circulation dans différents ordres juridiques*, 2024.
Ahmed BENATTOU, *La mise en œuvre du droit de l'environnement au Maroc. Le cas de la forêt de Maâmora*, 2024.
Hugues RABAULT, *La constitution financière de la France Sources fondamentales du droit des finances publiques, Seconde édition actualisée et augmentée*, 2024.
Eric FÈVRE, *Comparaison du chef de l'Etat et du chef du Gouvernement en France et en Allemagne*, 2024.

Aziz En Nefkhaoui

# Procédure pénale marocaine

L'Harmattan

**5-7, rue de l'École-Polytechnique, 75005 Paris**

http://www.editions-harmattan.fr

ISBN : 978-2-336-48856-1
EAN : 9782336488561

# SOMMAIRE

## PRINCIPALES ABRÉVIATIONS

| | |
|---|---|
| AJDA | Actualité juridique de droit administratif |
| AJP | Actualité juridique pénal |
| ALD | Actualité législative Dalloz |
| Art. | Article |
| Arch. pol. crim | Archives de politique criminelle |
| APJ | Agent de police judiciaire |
| APM | Association professionnelle des magistrats (revue) |
| B.O. | Bulletin officiel |
| Ass. plén | Cour de cassation, assemblée plénière |
| Bull. crim | Bulletin des arrêts de la chambre criminelle de la Cour de cassation |
| Bull. civ. | Bulletin des arrêts de la Cour de cassation, chambres civiles |
| Bull. | Bulletin des arrêts de la Cour de cassation, chambre criminelle |
| C. civ. | Code civil |
| Ch. mixte Cour de cassation | chambre mixte |
| Chron | Chronique |
| Circ. | Circulaire |
| Conv. EDH (ou CESDH) | Convention européenne des droits de l'homme |
| Corr. | Correctionnel |
| C.P. | Code pénal |
| C.P.C. | Code de procédure civile |
| C.P.P. | Code de procédure pénale |
| Crim. | Cour de cassation, chambre criminelle |
| C. sup. | Cour suprême |

| | |
|---|---|
| CSM | Conseil supérieur de la magistrature |
| CSP | Cour spéciale de justice |
| Cour EDH | Cour européenne des droits de l'homme |
| Décr. | Décret |
| Doss. | Dossier |
| D. | Recueil Dalloz |
| DUDH | Déclaration universelle des droits de l'homme |
| LPA | Petites Affiches |
| Gaz. Pal. | Gazette du Palais |
| JCP | La Semaine juridique générale |
| J.-Cl. Pén. | Juris-Classeur pénal |
| J.O. | Journal officiel |
| ONU | Organisation des Nations unies |
| OPJ | Officier de police judiciaire |
| Ord. | Ordonnance |
| P. | Page |
| RPDP | Revue pénitentiaire et de droit pénal |
| Rev. int. droits homme | Revue internationale des droits de l'homme |
| Rev. pénit. | Revue pénitentiaire |
| RSC | Revue de science criminelle et de droit pénal comparé |
| S. | Recueil Sirey |
| Somm. | Sommaire |

# INTRODUCTION

> *"Les connaissances que l'on a acquises dans quelques pays et que l'on acquerra dans d'autres sur les règles les plus sûres que l'on puisse tenir dans les jugements criminels, intéressent le genre humain plus qu'aucune autre chose qu'il y ait au monde"*[1].

**1.** Cette citation met en lumière l'opportunité de la procédure pénale pour la protection de l'individu contre les abus. En effet, celle-ci vise à offrir à la personne mise en cause une gamme de droits pour lui garantir un procès équitable.

*Cette précision donnée, il paraît important de définir la procédure pénale, de déterminer ses rapports avec d'autres branches du droit, de faire une présentation de l'aspect historique de son évolution, de mettre en lumière la genèse du Code de procédure pénale marocaine et enfin de cerner la notion de la preuve pénale.*

## I) Définition de la procédure pénale

**2.** La procédure pénale est définie comme la discipline qui régit les interventions des autorités étatiques (polices et juges) depuis la plainte, la dénonciation ou la constatation d'une infraction jusqu'à une éventuelle décision définitive. Cette branche de droit vise à déterminer la portée procédurale des poursuites pénales par l'organisation des différentes étapes par lesquelles passe le droit de l'État de punir. C'est ce qu'on appelle le contentieux pénal[2].

---

[1] MONTESQIEU, "De l'Esprit des lois", Livre XII : Des lois qui forment la liberté politique dans son rapport avec le citoyen.

[2] La doctrine ne s'accorde pas à donner une définition à la notion du contentieux pénal. Un courant l'a défini comme *« Un ensemble de procédures qui commencent par une réclamation judiciaire et se terminent par une décision sur cet objet ou sans cette décision. »* Un autre qualifie le contentieux comme *« un lien juridique ou un statut juridique, ou un état juridique, nés d'une demande judiciaire et qui nécessite la mise en œuvre du contentieux devant la juridiction, qui oblige les parties et le tribunal à prendre des mesures qui peuvent résoudre le litige »*. D'autres enfin combinent les deux définitions pour relever qu'il s'agit *« d'un ensemble d'actions et de statuts juridiques qui tendent à obtenir une décision. »* Concernant ces courants qui tentent de définir la notion de contentieux pénal, voy. WAJDI (R.), « la théorie générale de la jurisprudence », thèse de doctorat, le Caire, 1967, en arabe, p. 40 et

Le procès pénal ne réglemente pas seulement l'audience *« au cours de laquelle sont jugées une ou plusieurs personnes poursuivies*[3]. » Certains auteurs précisent que le procès pénal débute avec le déclenchement de l'action publique et s'achève après qu'un jugement définitif est rendu. Or, la professeure Christine LAZERGES n'est pas de cet avis, car elle estime que la juridictionnalisation de l'exécution des peines permet de déduire que le procès pénal *"ne s'achève dorénavant qu'au terme de l'exécution de la peine prononcée"*[4]. Le professeur Didier THOMAS partage cette opinion pour qui le procès pénal commencerait en amant, dès la phase policière et celle de l'instruction préparatoire menée par un magistrat. Ce procès s'achèverait après l'exécution de la peine[5].

Au Maroc, la phase de l'exécution de la peine prononcée a été judiciarisée dans la mesure où la loi n° 22-01 a créé le juge d'application des peines nommé parmi les magistrats du tribunal de première instance[6]. Il est désigné par arrêté du ministre de la justice pour une durée de trois ans, susceptible de renouvellement. Le but du législateur était de faire de la prison un centre de réinsertion sociale des détenus.

Cependant, les attributions du juge d'application des peines sont purement et simplement administratives. Elles vont être juridictionnalisées par le projet de loi complétant et modifiant le Code de procédure pénale[7], car le juge d'application des peines aurait le pouvoir d'atténuer la peine et de veiller à l'exécution des peines alternatives.

---

s. Cité par BEHI (L.), « Explication de la loi relative à la nouvelle procédure pénale », éd. la Revue marocaine de l'administration et de développement, 2004, T. 1, en arabe, p. 35.

[3] TADROUS (S.), « La place de la victime dans le procès pénal», thèse de doctorat soutenue à l'université Montpellier I, 2014, p. 24.

[4] LAZERGES (C.), "De la judiciarisation à la juridictionnalisation de l'exécution des peines", in *la sanction du droit,* Mélanges offerts à Pierre COUVRAT, Paris : PUF, Publ. Faculté de droit et des sciences sociales de Poitiers, 2001, p. 489 et s. Cité par TADROUS (S.), op. cit. p. 25.

[5] THOMAS (D.), "Le concept de procès pénal", *in La sanction du droit,* Mélanges offerts à Pierre COUVRAT, préc., p. 559. Cité par TADROUS (S.), op. cit.

[6] Le Code de procédure pénale de 1959 ne connaît pas l'institution du juge d'application des peines.

[7] Le juge d'application des peines serait nommé par l'assemblée générale du tribunal à la place du ministre de la justice pour une période de 3 ans renouvelables (art. 596).

## II) Les rapports de la procédure pénale et d'autres branches du droit

La détermination de l'objet de la procédure pénale demeure insuffisante, car elle exige d'être complétée par l'explication de son rapport avec les matières voisines. *Ainsi, il est important d'exposer son rapport avec la procédure civile et le droit pénal.*

### 1) Comparaison entre la procédure pénale et la procédure civile

**3.** La procédure pénale et la procédure civile partagent certains caractères. En effet, elles établissent les règles de forme à observer dans le cadre du jugement d'une affaire. Elles contiennent également des règles qui visent à garantir l'indépendance et l'impartialité des juges, la collégialité et le double degré de juridiction, l'égalité des armes.

Cependant, les deux types de procédure sont différents à plusieurs égards. D'abord, à l'opposé du procès pénal, le procès civil n'est *« qu'un accident »*[8]. Ceci se manifeste par le fait que le droit civil s'applique sans litige ; *"un mariage ne donne pas lieu nécessairement à un procès en nullité ou en divorce, pas plus que l'exécution d'un contrat ou la liquidation ou le partage d'une succession ne provoque pas toujours un conflit judiciaire entre les contractants ou les héritiers"*[9]. Or, les règles du droit pénal interviennent après la naissance d'un litige, ce qui suppose l'intervention des autorités chargées de l'enquête et du jugement, dont le fonctionnement et l'organisation sont régis par les règles de procédure pénale.

La différence entre les deux types de procédure se manifeste également par le fait que la procédure pénale a pour objet la protection des intérêts de la société, alors que la procédure civile vise la protection des intérêts privés. Ainsi, dans le cadre d'un procès civil, le demandeur comme le défendeur est une partie privée. Certes, dans un procès pénal, le défendeur, contre qui les faits sont imputés, est une personne privée. Or, le demandeur, à savoir le Ministère public, est

---

[8] BOULOC (B.), "procédure pénale", éd. D., 2014, p. 4.

[9] Op. cit.

responsable de l'ordre public. Il a donc intérêt à agir pour trouver les coupables et les réprimer.

Par ailleurs, dans le cadre d'un procès civil, les parties peuvent renoncer, transiger ou même se désister. Or, en matière pénale, le Ministère public perd ces prérogatives, à l'exception d'un cas spécifié par la loi se rapportant à la transaction (art. 41 C.P.P.).

Ensuite, dans un procès civil, le Ministère public donne son avis sur la bonne application de la loi. Il peut être, dans certains cas énumérés par la loi, comme partie principale au procès civil. Il peut être aussi, dans d'autres cas, une partie seulement jointe à ce procès. Or, dans le procès pénal, il demande au juge l'application des peines, c'est une partie principale du procès.

En outre, la théorie de la preuve est différente en matière répressive. En effet, les problèmes de preuve sont plus épineux en procédure pénale qu'en procédure civile. D'abord, parce qu'en matière civile, la preuve est souvent préétablie. Ainsi, en matière d'actes juridiques, le contrat est établi par écrit. Or, une infraction est un fait juridique ; il n'y a donc aucune preuve préconstituée, mais seulement des indices. Le juge jouera donc un rôle plus important dans la recherche des preuves en matière pénale qu'en matière civile.

Enfin, en cas de gain de cause, la personne qui engage un procès civil doit mettre la décision de justice à exécution. Or, dans un procès pénal, le Ministère public est l'autorité chargée de l'exécution d'un jugement.

### 2) Procédure pénale et droit pénal

**4.** Alors que le droit pénal détermine l'origine du droit de l'État de punir l'auteur de l'infraction, la procédure pénale régit la manière dont l'État recourt au pouvoir judiciaire pour exiger la reconnaissance de son droit de punir l'intéressé. De là, il existe un lien fort entre les deux disciplines et il s'ensuit que l'une ne peut exister sans l'autre, ce qui fait exister l'échange entre celles-ci[10].

L'application des règles de droit pénal nécessite donc l'intervention de l'appareil judiciaire. A défaut, cette discipline manque son intérêt pour la société, car les règles contenues dans le Code ne seraient que

---

[10] BEHI (L.), op. cit. p.43-44. Voy. aussi AL-SAIFI (A. F. M.), « La théorie générale de la règle de procédure pénale », en arabe, DAR AL-AHAD, BEYROUTH, 1974, p. 67 et s.

de simples conseils ou recommandations dont les particuliers auraient la faculté de les appliquer ou de les rejeter.

### III) Approche historique de la procédure pénale

*La procédure pénale a connu plusieurs systèmes qui reflétaient les changements politiques, sociaux et économiques de chaque pays*[11]. *Ces systèmes peuvent être rangés dans trois catégories : le système accusatoire, le système inquisitoire et le système mixte.*

#### 1) La procédure accusatoire

**5.** Le système accusatoire est le plus ancien ; il est apparu en Grèce, à Rome et en France après les invasions barbares, sous les Carolingiens et à l'époque féodale, pendant le Moyen Âge[12]. Il continue de s'appliquer même actuellement dans les pays anglo-saxons, mais il a connu certains réajustements qui visent à le moderniser. L'essence de ce système est que le litige pénal est un litige dans lequel le juge tranche entre deux parties dont chacune a des intérêts contradictoires.

Le système repose sur des principes dont le plus important est que le pouvoir de statuer est initialement limité à la victime ou à un de ses proches. Puis, les choses ont évolué pour devenir n'importe quel membre du clan ou de la tribu qui intervient volontairement pour poursuivre le suspect. La mise en accusation n'était pas dès lors entre les mains d'une instance judiciaire[13]. Dans la plupart des cas, les litiges étaient tranchés par des juges populaires.

Le litige pénal ne commence qu'après l'accusation adressée par les individus. Le juge n'a pas le droit d'intervenir de sa propre initiative. Il est considéré comme un arbitre qui dirige l'audience. Il n'a pas le droit de rechercher ou de recueillir des preuves, son rôle est donc passif, et en ce sens qu'il est proche du rôle du juge dans un litige civil.

La procédure accusatoire repose sur la publicité des débats. Le procès se déroule en une seule phase, qui est celle de la phase de

---

[11] ABDEL RAHIM OTHMAN (A.), « Explication du Code de procédure pénale », éd. autorité générale égyptienne du livre, 1991, en arabe, p. 41.

[12] BOULOC (B.), op. cit. p. 49.

[13] AYAT (M.), « Etude de procédure pénale », T. 1, en arabe, imprimerie Babel d'édition et de distribution, Rabat, 1991, p. 35.

jugement. Celle-ci n'est pas précédée de la phase d'instruction préparatoire dont la finalité est la collecte de preuves.

L'une des caractéristiques les plus importantes du système d'accusation est qu'il assure le respect des droits de l'individu, garantit l'égalité entre le représentant de l'accusation et la défense, et assure l'impartialité du juge. Le rôle positif de l'accusé contribue aussi à la manifestation de la vérité.

Mais son inconvénient le plus important réside dans le fait de nuire au bon déroulement de la justice. Il peut avoir comme conséquence la lenteur des procédures tant qu'elles sont soumises aux caprices des parties en conflit[14]. En effet, il facilite la dissimulation des moyens de preuve et des éléments de vérité par les parties, notamment par l'accusé, qui bénéficie de la présomption d'innocence. La discussion judiciaire se transforme aussi en une querelle subjective et étouffante n'ayant d'autre but que de condamner l'autre partie[15]. Or, l'intérêt général, qui demande la constatation des infractions et à punir leurs auteurs, n'était pas considéré dans ce système.

### 2) La procédure inquisitoire

**6.** Le système inquisitoire, plus récent que son prédécesseur, est apparu pour la première fois chez les Romains et s'appliquait aux petits criminels et aux esclaves. Puis, il a commencé à se développer dans le cadre du droit canonique et a été adopté par plusieurs ordonnances royales publiées en France avant la Révolution française dans les années 1453, 1498, 1539 et 1670. Il s'est ensuite répandu dans toute l'Europe et a connu une extension pour s'appliquer à tous les criminels sans discrimination[16].

Le système inquisitoire repose sur l'idée que la justice n'est pas l'apanage des individus ; elle doit plutôt être gérée par des organes ayant reçu la formation nécessaire, pour prendre en charge les enquêtes et le jugement des infractions. La procédure est menée par un

---

[14] BEHI (L.), op. cit. p. 71-72.

[15] DRISSI ALAMI MACHICHI (M.), « Procédure pénale », T. 1, en arabe, les institutions judiciaires, Rabat, imprimerie AL MAARIF, publications de l'association pour le développement de la recherche et des études judiciaires, 1991, p. 12.

[16] ABOU AL-FUTOUH (A. A. H.), « Explication de la loi relative à la procédure pénale », Imprimé au pochoir, en arabe, 1982, p.10.

juge d'instruction, qui joue un rôle actif dans la mesure où il ne va pas se contenter des éléments de preuve que vont lui apporter les parties au procès, mais il va procéder lui-même à en rechercher d'autres pour forger sa propre conviction.

Ce système permettait par ailleurs au juge de mettre en mouvement l'action publique, car il cumule simultanément les fonctions d'accusation et de jugement. Les juges ne sont pas choisis parmi le peuple, car les litiges sont soumis à des juges nommés à des postes publics et permanents. La nature du litige pénal est passée d'un conflit entre deux individus ayant les mêmes droits et pouvoirs à un conflit entre le juge ou le ministère public, chacun représentant l'État, et l'accusé. Cet état de lieu a conduit à sacrifier les droits de la défense au profit de l'accusation, de telle sorte que l'intérêt général a commencé à prévaloir sur l'intérêt des individus. Plusieurs illustrations confirment ce constat.

Ainsi, le juge avait le droit d'utiliser tous les moyens par lesquels il pouvait découvrir la vérité sans être lié par les demandes des parties. Il avait également le droit de recourir à la torture de l'accusé ou à lui faire prêter serment pour soutirer des aveux, car l'aveu était considéré comme « la reine des preuves ». De plus, la procédure était secrète, écrite et non contradictoire. Enfin, un procès-verbal est dressé relatant tous les actes d'instruction et la procédure devant la juridiction de jugement. Il constitue un argument utilisé par le pouvoir judiciaire pour rendre ses décisions.

Pour éviter l'arbitraire des juges, le système a mis en place trois principes. D'abord, le législateur doit régir et déterminer les moyens de preuves, c'est ce qu'on appelle le système de preuve légale. Ensuite, le procès pénal connaît deux phases, de sorte que les preuves sont recueillies dès la phase d'avant-jugement, c'est-à-dire celle de l'instruction préparatoire. Enfin, la violation des règles relatives à la formation de la juridiction ou à la nomination des juges, ou à d'autres questions fondamentales peut entraîner la nullité de la procédure. Ce système définit la phase de recours contre les jugements[17].

L'un des avantages de la procédure inquisitoire est qu'elle garantit la protection de l'intérêt général, car elle confie l'accusation au Ministère public ou au juge. Elle donne également à celui-ci un rôle

---

[17] ABDEL RAHIM OTHMAN (A.), op. cit. p. 45.

positif dans la recherche des preuves, de sorte que son pouvoir ne se limite pas à se prononcer sur la base des preuves de l'accusation et de la défense, ce qui permet au juge d'obtenir plus facilement la vérité.

Cependant, ce système est critiqué parce qu'il restreint la capacité du juge à former sa conviction ; ce dernier est, en effet, lié par le principe de la preuve légale. Pire encore, les autorités chargées de l'enquête recourent à des méthodes illégales pour découvrir les infractions en recourant à la tromperie ou au subterfuge, ou en pratiquant la torture, car la fin justifie les moyens. Cet état de lieux a favorisé les dénonciations calomnieuses et la propagande malveillante[18].

En outre, les caractères secret et non-contradictoire de la procédure ont ouvert la voie à l'arbitraire des juges et ont également conduit à une augmentation des risques d'erreurs judiciaires[19].

### 3) La procédure mixte

**7.** La doctrine est presque unanime à affirmer qu'il n'est permis à aucune législation d'adopter toutes les dispositions de l'un ou l'autre des deux systèmes précédents, car chacun d'eux présente des avantages et des inconvénients. Il est donc devenu nécessaire de trouver un système mixte qui combinerait les avantages des deux systèmes et d'éviter leurs inconvénients. Le but étant de concilier la protection de la société et les droits de la personne mise en cause.

Ce système a fait son apparition dans la plupart des législations modernes, y compris le droit marocain, même si les législations différaient en termes d'étendue et de méthode de prédominance envers l'un ou l'autre des autres systèmes[20].

Cette précision donnée, la procédure pénale marocaine combine les caractères du système accusatoire et du système inquisitoire. Ainsi, dans la phase de l'enquête policière, c'est la procédure inquisitoire qui s'applique. Cela peut se concevoir par le fait que la mise en mouvement de l'action publique est une prérogative du Ministère public.

---

[18] BEHI (L.), op. cit. p.73.

[19] ABDEL RAHIM OTHMAN (A.), op. cit. p. 44.

[20] Op. cit.

Cette affirmation accepte une nuance, car la victime peut déclencher les poursuites par une plainte avec une constitution de partie civile, ou par une citation directe, ce qui est caractéristique d'une procédure accusatoire.

En ce qui concerne l'instruction préparatoire, la procédure est secrète, ce qui est caractéristique de la procédure inquisitoire. Or, elle est contradictoire et les droits de la défense sont mieux protégés.

S'agissant de la phase de jugement, la procédure est orale, publique et contradictoire. Les droits de la défense sont dès lors pleinement respectés et le juge doit veiller à garantir l'équilibre entre le Ministère public et la personne mise en cause.

Il est à noter que ce système se caractérise par la nomination des juges par l'autorité publique pour statuer sur les affaires pénales. Ils ont un rôle positif dans la recherche des preuves, ce qui le rapproche du système accusatoire. Cependant, le système mixte se distingue par le fait qu'il a établi le principe selon lequel le juge statue selon son intime conviction et qu'il a une marge d'appréciation souveraine. Il n'est donc pas lié dans l'exercice de son pouvoir par des preuves déterminées, comme c'est le cas dans le système inquisitoire.

## IV) La genèse du Code de procédure pénale

**8.** L'évolution historique de la procédure pénale peut être répartie en trois périodes.

D'abord, la période d'avant le protectorat, qui a été marquée par l'absence d'une loi de procédure dans la forme et les caractéristiques que l'on connaît aujourd'hui, et qui devait être respectée par les tribunaux marocains. Ceux-ci appliquaient la chariaa, à savoir le Houdoud, la rétribution et l'argent du sang, à la lumière de la doctrine de pensée Maliki.

La phase du protectorat a connu la promulgation de cinq Dahirs et un arrêté. Il s'agit :

- *Du Dahir du 12 août 1913,* qui a introduit le Code d'instruction criminelle français de 1808. Il ne s'appliquait qu'aux litiges opposant des étrangers ou des étrangers et des marocains devant les tribunaux français établis au Maroc par le Dahir du 12 août 1913.
- *Du Dahir Al Khalifi de juin 1914* qui a introduit le Code de procédure pénale espagnole devant les tribunaux espagnols établis au nord du Maroc.

- *Du Dahir du 4 août 1918* instituant des tribunaux appelés tribunaux du Makhzen, par l'intermédiaire desquels les Caïds et les Pachas étaient chargés d'examiner les affaires pénales concernant les Marocains dans ce qui relevait de la compétence des tribunaux français ou du juge de la charia. Les nationaux ont été exposés à l'arbitraire de cette justice du Makhzen, car elle n'appliquait pas le droit.

- *Du Dahir du 15 mai 1925* portant Code de procédure pénale dans la zone internationale de Tanger.

- *De l'arrêté du 8 avril 1934* qui a créé une procédure spéciale de plaidoirie devant les tribunaux coutumiers créés par le Dahir du 16 mai 1930.

- *Du Dahir du 24 octobre 1953* comprenant la loi relative à la procédure pénale applicable devant les anciens tribunaux makhzens. Ces tribunaux appliquent les dispositions du fond. C'est d'ailleurs le seul texte du droit marocain qui a la particularité d'inclure le droit pénal et la procédure pénale.

Puis, au lendemain de l'indépendance, les dispositions du Code d'instruction criminelle de 1808 ont continué à s'appliquer. Or, le caractère ancien du Code susvisé et son incapacité à suivre l'évolution que le Maroc a connue à l'époque ont été la motivation forte du législateur de l'abroger et de promulguer, le 10 février 1959, le Code de procédure pénale unifié[21]. Celui-ci frappait par son caractère moderne et exprimait une volonté de protéger les droits et libertés individuels. Cela ressort clairement de sa note de présentation précisant que : *« Seule une procédure qui présume l'innocence des inculpés, fixe des limites infranchissables aux arrestations et détentions, garantit l'inviolabilité du domicile, assure la liberté de la défense, qui, en un mot, protège les citoyens contre les erreurs et les abus commis au nom de la société, est digne d'un pays libre ».*

Cependant, le sursaut qualitatif opéré par le Code de 1959 en matière des droits de l'homme s'est vite transformé en régression introduite par la modification opérée par le Dahir du 18 septembre 1962. A titre d'illustration, la durée de la garde à vue a été doublée et elle pouvait se prolonger pendant une douzaine de jours. Or, quand l'infraction porte atteinte à la sûreté intérieure ou extérieure de l'Etat,

---

[21] Ministère de la justice : Code de procédure pénale, Dahir du 1er chaabane 1378 (10 février 1959). Rabat, imprimerie officielle, 1959.

le procureur du Roi ou le juge d'instruction pouvaient prolonger incessamment les délais pour les besoins des investigations[22].

En ce qui concerne la détention provisoire, à la différence du Code de 1959, elle n'est plus considérée comme une mesure exceptionnelle. Une autre faiblesse du Code de 1962 consiste dans le fait que l'appel interjeté par le Ministère public a un effet suspensif de jugement d'acquittement, d'absolution ou de condamnation avec sursis. Le prévenu, comme c'était le cas avant, se voit refuser la mise en liberté.

Une autre modification a par ailleurs été introduite par le Dahir du 28 septembre 1974 portant sur des mesures transitoires. Mais l'espoir porté par le Dahir précité s'est rapidement transformé en désespoir, car *"l'énumération des principales mesures arrêtées trahit le souci d'accélérer le déroulement des procédures, au détriment des droits de la défense et des garanties d'une bonne justice"*[23]. Alors quels sont les points de faiblesses dudit Dahir qui ont fait naître ce sentiment de désespoir ? Il s'agit principalement :

- De la suppression des juridictions d'instruction en première instance ;
- le domaine de l'instruction a été restreint pour ne concerner que certains crimes punis de la peine de mort ou de la réclusion à perpétuité et les délits en vertu d'une disposition spéciale de la loi, facultatif pour d'autres délits ;
- le Procureur général, en cas de flagrance, peut, dans certains cas, mener l'instruction et saisir directement la juridiction de jugement ;
- la suppression de la chambre des mises en accusation qui constitue le deuxième degré d'instruction. Elle est remplacée par la chambre correctionnelle de la Cour d'appel qui est appelée à jouer un rôle plus limité ;
- la suppression du tribunal criminel et du système du jury en matière criminelle. Ses fonctions relèvent désormais d'une chambre de la Cour d'appel - la chambre criminelle - composée exclusivement de magistrats professionnels au nombre de cinq.

Enfin, il y a le Code du 3 octobre 2002[24], qui précise dans son préambule que : *"Le souci d'assurer les conditions du procès*

---

[22] ESSAID (M.-J.), "Le procès équitable dans le Code de procédure pénale de 2002", publié par la fondation ESSAID (M.-J.) pour la réforme du droit et le développement socio-économique, p. 15.

[23] Préc. p. 16.

[24] Dahir n° 1.02.255 du 25 rajab 1423 (3 octobre 2002) portant promulgation de la loi n° 22.01.

*équitable, du respect des droits des individus et de la sauvegarde de leur liberté, d'une part, et la préservation de l'intérêt général et de l'ordre public, d'autre part, constitue le pivot central de la révision du Code de procédure pénale de 1959 et du Dahir relatif aux mesures transitoires promulguées en 1974"*[25].

Il est à noter qu'un projet de loi a été préparé. Il vise à compléter et à modifier certaines dispositions du Code de procédure pénale. Il constitue une des pierres de réforme de la justice dans sa globalité. L'ambition du projet consiste à établir un équilibre entre le droit à la sécurité et le droit à la sûreté.

## V) La preuve pénale

Pour permettre à la police judiciaire et au juge d'instruction de jouer pleinement leur rôle, la loi met à leur disposition des moyens coercitifs menaçant les droits et libertés individuels. Cette menace exige de mettre en œuvre un système de preuve spécifique à la matière pénale. Cela concerne *d'abord la charge de la preuve (1), ensuite les modes de preuve (2) et enfin la valeur probante (3).*

### 1) La charge de la preuve

**9.** La preuve constitue la « colonne vertébrale » de la procédure pénale. En principe, la charge de la preuve incombe au demandeur. Exceptionnellement, le législateur renverse la charge de la preuve et c'est le mis en cause qui devra faire la preuve de son innocence. En effet, le législateur a tenu compte de la difficulté pour le Parquet d'établir la culpabilité du mis en cause pour renverser la charge de la preuve. Il s'agit du cas de proxénétisme où la partie poursuivie doit prouver son innocence. Ainsi, le fait pour un individu de fréquenter une ou plusieurs prostituées, combiné à la situation de mener un train de vie au-dessus de ses ressources légalement connues, suffisent pour présumer sa participation à une activité de proxénétisme. Mais cette présomption n'est pas irréfragable, car le mis en cause peut la combattre par tout moyen (art. 498 C.P.).

---

[25] Préambule de la loi 22.01 relative à la procédure pénale.

## 2) Modes de preuve

Ils consistent essentiellement, parmi d'autres[26], dans l'aveu *(1°), l'empreinte génétique (2°), les empreintes digitales (3°), la vérification d'écriture (4°) et les présomptions (5°).*

### 1°) L'aveu

**10.** L'article 293 C.P.P. al. 1er prévoit que : « *L'aveu, comme tout autre moyen de preuve, est soumis à la libre appréciation des juges.* » Son alinéa 2 précise que : *« N'est pas admis l'aveu extorqué par la violence ou la contrainte. »* Le texte n'emploie pas le mot « torture », mais celui de « violence ou contrainte » employé pour extorquer des aveux. Il a été précisé dans deux arrêts de la Cour de cassation que : *« Les aveux délivrés sous l'influence des violences ont entraîné l'exclusion du procès-verbal[27]. »*

Dans la perspective de rendre le droit pénal conforme aux exigences de la convention internationale contre la torture, ratifiée par le Maroc[28], ainsi qu'à la Constitution[29], le législateur a par ailleurs adopté la loi n° 43-04 relative à la torture. Cette loi a constitué un frein ou, au moins, il a limité le recours aux moyens portant atteinte à l'intégrité physique des suspects pour soutirer des aveux.

Mais la torture n'est pas le seul moyen interdit, car il existe d'autres techniques semant le doute sur la crédibilité des aveux obtenus des suspects. *Il s'agit du détecteur de mensonges (a), de l'hypnose (b) et du sérum de vérité (c).*

---

[26] Les procès-verbaux, les rapports, l'expertise, les documents, les objets, les investigations scientifiques menées par la police technique et scientifique...

[27] C. sup. arr. du 24/12/1973, n° 631, le second du 3/06/1961, n° 356. Cité par AL-SHATWI (M.) et GHALAB (M.), « Défenses formelles et questions préliminaires devant le juge répressif », imprimerie et papeterie nationale, Marrakech, 1998, p. 117.

[28] Ratifiée par le Maroc par le Dahir n° 3-93-4, B.O. n° 4440, du 19/10/1996.

[29] Il est indiqué dans le préambule de la Constitution que : *« [...] Le Royaume du Maroc, membre actif au sein des organisations internationales, s'engage à souscrire aux principes, droits et obligations énoncés dans leurs chartes et conventions respectives, il réaffirme son attachement aux droits de l'Homme tels qu'ils sont universellement reconnus, ainsi que sa volonté de continuer à œuvrer pour préserver la paix et la sécurité dans le monde. »*

**a) Le détecteur de mensonges ou polygraphe**

**11.** Le détecteur de mensonges fait partie des dispositifs scientifiques modernes utilisés dans les enquêtes criminelles pour découvrir la vérité[30].

Cette technique repose sur le fait que le cœur, les glandes et certains organes internes de l'individu sont soumis au contrôle du système nerveux, qui est exposé aux émotions et aux troubles, que le suspect ne peut pas contrôler. Ils sont directement liés à la tension artérielle, au mouvement respiratoire, au pouls, à la sueur, ainsi qu'au degré de sensibilité et de résistance de la peau lorsqu'un léger courant électrique la traverse lors de l'interrogatoire de l'intéressé. En identifiant ces changements et en analysant les graphiques fournis par l'appareil, il est possible de juger que la personne examinée révèle la vérité.

Cette présentation permet de relever que le recours à l'appareil pour obtenir des aveux porte une violation à l'intégrité physique et psychique de l'intéressé ; il ne peut pas dès lors être toléré dans les enquêtes policières[31].

**b) L'hypnose**

**12.** L'hypnose est une science basée sur l'utilisation d'un groupe de phénomènes qui induisent une somnolence irréelle chez le sujet[32].

Concernant l'utilisation de cette technique dans l'enquête policière, la doctrine la rejette pour obtenir les aveux du suspect. Il existe deux courants. Le premier refuse catégoriquement l'utilisation de cette méthode dans les enquêtes policières. Leur argument est que l'hypnose paralyse la volonté et la conscience de la personne. Par conséquent, les juridictions ne peuvent pas prendre l'aveu de l'intéressé en considération pour rendre une sentence, même s'il était consentant.

---

30 ABOU KHADRA (M. A.- Gh. A.- M.), « L'interrogatoire de l'accusé et ses garanties pendant les phases de l'action pénale : étude comparée », éd. maison de la renaissance arabe, 2000, 1ère éd. en arabe, p. 942.

31 Cet appareil est utilisé dans certains Etats, comme aux Etats-Unis. Or, il est interdit dans toute l'Europe. Concernant le Maroc, la loi ne dit mot sur la question.

32 AWAD (M.M.), « Les droits de l'homme dans les procédures pénales », Nouvelle Bibliothèque Galaa, Beyrouth, T. 2, 2ème éd. 1989, p. 284, en arabe.

Le deuxième courant autorise le recours à cette technique, mais dans des conditions très strictes. Ainsi, il est possible d'utiliser cette méthode dans l'interrogatoire du mis en cause pour prouver l'infraction, mais il faut le consentement de l'intéressé[33]. Elle ne peut être déployée que pour les délits graves et avec l'assistance d'un expert spécialisé[34].

Ces arguments ne sont pas fondés, car cette technique est considérée comme un moyen de coercition qui paralyse la volonté et provoque une perte de conscience. Elle ne peut dès lors être considérée comme un moyen légal d'investigation.

**c) Le sérum de vérité ou pentothal**

**13.** Le « sérum de vérité » est une substance médicamenteuse qu'une personne prend par injection ou par voie orale. Cela l'amène à entrer dans un état de sommeil profond et l'intéressé perd toute capacité de contrôler sa volonté.

La légitimité de l'aveu obtenu sous l'effet de la drogue vise à déterminer dans quelle mesure cette preuve peut être invoquée pour établir la culpabilité ou l'innocence de l'intéressé. La doctrine était divisée entre partisans et opposants de cette méthode.

Les partisans pensent qu'il n'existe aucun obstacle juridique empêchant l'interrogatoire de l'accusé sous l'effet de la drogue, surtout si le sujet donne son consentement. Ce courant limite l'utilisation de cette méthode aux infractions les plus graves, telles que le meurtre et les crimes contre la sûreté de l'État.

Cependant, la majorité de la doctrine[35] considère qu'il est illégal d'utiliser des stupéfiants pour interroger l'accusé dans le but de lui extorquer des aveux. Elle se fonde sur l'idée selon laquelle

---

[33] Al-DAGHIDI (M.M.), « Les investigations et la preuve pénale », Société Nass d'imprimerie, en arabe, édition 2000, p. 284.

[34] BRAHIM (M.H.), « L'incitation policière et ses effets sur la responsabilité pénale », en arabe, nouvelle maison d'université, 1997, p. 114.

[35] HOSNI (M. N.), « Explication du Code de procédure pénale », 1ère édition, Dar Al Nahda Al Arabiya, Le Caire, 1988, en arabe, p. 690. SOROUR (A. F.), « Traité de procédure pénale », 7e édition, Dar Al-Nahda Al-Arabiya, Le Caire, 1993, p. 322.

l'administration de ces substances aura un impact sur la volonté de l'intéressé. Il est donc logique qu'il soit en proie à des doutes.

Cette opinion se fonde sur les résolutions des conférences internationales des Nations Unies ; la Conférence internationale de médecine légale, tenue à Lausanne en 1945, qui ont rejeté cette méthode. Elle se fonde également sur la deuxième Conférence internationale de défense sociale, tenue à Liège en octobre 1949 et celle de Toulouse en 1951, qui concluent que cette méthode était absolument interdite.

Quant à la position du pouvoir judiciaire à l'égard de l'administration de la drogue, la Cour de cassation égyptienne a estimé qu'il s'agit là d'une forme de contrainte physique et, conséquemment, les aveux obtenus encourraient la nullité[36].

## 2°) L'empreinte génétique

**14.** L'empreinte génétique de l'ADN détermine le groupe sanguin d'une personne, ses enzymes, ses protéines, la forme de ses empreintes digitales, la couleur de ses cheveux et de sa peau. Le noyau cellulaire contient les chromosomes qui portent le matériel génétique (les gènes). Les molécules d'ADN sont caractérisées par une disposition spéciale et fixe pour chaque être humain qui le distingue d'une autre personne, qui est la disposition des bases azotées ou nucléotides[37].

C'est le professeur Alec Jeffrey qui a fait cette découverte le 4 juillet 1985, lorsqu'il a publié une recherche à l'université de Leicester en Angleterre dans laquelle il expliquait que l'empreinte génétique se répète plusieurs fois, selon des séquences aléatoires et incompréhensibles. Il a poursuivi ses recherches jusqu'à conclure un an plus tard que ces séquences sont distinctes pour chaque individu.

---

[36] Cassation égyptienne, 18/01/1954, vol. 5, n° 86, p. 259. Cité par AL-SHUAIBI (A.-G. Q.), « La coercition et son impact sur les preuves pénales », 1ère édition, publiée par l'association des juristes des Emiraties, Shariqua, 2011, p. 166.

[37] AL-ANAZI (F. M.), « L'impact de la preuve utilisant la technologie moderne sur les droits de l'homme : une étude fondamentale comparée et appliquée», en arabe, une recherche soumise pour remplir les conditions d'obtention d'une maîtrise en justice pénale, Université arabe Naif des sciences de sécurité, Collège des études supérieures, Département de justice pénale, spécialisation : Législation pénale. Al-Islami, 2007, p. 93-94.

Le recours à cette technique dans les enquêtes criminelles est très répandu. A titre d'illustration, un cheveu peut être retrouvé sur une scène de crime et peut conduire à l'auteur du viol. De même, la salive peut être présente sur la peau humaine du fait d'une morsure, d'un baiser ou d'un léchage.

Parmi les affaires les plus célèbres, qui ont été réglées grâce à l'ADN, on peut citer la célèbre affaire de Bill Clinton et Monica Lewinsky. En effet, celle-ci prétend avoir une relation sexuelle avec le président Bill Clinton. Pour cela, elle a produit les sous-vêtements qu'elle gardait tachés avec son sperme. Les analyses ont été menées pour examiner l'ADN sur le sperme. Avant que les résultats ne soient révélés, Bill Clinton a rompu son silence et a préféré présenter ses excuses plutôt que d'être condamné par le tribunal.

Cependant, des erreurs peuvent être commises lors de l'examen de l'échantillon au laboratoire médico-légal. Elles sont dues à la contamination des échantillons, qui risquent d'être impropres à la réalisation de l'analyse[38].

Malgré ces critiques, cette technique est considérée comme une preuve concluante. Ainsi, les résultats obtenus peuvent atteindre 99,99%, notamment dans le domaine de la négation de la lignée.

Cet état des lieux a poussé le législateur marocain à adopter cette technique comme moyen de preuve (art. 47-6 C.P.P.)[39].

### 3°) Les empreintes digitales

**15.** La prise d'empreinte digitale est utilisée dans les enquêtes pour identifier des suspects potentiels. Le recours à cette méthode permet

---

[38] KHALAND (K. A.), « Preuve pénale utilisant des moyens scientifiques : une étude analytique comparative », en arabe, mémoire de master, Université Saladin, Bureau d'édition et de publicité de Tafsir, Erbil, 1ère éd., 2007, p. 284-288.

[39] Les Pays-Bas sont considérés comme le premier pays au monde à adopter le système des empreintes génétiques dans le domaine de la preuve. C'était le 8 décembre 1993 que le Royaume de Belgique a fait de même. La Commission juridique du Parlement belge a proposé un projet de loi concernant l'adoption du système d'empreintes génétiques dans le système de preuve en Belgique. Cette loi a été approuvée le 22 mars 1999 par le parlement belge. RENARD (B.), « Les analyses génétiques en matière pénale : l'innovation technique porteuse d'innovation pénale », in: https://champpenal.revues.org/1241. Quant à la France, le Code de procédure pénale contient une disposition explicite permettant de réaliser des analyses d'empreintes digitales.

également d'identifier une personne trouvée morte. Une empreinte se forme alors lorsqu'un doigt frotte contre une surface. Dans ce cas, le doigt laisse des traces de sueur et d'autres substances que le suspect a pu toucher. La plupart de ces empreintes sont invisibles à l'œil nu et elles ne peuvent être vues que grâce à un processus de traitement chimique.

### 4°) La vérification d'écritures

**16.** La vérification d'écriture vise à détecter les faux dans les documents. Elle consiste dans l'utilisation des échantillons écrits rédigés sous le contrôle d'un expert dans le but d'effectuer un examen et une comparaison. Elle porte également sur les écritures qui ne sont pas visibles dans le but de les rendre plus lisibles en utilisant des rayons ultraviolets et infrarouges invisibles, à l'aide d'une vidéo spectrophotomètre (VSC) et en exposant le document à des vapeurs d'iode et d'ammoniaque. L'imagerie infrarouge montre une écriture qui a été chimiquement supprimée ou écrite à l'encre noire sur une surface sombre ou noire à la suite d'une brûlure.

### 5°) Les présomptions

**17.** La matière pénale ne fait aucune mention des présomptions comme un moyen de preuve. Il faut donc se référer au droit des obligations et contrats. Son article 449 donne la définition suivante : *« Les présomptions sont des indices au moyen desquels la loi établit l'existence de certains faits inconnus. »* Il en ressort donc clairement que la présomption est la déduction d'un fait inconnu à partir d'un fait connu.

Il importe d'opérer une distinction entre les présomptions légales et les présomptions judiciaires. La première catégorie n'accepte pas la preuve du contraire. C'est ainsi le cas de l'article 138 C.P. qui prévoit qu'un enfant de moins de douze ans est considéré comme pénalement irresponsable, en raison du défaut de discernement. Cela constitue une preuve concluante, car ni la victime ni le Ministère public ne peuvent prouver le contraire.

Concernant la deuxième catégorie, elle est laissée à l'appréciation des juges. C'est ainsi le cas de celui qui porte un couteau taché de sang et qui a été retrouvé à proximité du cadavre, ce qui permet de conclure qu'il était l'auteur présumé du meurtre. Cependant, les présomptions judiciaires n'ont pas la même force probante que les présomptions légales, car la personne mise en cause peut prouver le contraire. Ainsi, si elle est poursuivie pour le crime de tentative de meurtre avec arme, elle pourra prouver que le couteau saisi par la police est court ou complètement émoussé. Elle peut dès lors renverser la présomption de tentative de meurtre avec préméditation et être poursuivie pour coups et blessures.

### 3) La valeur de la preuve

**18.** La question qui se pose est de savoir quelle est la valeur probante de la preuve en droit pénal marocain. La réponse à cette question exige au préalable de faire la distinction entre deux systèmes de preuve. D'une part, la preuve légale repose sur le fait que le législateur détermine à l'avance le type de preuve et sa valeur probante, de sorte que le juge, lorsqu'il rend une décision sur l'affaire dont il est saisi, ne peut pas utiliser des moyens autres que ceux qui sont spécifiés précédemment par la loi. Il devrait dès lors condamner à chaque fois qu'une preuve ayant une force probante déterminée par le texte a été établie. A titre d'illustration, l'article 493 du Code pénal exige la preuve des faits prévus aux articles 490 (relation sexuelle hors mariage) et 491 (adultère).

D'autre part, le système de l'intime conviction libère le juge pénal d'être lié par avance à une méthode spécifique de preuve des faits qui lui sont soumis. Il lui laisse également une totale liberté dans l'appréciation des preuves, de sorte qu'il n'est soumis à aucun contrôle dans ce cadre pour former sa conviction, sauf sa conscience.

Le Code de procédure pénale consacre le deuxième système, car le juge joue un rôle très actif à la recherche de la vérité. L'article 286 prévoit, en effet, que : *« Les infractions peuvent être établies par tout mode de preuves, hors le cas où la loi en dispose autrement, et le juge décide d'après son intime conviction (...) ».*

*L'ouvrage traite les différentes étapes du procès pénal. D'un côté, la phase préalable au jugement (partie 1) qui prépare l'autre phase du procès, à savoir la phase de jugement (partie 2).*

# PARTIE 1
# LA PHASE EN AMANT DU PROCES PENAL

*Le procès pénal débute par une enquête policière (titre 1), qui a lieu avant l'ouverture d'une information judiciaire (titre 3). Entre ces deux phases, il apparaît nécessaire de citer les différentes actions (titre 2).*

# TITRE 1
# L'ENQUÊTE POLICIERE

La phase policière, qui se caractérise par l'enquête, est menée par les membres de la police judiciaire. Ils procèdent aux actes d'enquête soit avant l'ouverture d'une information judiciaire, soit postérieurement dans le cadre d'une commission rogatoire.

*Ces précisions données, il importe de présenter les organes de la police judiciaire (chapitre 1) et de mettre en lumière leurs actes (chapitre 2).*

# CHAPITRE 1 - LES ORGANES DE LA POLICE JUDICIAIRE

**19.** La police judiciaire est divisée en deux catégories. D'une part, les fonctionnaires de police de la direction générale de la sûreté nationale et de la gendarmerie royale, et les fonctionnaires d'autres administrations dotés de pouvoirs de police judiciaire. D'autre part, les magistrats (procureur du Roi et ses substituts, procureur général du Roi et ses substituts et le juge d'instruction) (art. 16 et 19 C.P.P.). Elle exerce deux types de fonctions : administrative et judiciaire.

La police administrative comprend les officiers de police appartenant à la police judiciaire et à la sécurité publique et leurs adjoints. Elle vise à maintenir la sécurité des personnes et de leurs biens ainsi que l'ordre public. Elle a également pour mission d'assurer la santé publique. Son rôle consiste surtout à la prévention de la délinquance. Cela passe par la surveillance des personnes suspectes et la vérification de leur identité, et aussi par le fait d'effectuer des rondes dans des quartiers et différentes zones situées dans sa sphère d'influence. Ce caractère préventif passe enfin par sa présence dans des rassemblements et des événements divers dans le but de surveiller tout ce qui pourrait troubler l'ordre public et la sécurité des citoyens, leurs biens et les équipements publics.

La police judiciaire intervient après que l'ordre public a été troublé. Or, elle se singularise par le fait qu'elle a une double casquette, car elle assume souvent simultanément les fonctions de police administrative et de police judiciaire. Cet état des lieux s'explique par le fait que l'intervention de la police dans les deux situations est guidée par la proximité du temps. Pour s'en convaincre, lorsqu'un policier est en train de maintenir l'ordre lors d'une manifestation ou sur la voie publique, c'est dans le cadre de l'exercice de ses fonctions de police administrative. Toutefois, si une infraction a été commise lors de cette manifestation ou sur la voie publique (homicide involontaire, excès de vitesse, destruction des biens, pillage des magasins, trafic de drogue…), il procédera à une enquête de police judiciaire et effectuera des actes, comme l'arrestation du suspect, la saisie des moyens qui ont servi à la commission de l'infraction (ex. une arme).

De ce qui précède, on peut déduire que la distinction entre police judiciaire et police administrative dépend des opérations exécutées par le policier, qu'elles soient de nature administrative ou judiciaire, mais aussi des circonstances dans lesquelles elles ont été initiées.

*Cette présentation prépare la compréhension du rôle central de la police judiciaire. Mais il est également important de connaître les organes de cette police. Elle est composée des officiers supérieurs de police judiciaire (section 1), des officiers de police judiciaire (section 2) et des agents de police judiciaire (section 3).*

## *Section 1 - Les officiers supérieurs de police judiciaire*

*Il apparaît nécessaire de traiter les catégories (§. 1) et les pouvoirs de ces officiers (§.2).*

### §.1 - Les catégories

**20.** L'article 19 C.P.P. précise que les officiers supérieurs de police judiciaire comprennent le procureur du Roi et ses substituts, le procureur général du Roi et ses substituts et le juge d'instruction.

Il résulte donc de cette énumération que le Ministère public a la qualité d'officier supérieur de police judiciaire, ce qui paraît pour le moins logique, car il déclenche et exerce l'action publique au nom de l'intérêt général. Cependant, ce qui paraît étonnant et même inopportun, c'est que la loi prévoit que le juge d'instruction fait partie de ces officiers. Cette prévision risque de fragiliser l'indépendance de ce magistrat, car il est mis sous la surveillance du procureur général du Roi. L'article 17 du Code de procédure pénale prévoit, en effet, que : *« La police judiciaire est placée dans chaque ressort de la Cour d'appel sous l'autorité du procureur général du Roi... ».*

Le choix des rédacteurs du Code de procédure pénale est également en totale contradiction avec l'autre mission attribuée par l'article 75 du même Code au juge d'instruction, qui est celle de se déplacer sur les lieux pour entreprendre personnellement la direction de l'enquête. L'officier de police judiciaire et le Ministère public sont alors dessaisis. Le paradoxe est que le juge d'instruction a la priorité pour procéder à toute opération et à tout acte justifié par l'urgence, et cela, en dépit de la présence du magistrat du Parquet sur les lieux, mais en même temps, il est placé sous le contrôle de ce magistrat.

Pour remédier à ce problème, il faut supprimer la qualité d'officier supérieur de police judiciaire attribuée au juge d'instruction pour garantir son indépendance et éviter la contradiction entre les textes.

## §. 2 - Les pouvoirs

*Les attributions du procureur général du Roi (A), du procureur du Roi (B) et du juge d'instruction (C) méritent d'être développées.*

### *A) Le procureur général du Roi*

**21.** Le Ministère public est représenté auprès de la Cour d'appel par le procureur général du Roi en personne ou par ses substituts (art. 48 C.P.P.). Il est désigné par le conseil supérieur du pouvoir judiciaire parmi les magistrats qui ont acquis une certaine expérience dans la magistrature.

Le Code de procédure pénale développe, dans un article assez long (art. 49), les attributions du procureur général du Roi. Celles-ci peuvent être réparties de la manière suivante :

D'abord, il exerce son autorité sur tous les magistrats du Parquet du ressort de sa circonscription, ainsi que sur les officiers et agents de police judiciaire et sur les fonctionnaires dotés de pouvoirs de police judiciaire. Il procède à la notation des officiers de la brigade nationale ou régionale de la police judiciaire de son ressort (art. 45 al. 3).

Puis, il a, dans l'exercice de ses fonctions, le droit de requérir directement la force publique.

Ensuite, il reçoit les plaintes, les dénonciations et les procès-verbaux qui lui sont adressés, et apprécie la suite à leur donner.

De même, il procède, en personne ou fait procéder, à tous les actes nécessaires à la recherche des crimes : arrêter les auteurs et les présenter aux fins de poursuite. Il les transmet, le cas échéant, avec ses instructions, au procureur du Roi compétent. Il les remet également avec les suites qui leur ont été réservées aux juridictions d'instruction ou de jugement compétentes, ou ordonne leur classement par une décision révocable. Il prend devant ces juridictions les réquisitions pour procéder à des mesures d'instruction.

Il requiert aussi au juge du fond l'application de la peine et il exerce, le cas échéant, les voies de recours contre les décisions rendues.

Le magistrat du Parquet peut encore ordonner toutes les mesures conservatoires qu'il estime opportunes pour la protection de la possession et la remise en l'état. Or, lorsqu'il s'agit d'atteinte à la propriété foncière, le procureur du Roi ou le procureur général du Roi, chacun en ce qui le concerne, peuvent demander au président de leur juridiction respective, d'émettre une ordonnance de séquestre de l'immeuble en question. Celle-ci étant susceptible d'appel dans les huit jours, mais qui s'exécute en dépit de l'appel (art. 40 et 49 al. 11 C.P.P.)[40].

Il peut également, s'il n'y a pas de contestation sérieuse, ordonner la restitution des objets saisis au cours de l'enquête à l'ayant droit.

Au demeurant, il peut décerner des mandats internationaux de recherche et d'arrêt, dans le cadre d'une procédure d'extradition.

Enfin, un cas présente un intérêt particulier, car il constitue le seul qui se rapporte à la vérification d'identité, c'est le placement sous mandat de dépôt. En effet, en cas de crime flagrant, le procureur général du Roi ou l'un de ses substituts désigné par lui, interpelle l'accusé sur son identité et procède à son interrogatoire. Il l'informe également qu'il a le droit à l'assistance d'un avocat de son choix ou désigné d'office par le président de la chambre criminelle (art. 73 al. 1er). L'avocat assiste à l'interrogatoire. Il peut demander un examen médical pour son client. Il peut aussi présenter des documents ou des preuves écrites. Il peut même, en cas de délit, proposer une caution pécuniaire ou personnelle pour sa mise en liberté.

Si l'affaire paraît en état d'être jugée, le procureur général du Roi ordonne que l'accusé soit placé sous mandat de dépôt et le défère devant la chambre criminelle dans les quinze jours au plus tard.

### *B) Le procureur du Roi*

**22.** Selon l'article 39 du Code de procédure pénale, le procureur du Roi auprès du tribunal de première instance exerce, sous le contrôle du procureur général du Roi, l'action publique soit d'office, soit sur une plainte de la partie lésée. Il dirige, dans le ressort de sa circonscription, l'activité de la police judiciaire (art. 16 et 45 C.P.P.). Il a le droit de requérir directement la force publique.

En cas de conflit de compétence, l'article 44 du Code de procédure pénale donne la solution. Il prévoit, en effet, que : *"Sont territorialement compétents, le procureur du Roi du lieu de l'infraction, celui de la résidence de l'une des personnes soupçonnées d'avoir participé à l'infraction, celui du lieu d'arrestation d'une de ces*

[40] Dahir n° 1-19-92 du 5 kaada 1440 (8 juillet 2019) portant promulgation de la loi n° 32-18 modifiant et complétant la loi n° 22-01 relative à la procédure pénale.

*personnes, même lorsque cette arrestation a été opérée pour une autre cause".*

### C) Le juge d'instruction

**23.** Le Code de procédure pénale octroie la qualité d'officier supérieur de la police judiciaire à un magistrat de siège, à savoir le juge d'instruction. Il lui attribue des pouvoirs importants, car il procède à l'instruction des infractions commises dans le ressort de sa circonscription.

Il est le plus souvent saisi par un réquisitoire afin d'informer du Ministère public. Il peut aussi être saisi par une plainte de la victime accompagnée de constitution de partie civile.

Dans la situation de flagrance, le transport du juge d'instruction sur les lieux de l'infraction lui attribue la priorité pour procéder à toute opération et à tous les actes justifiés par l'urgence, et cela, en dépit de la présence du procureur général du Roi ou du procureur du Roi et des officiers de police judiciaire sur le lieu de l'infraction. Il peut ainsi procéder à des constatations d'indices matériels, à des perquisitions et saisies… Il en donne avis au Ministère public dont le représentant a la faculté de l'accompagner (art. 99 C.P.P.). De même, après avoir donné avis au Ministère public de sa juridiction et après avoir avisé au préalable le Parquet du ressort de la juridiction dans laquelle il se transporte, le juge d'instruction peut procéder à tous les actes d'instruction en dehors du ressort de la juridiction dans laquelle il exerce ses fonctions, si les nécessités de l'information l'exigent (art. 100 C.P.P.).

Il peut décerner des mandats et décider du contrôle judiciaire ou de la détention provisoire. Il procède, au lieu du domicile de l'inculpé, à la désignation d'une personne physique ou morale habilitée à contribuer à l'application du contrôle judiciaire, ou à la désignation d'un service de police ou de gendarmerie royale, ou tout service judiciaire ou administratif compétent (art. 162 C.P.P.).

## Section 2 - Les officiers de police judiciaire

*Il importe de présenter les catégories des officiers de police judiciaire (§. 1) et les sanctions auxquelles ils peuvent être exposés en cas de conduite fautive (§. 2).*

## §. 1 –Les catégories

*Les officiers de police judiciaire sont classés en différentes catégories exerçant des pouvoirs plus ou moins étendus.*

### *A) Les agents de la direction générale de la sûreté nationale*

**24.** Dès l'abord, une remarque s'impose immédiatement. Le statut des fonctionnaires de la direction générale de la sûreté nationale est créé par le Dahir du 23 février 2010[41]. A la tête de cette direction se trouve son directeur général, qui dirige et contrôle lesdits fonctionnaires. Elle est placée sous la tutelle du ministère de l'intérieur.

Cette précision donnée, il apparaît nécessaire de faire la distinction entre les officiers de police judiciaire de plein droit et les officiers de police judiciaire désignés.

Concernant le premier cas, ont la qualité d'officiers de police judiciaire :

- Le directeur général de la sûreté nationale ;
- les préfets de police ;
- les contrôleurs généraux de police ;
- les commissaires de police ;
- les officiers de police ;
- les officiers de police chargés des mineurs.

Il est à noter que les contrôleurs généraux de police et les commissaires et officiers de police exercent souvent les fonctions de police judiciaire avec la coordination du Ministère public. Le directeur général de la sûreté nationale et les préfets de police prennent seulement, en tant que haute autorité administrative, la direction et le contrôle de ces organes.

S'agissant du deuxième cas, cette qualité peut être confiée aux inspecteurs de police de la sûreté nationale comptant au moins trois ans de service, nominativement désignés par arrêté conjoint du ministre de la justice et du ministre de l'intérieur.

---

[41] Dahir n° 01.09.213 du 8 rabia I 1431 (23 février 2010) relatif à la Direction Générale de la Sûreté Nationale. B.O. 5817 du 14 rabii I 1431 (mars 2010), p. 611.

Les officiers de police judiciaire exercent leurs pouvoirs à l'intérieur des frontières territoriales dans lesquelles ils exercent leurs fonctions.

Dans toute circonscription urbaine divisée en arrondissements de police, la compétence du chef de l'arrondissement de police est initialement fixée aux limites de cet arrondissement. Toutefois, la compétence des officiers de police judiciaire exerçant leurs fonctions dans l'un de ces arrondissements s'étend à l'ensemble de l'arrondissement. Si un empêchement survient chez l'un de ces agents, un officier de n'importe quel arrondissement est désigné.

On constate que le service régional de la police judiciaire, dont l'influence inclut tous les services de sécurité affiliés à la sécurité régionale, étend en cas de besoin sa compétence en dehors des villes, c'est-à-dire aux zones rurales qui sont également soumises à l'influence de la gendarmerie royale.

Quant à la Brigade nationale de la police judiciaire, implantée à Casablanca, sa compétence s'étend à l'ensemble du territoire national, et peut être chargée de mener des recherches par le Ministère public dans tout le Royaume.

### *B) Les agents de la gendarmerie royale*

**25.** La qualité d'officiers de police judiciaire est confiée de plein droit aux officiers et gradés de la gendarmerie royale, ainsi qu'aux gendarmes commandant une brigade ou un poste de gendarmerie royale.

Le commandant d'une brigade de la gendarmerie exerce ses fonctions dans l'enceinte de cette brigade, mais en cas d'urgence, il peut exercer ses fonctions dans tout le Royaume sur demande de l'autorité judiciaire ou publique.

Par ailleurs, les gendarmes comptant au moins trois ans de service dans la gendarmerie royale sont nominativement désignés officiers de police judiciaire par arrêté conjoint du ministre de la justice et de l'autorité gouvernementale chargée de l'administration de la défense nationale.

### *C) Les agents affectés auprès d'une collectivité locale*

**26.** L'article 20 du Code de procédure pénale précise que la qualité d'officier de police judiciaire est confiée aux Pachas et Caïds. Ils ont une double mission administrative et judiciaire. La première mission consiste dans le fait que ces agents représentent l'exécutif au niveau régional et local. Ils dirigent et contrôlent les collectivités locales puisqu'ils sont des fonctionnaires attachés au ministère de l'intérieur. Ils agissent également en tant qu'officiers de police judiciaire ; ils procèdent ainsi aux enquêtes et ils rédigent les procès-verbaux des opérations effectuées. Ils exercent leur fonction à l'intérieur des frontières territoriales de la Caïdat ou Pachalik.

Toutefois, ils suivent une formation basée essentiellement sur deux volets : administratif et militaire. De là, ils ne maîtrisent pas les techniques et les règles de procédure qui sont nécessaires pour exercer les activités de police judiciaire. Cela est d'autant plus vrai que ces agents considèrent que la mission qui leur a été confiée, qui est celle d'effectuer des actes de police judiciaire, est reléguée au second plan, compte tenu du nombre important des tâches administratives qui relèvent de leur compétence. C'est pourquoi le domaine d'intervention de ces agents est réservé aux délits mineurs, comme les injures, les coups et blessures et la spoliation immobilière.

### *D) Les agents exerçant les activités de police judiciaire*

**27.** L'article 27 du Code de procédure pénale précise que certains fonctionnaires et agents *« des administrations et services publics, auxquels des textes spéciaux attribuent certains pouvoirs de police judiciaire, exercent ces pouvoirs dans les conditions et dans les limites fixées par ces textes ».*

Il en ressort donc que le législateur n'a pas précisé la nature des personnes affectées à certaines missions de police judiciaire, il s'est contenté seulement de mentionner : « les fonctionnaires et agents des administrations et services publics ». La question se pose alors de savoir quels sont ces agents qui exercent les activités de police judiciaire.

Un élément de réponse est donné par l'article 28 du Code de procédure pénale désignant les walis et les gouverneurs comme officiers de police judiciaire pour certaines infractions et seulement en cas d'urgence. Or, pour certaines catégories d'infractions, dont certaines administrations et services de l'Etat peuvent en être victimes, l'article 27 opte pour la technique de renvoi aux textes spéciaux.

### *1) Les walis et les gouverneurs*

**28.** Le Code de procédure pénale autorise les gouverneurs et les walis à exercer les fonctions de police judiciaire, mais il faut la réunion de trois conditions :

- En cas d'urgence, qui nécessite l'intervention immédiate du wali ou du gouverneur, pour éviter la disparition des preuves ou la fuite des auteurs du crime ;
- dans le cas des infractions contre la sûreté intérieure ou extérieure de l'Etat ;
- cette autorité de l'Etat n'ayant pas connaissance que l'autorité judiciaire a déjà été saisie.

Ils peuvent donc accomplir personnellement tous les actes nécessaires à l'effet de constater les infractions, ou requérir par écrit à cet effet les officiers de police judiciaire compétents.

Le wali ou le gouverneur est tenu, s'il fait usage de ce droit, d'en aviser immédiatement le représentant du Ministère public de la juridiction compétente, de se dessaisir de l'affaire à son profit dans les vingt-quatre heures de l'ouverture des opérations en lui transmettant les pièces et en lui présentant toutes les personnes appréhendées.

Par ailleurs, tout officier de police judiciaire qui reçoit une réquisition du wali ou du gouverneur, et tout fonctionnaire à qui notification de saisie est faite, doivent se conformer à ces réquisitions et en informer sans délai le représentant du Ministère public compétent.

### *2) Les agents affectés à certaines fonctions de police judiciaire*

**29.** Certaines lois spéciales attribuent à certains fonctionnaires ou agents de l'État des pouvoirs de police judiciaire pour rechercher et constater par procès-verbaux certaines infractions, qui portent une atteinte aux lois et règlements des administrations auxquelles appartiennent ces agents. Ces procès-verbaux font foi jusqu'à inscription de faux.

Cependant, ils possèdent une compétence très limitée dans l'exercice de leur activité de police judiciaire. D'une part, ils ne peuvent constater que les infractions relatives à leur administration. D'autre part, à l'exception des agents de douane et d'impôts indirects, ils ne peuvent pas procéder à certains actes qui relèvent de la compétence exclusive des officiers de police judiciaire, comme la garde à vue et la perquisition. Ils ne peuvent dès lors y procéder qu'en présence d'un officier de police judiciaire qui dirige ces opérations.

Cette précision donnée, les agents auxquels la loi attribue la qualité d'officiers de police judiciaire sont : *les agents et fonctionnaires appartenant à la Délégation régionale aux eaux et forêts et à la lutte contre la désertification, l'administration des douanes, les agents et fonctionnaires des services communaux de construction et les inspecteurs du travail.*

Il est à noter que cette liste n'est pas limitative, ce qui signifie que d'autres agents peuvent bénéficier des prérogatives de police judiciaire.

### a) Les agents de l'administration des eaux et des forêts

**30.** Les agents et fonctionnaires des eaux et forêts exercent certaines activités de police judiciaire. Ils procèdent ainsi à la recherche et à la constatation par procès-verbaux des délits et contraventions qui sont relatifs à leur administration, tels que :

- Pâturage dans un lieu interdit ;
- couper des arbres forestiers sans permis ;
- fabrication de charbon sans permis ;
- occupation du domaine forestier.

Pour pouvoir lutter efficacement contre les actes précités, le Dahir du 10 octobre 1917, sur la conservation et l'exploitation des forêts[42], octroie à ces agents et fonctionnaires des moyens importants. Ainsi, ils disposent des moyens de preuve importants pour établir les infractions relatives à leur administration.

Ils peuvent aussi saisir les instruments utilisés pour commettre les délits et contraventions portant atteinte aux propriétés forestières et rurales, telles que les véhicules utilisés pour transporter le bois des

---

[42] Dahir du 20 hidja 1335 (29 octobre 1917), sur la conservation et l'exploitation des forêts, B.O. n° 262.

arbres depuis les forêts, les haches utilisées pour abattre des arbres, les véhicules et animaux par lesquels est transporté le produit de l'infraction.

Ils peuvent même suivre *« les objets enlevés par les délinquants jusque dans les lieux où ils auront été transportés ou dans ceux où des indications ou témoignages sérieux leur permettront de présumer qu'ils l'ont été et les mettront également sous séquestre »* (art. 61).

De plus, ils pourront arrêter tout individu qu'ils auront surpris en flagrant délit ; ils le conduiront au poste de police judiciaire le plus proche appartenant à la sûreté nationale ou à la gendarmerie royale.

L'autre avantage, dont bénéficient ces agents, consiste dans le fait qu'ils ne sont pas liés par le principe de la compétence territoriale. Ainsi, à la différence des autres officiers de police judiciaire, ils ont le droit de rechercher et de constater les délits et contraventions sans être tenus de respecter les limites territoriales où ils exercent leurs fonctions (art. 59).

Cependant, les pouvoirs de police judiciaire de ces agents connaissent certaines limites. Ainsi, ils ne peuvent ni effectuer une perquisition ni pénétrer dans le domicile ni placer quelqu'un en garde à vue. Il leur faut la présence d'un officier de police judiciaire.

Il est à noter par ailleurs que les agents techniques des eaux et forêts sont chargés[43] de verbaliser les contraventions régies par le Dahir du 21 juillet 1923 sur la police de la chasse[44], telles que la chasse pratiquée par des méthodes prohibées (telle que celle pratiquée par avion, par hélicoptère ou en automobile), la chasse sans permis et sans payer une redevance, la chasse des espèces protégées, la non-appartenance à une association de chasse, la chasse de nuit ou à une heure non autorisée…

---

[43] Les agents assermentés et les gardes fédéraux assermentés choisis parmi les chasseurs sur proposition de la Fédération Royale marocaine de chasse sont compétents en la matière.

[44] Dahir du 06 hidja 1341 (21 juillet 1923) sur la police de la chasse modifié et complété par le Dahir n° 1-06-127 du 18 joumada I 1427 (15 juin 2006) portant promulgation de la loi n° 54-03.

## b) Les agents de douane et impôts indirects

**31.** La loi du 9 octobre 1977[45], portant sur le Code des douanes et des impôts indirects, donne compétence aux agents de l'administration pour rechercher et constater par procès-verbaux des actes ou abstentions portant violation aux lois et règlements douaniers. Ils peuvent requérir le concours d'un officier de police judiciaire chaque fois que cela paraît nécessaire. Il ne peut pas la refuser.

Il est à noter que les infractions douanières sont classées en deux catégories : les délits douaniers et les contraventions douanières. D'un côté, les délits douaniers, prévus et définis par les articles 279 ter et 281, sont classés selon leur gravité en délits douaniers de première classe et ceux de deuxième classe. Les premiers sont énumérés par l'article 279 ter du Code, comme la détention, l'importation ou l'exportation des stupéfiants et des substances psychotropes sans autorisation ni déclaration. Les deuxièmes sont fixés par l'article 281 du Code, comme la détention des marchandises, lorsque cette détention n'est pas justifiée ou lorsque les documents présentés à titre justificatif sont faux, inexacts, incomplets ou non applicables, l'importation ou l'exportation des marchandises prohibées, etc. L'action publique est mise en mouvement et exercée par le Ministère public ou par le ministre des finances, le directeur de l'administration ou un de ses représentants habilité à cet effet.

D'un autre côté, les contraventions, prévues et définies par les articles 285- 294 - 297 et 299, sont de quatre classes. Elles sont prévues par les articles 285 à 299 bis du Code, comme l'importation ou l'exportation sans déclaration, la non-présentation à la première réquisition des agents de l'administration des marchandises placées dans des magasins et aires de dédouanement…

Les agents de l'administration disposent par ailleurs des pouvoirs importants pour rechercher et constater les infractions douanières. Ainsi, ils peuvent, sur autorisation du directeur de l'administration ou de son représentant, effectuer des perquisitions et des visites des

---

[45] Dahir portant loi n° 1-77-339 du 25 chaoual 1397 (9 octobre 1977) approuvant le Code des douanes ainsi que des impôts indirects relevant de l'administration des douanes et impôts indirects (B.O. n° 3389 bis du 13-10-77), tel qu'il a été modifié et complété par la loi n° 99.02 promulguée par le Dahir n° 1-00-222 du 2 rabii I 1421 (5 juin 2000).

domiciles et des locaux à usage professionnel, y compris les locaux à usage commercial pour la recherche des marchandises. Dans ce cas, l'agent doit se conformer aux dispositions de l'article 79 du Code de procédure pénale traitant la perquisition dans le cadre d'une enquête préliminaire. Ainsi, il doit obtenir l'assentiment de la personne chez qui l'opération doit se dérouler ; son accord est recueilli par écrit.

Si l'intéressé ne donne pas son assentiment, ils sont tenus de se faire assister par un officier de police judiciaire. Sa présence est uniquement requise pour garantir l'inviolabilité du domicile (art. 41 Code des douanes).

Ces agents ont aussi la possibilité de procéder à une vérification d'identité des personnes qui entrent dans le territoire douanier ou qui en sortent. Ils peuvent même les soumettre à des examens médicaux de dépistage, si des indices sérieux laissent présumer qu'elles transportent des produits stupéfiants ou autres produits dissimulés dans leur organisme. Mais il faut au préalable obtenir leur accord. Si elles refusent, il faut demander une autorisation du procureur du Roi près du tribunal de première instance du ressort, qui peut autoriser les agents de l'administration à faire procéder auxdits examens médicaux. Il désigne alors le médecin chargé de les pratiquer dans les meilleurs délais (art. 45 bis).

Enfin, à la différence des autres agents autorisés par des lois à exercer la fonction de police judiciaire, ils peuvent placer en garde à vue une ou plusieurs personnes soupçonnées de commettre ou de participer à la commission d'un délit douanier (art. 238). En cas de flagrant délit, ils peuvent procéder à l'arrestation de ces personnes.

L'administration est représentée à l'audience par son représentant habilité à cet effet (art. 250).

La compétence matérielle de ces professionnels s'étend sur l'ensemble du territoire douanier marocain, y compris les autoroutes, les voies ferrées, les voies navigables et le long des frontières terrestres et maritimes. Cela ressort clairement des articles 24, 25 et 233 du Code des douanes et impôts indirects.

## c) Les agents des services communaux de construction

**32.** La loi n° 12-90 relative à l'urbanisme[46], modifiée et complétée par la loi n° 66-12, relative au contrôle et à la répression des infractions en matière d'urbanisme et de construction, a attribué aux contrôleurs de l'urbanisme relevant du wali, du gouverneur ou de l'administration, la qualité d'officiers de police judiciaire. Ils peuvent dès lors constater, sur autorisation écrite du Ministère public, par procès-verbaux les infractions aux dispositions de la présente loi et à celles des règlements généraux ou communaux de construction et d'urbanisme dans un délai maximum de trois jours.

Ces faits sont énumérés par l'article 64 ainsi rédigé : *« Les actes commis et cités ci-après constituent des infractions à la législation en vigueur en matière d'urbanisme :*

*- La construction d'un bâtiment ou le commencement de sa construction :*

- *sans permis préalable ;*
- *sans respecter les dispositions des documents écrits et graphiques objet des permis délivrés à cet effet ;*
- *dans une zone non susceptible de les accueillir en vertu des règlements en vigueur ;*
- *sur une propriété relevant du domaine public ou privé de l'Etat et des collectivités territoriales, ainsi que sur les terrains appartenant aux collectivités ethniques, sans autorisation préalable exigible auprès des autorités ayant la tutelle sur la gestion desdites propriétés ;*
- *l'usage d'un bâtiment sans l'obtention d'un permis d'habiter ou d'un certificat de conformité... ».*

---

[46] Dahir n° 1-92-31 du 15 hidja 1412 (17 juin 1992) portant promulgation de la loi n° 12-90 relative à l'urbanisme. B.O. n° 4159, 14 moharrem 1413 (15-7-92), complété et modifié par la loi n° 66-12 promulguée par le Dahir n° 1.16.124 du 21 Kaada 1437 (25 août 2016) relative au contrôle et à la répression des infractions en matière d'urbanisme et de construction.
Un décret d'application n° 2.19.49 du 24 février 2020 encadrant les missions de contrôle et de répression des infractions en matière d'urbanisme et de construction a été publié. Il fixe les conditions d'attribution du statut d'officier de la police judiciaire aux contrôleurs de l'urbanisme et les modalités d'exercice de leurs missions de contrôle et de constatation des infractions.

L'agent exerce ses activités de police judiciaire soit d'office, soit à la demande de l'autorité administrative locale, soit du président du conseil communal, soit du directeur de l'agence urbaine, soit à la demande de toute personne ayant déposé plainte (art. 66). Il dresse un procès-verbal de constatation répondant aux exigences de l'article 24 du Code de procédure pénale. Il envoie l'original, joint de deux copies certifiées conformes, ainsi que l'ensemble des pièces et documents relatifs à l'infraction, au procureur du Roi compétent dans un délai maximum de trois jours à compter de la constatation de l'infraction. Une copie est adressée à l'autorité administrative locale, au président du conseil communal, au directeur de l'agence urbaine et au contrevenant. Le procès-verbal constitue le fondement du déclenchement et de l'exercice de l'action publique.

### d) Les inspecteurs du travail

**33.** Le législateur a confié aux inspecteurs du travail la qualité d'officiers de police judiciaire pour rechercher et constater, par procès-verbaux, les infractions qui portent une atteinte à la législation du travail. Ces procès-verbaux font foi jusqu'à preuve du contraire.

Ces inspecteurs disposent de pouvoirs importants qui sont prévus par l'article 533 du Code du travail. Ces prérogatives comprennent :

➢ ***Le droit de visite.*** Les inspecteurs du travail ont le pouvoir de réaliser des visites des lieux de travail pour vérifier l'application des dispositions législatives et réglementaires relatives au travail (art. 532 du Code du travail). A ce titre, ils peuvent *« pénétrer librement et sans avertissement préalable à toute heure du jour et de la nuit dans tout établissement assujetti au contrôle de l'inspection du travail »* (art. 533-1). Ils sont également compétents *« pour pénétrer, entre 6 heures et 22 heures, dans les locaux qui leur paraissent, valablement, être assujettis au contrôle de l'inspection du travail, ainsi que dans les lieux où des salariés travaillent à domicile »* (al. 2). Or, *« au cas où le travail s'effectue dans un lieu habité, les agents chargés de l'inspection du travail ne peuvent y pénétrer qu'après avoir obtenu l'autorisation des habitants »* (al. 3).

➢ ***Le droit d'enquête.*** Ce droit trouve son fondement dans le droit de visite. En effet, l'inspecteur du travail ne peut exercer le contrôle des entreprises assujetties au respect des dispositions législatives et réglementaires du travail sans possibilité de procéder à une enquête. Le but étant de s'assurer que lesdites dispositions législatives sont effectivement appliquées. C'est d'ailleurs ce que prévoit l'article 533-3, ainsi rédigé : « *A procéder, individuellement ou avec l'aide d'experts dans les domaines scientifiques et techniques tels que la médecine, le génie ou la chimie, à tous contrôles, enquêtes et investigations jugés nécessaires pour s'assurer que les dispositions législatives et réglementaires sont effectivement appliquées* ». Il peut dès lors interroger, « *soit seul, soit en présence de témoins, l'employeur ou les salariés de l'établissement sur toutes les questions relatives à l'application des dispositions législatives et réglementaires relatives au travail* » (art. 533-3-a).

➢ ***Le droit de se faire communiquer des documents, livres, registres,*** dont la tenue est prescrite par la législation relative au travail, en vue de vérifier leur conformité avec les dispositions législatives et d'en faire copies ou d'en prendre des extraits (art. 533-3-b).

➢ ***Le droit de prélèvement des substances et matières utilisées.*** L'article 533-3-d attribue à l'agent la compétence de faire des prélèvements des matières premières et substances utilisées ou manipulées par les salariés dans les locaux du travail, aux fins d'analyse. Le but étant de vérifier leur conformité à la législation du travail portant sur la sécurité et la santé des salariés.

## §. 2 – La responsabilité de la police judiciaire

*Les membres de la police judiciaire sont soumis au contrôle de l'autorité judiciaire. Ils s'exposent, en cas de conduite fautive, à des sanctions disciplinaires. Ils peuvent aussi engager leurs responsabilités civiles, pénales et administratives.*

### *A) La sanction disciplinaire*

**34.** Les membres de la police judiciaire exercent leurs fonctions sous la direction du procureur du Roi, et ils sont placés dans chaque ressort de la Cour d'appel sous l'autorité du procureur général du Roi et sous le contrôle de la chambre correctionnelle de la Cour d'appel (art. 16 et 17 C.P.P.). Ainsi, en cas de manquement relevé à la charge de l'officier de police judiciaire dans l'exercice de ses fonctions, il est déféré à la chambre correctionnelle de la Cour d'appel par le procureur général du Roi auprès de ladite Cour.

Dans l'hypothèse où les faits sont bien fondés, la chambre correctionnelle peut, sans préjudice d'autres sanctions relevant du pouvoir disciplinaire du supérieur hiérarchique, prendre à l'encontre de l'officier l'une des sanctions suivantes :

- Lui adresser des observations ;
- sa suspension temporaire de l'exercice des fonctions de police judiciaire pour une durée ne dépassant pas une année ;
- sa déchéance définitive de sa fonction.

L'arrêt de la chambre correctionnelle est susceptible de pourvoi en cassation dans les conditions du droit commun (art. 29 à 35 C.P.P.).

### *B) La responsabilité pénale*

**35.** Un officier de police judiciaire peut voir sa responsabilité pénale engagée dans l'hypothèse où il commet une infraction prévue par le Code pénal. Il peut s'agir :

- D'un abus de l'autorité de l'article 225 du Code pénal (actes arbitraires ou attentatoires à la liberté individuelle et aux droits civiques) ;
- de la coalition des fonctionnaires (art. 233 à 236 C.P.), de l'empiètement des autorités administratives et judiciaires et du déni de justice (art. 237 à 240 C.P.) ;
- des détournements et des concussions commis par des fonctionnaires publics (art. 241 à 247) ;
- de la corruption et du trafic d'influence (art. 248 à 256 C.P.) ;
- de la détention arbitraire de l'article 227 C.P. ;
- de la violation de domicile de l'article 230 C.P. ;
- des faux en écriture publique ou authentique (art. 352 et 353 C.P.) ;
- use ou fait user des violences envers les personnes (art. 231 C.P.).

L'action publique exercée à son encontre obéit à des règles de compétences particulières prévues aux articles 264 à 268 C.P.P. La lecture de ces articles permet de relever que le législateur a opéré une distinction entre quatre catégories d'officiers de police judiciaire pour leur consacrer des procédures particulières.

*La première catégorie* comprend le procureur général du Roi en sa qualité d'officier supérieur de police judiciaire, le wali et le gouverneur en leur qualité d'officiers de police judiciaire et les officiers de police judiciaire qui exercent leur mission sur l'étendue du territoire national. La poursuite à leur encontre est engagée sur réquisition du procureur général du Roi près la Cour de cassation et l'affaire est envoyée à la chambre criminelle de ladite Cour, qui ordonne, le cas échéant, que l'affaire soit instruite par un ou plusieurs de ses membres.

Il est procédé à l'instruction dans les formes prévues pour l'instruction préparatoire. L'instruction terminée, le ou les magistrats instructeurs rendent, suivant les cas, une ordonnance de non-lieu ou de renvoi devant la chambre criminelle de la Cour de cassation, qui statue sur l'affaire. Son arrêt est susceptible d'appel dans un délai de huit jours. Les chambres réunies de la Cour de cassation statuent sur l'appel à l'exclusion de la chambre criminelle qui s'est prononcée sur l'affaire. Aucune constitution de partie civile n'est recevable devant ladite Cour (art. 265 C.P.P.).

*La deuxième catégorie* comprend le juge d'instruction près la Cour d'appel et ses substituts, le procureur du Roi près le tribunal de première instance, ordinaire ou spécialisé. La poursuite de cette catégorie d'officiers de police judiciaire sur la base d'un réquisitoire du procureur général du Roi près la Cour de cassation qui saisit la chambre criminelle de ladite Cour. Celle-ci ordonne s'il y a lieu d'informer, dans l'affirmative, elle désigne une Cour d'appel hors de la circonscription dans laquelle l'intéressé exerce ses fonctions.

Le Premier président de la Cour d'appel commet à cet effet un juge d'instruction ou un conseiller pour instruire les faits, objet des poursuites.

Le juge d'instruction ou le conseiller chargé de l'information, lorsque celle-ci est terminée, communique le dossier au procureur général du Roi près la Cour d'appel pour ses réquisitions. S'il s'agit d'un crime, le juge d'instruction ou le conseiller chargé de l'information rend une ordonnance de renvoi de l'affaire devant la chambre criminelle de la Cour d'appel. Or, dans le cas des délits, il renvoie l'affaire devant un tribunal de première instance en dehors de la circonscription dans laquelle le prévenu exerce ses fonctions.

Ces ordonnances sont susceptibles de recours, conformément aux règles prévues aux articles 222 et s. C.P.P., sur le recours des ordonnances du juge d'instruction.

Il est à noter que la partie civile peut intervenir dans les conditions fixées aux articles 350 et 351 C.P.P.

*La troisième catégorie* comprend les substituts du procureur du Roi, le juge d'instruction près le tribunal de première instance. Les poursuites sont engagées sur réquisitions du procureur général du Roi près la Cour d'appel, lequel décide s'il y a lieu d'informer et, dans l'affirmative, commet un juge d'instruction ou un conseiller près ladite Cour pour instruire les faits, objet des poursuites. Les mêmes dispositions relatives à l'instruction, au renvoi et à la constitution de partie civile sont applicables.

*La quatrième catégorie* se rapporte aux autres membres de police judiciaire énumérés par l'article 268 C.P.P. Il s'agit du Pacha, du premier khalifa de gouverneur, de chef de cercle, du caïd, d'un officier de police judiciaire autre que les officiers appartenant au corps judiciaire.

Le texte susvisé conditionne la poursuite de ces membres à la commission d'un crime ou d'un délit dans l'exercice de leurs fonctions. Or, pour ceux commis en dehors de l'exercice de leurs fonctions, on applique à leurs égards les règles qui gouvernent la poursuite des personnes qui ont enfreint la loi. Ainsi, la procédure suivante est appliquée pour engager une poursuite contre eux :

- Le premier président de la Cour d'appel est saisi sur réquisitions du procureur général du Roi.
- Il ordonne s'il y a lieu d'informer. Dans l'affirmative, il commet un conseiller chargé de l'information près ladite Cour.
- S'il s'agit d'un crime, le conseiller chargé de l'information rend une ordonnance de renvoi devant la chambre criminelle, mais s'il s'agit d'un délit, il renvoie l'affaire devant le tribunal de première instance hors la circonscription dans laquelle le prévenu exerce ses fonctions.

La partie civile peut intervenir conformément aux articles 350 et 351 du Code de procédure pénale.

### *C) La responsabilité civile*

**36.** Les membres de la police judiciaire peuvent engager leur responsabilité civile pour les dommages causés par leur fait à autrui dans l'exercice de leurs fonctions.

S'il est établi que les actes délictueux commis par les officiers de police judiciaire ont entraîné un préjudice matériel ou moral à une personne, ce dernier peut intervenir en tant que partie civile devant l'instance qui tranche l'affaire pénale (art. 167-168-266 C.P.P.).

La partie lésée peut demander une réparation en intentant une action civile devant la juridiction répressive ou dans le cadre de la responsabilité délictuelle. Or, elle ne peut pas faire cette demande devant la Cour de cassation soit par la constitution de partie civile, soit par intervention. L'article 10 C.P.P. prévoit par ailleurs que l'action civile peut être intentée séparément de l'action publique devant la juridiction civile compétente.

Dans le premier cas, c'est-à-dire lorsque la partie lésée a opté pour la voie pénale, sa demande de réparation est soumise aux dispositions des articles 348 et 356 C.P.P. Pour que cette demande soit recevable, elle doit respecter les conditions suivantes :

- Elle ne s'est déjà pas constituée partie civile devant le juge d'instruction (art. 348 C.P.P.).
- La fixation des demandes de réparation par un mémoire assorti d'une photocopie du récépissé du paiement de la taxe judiciaire forfaitaire, ou par une déclaration orale consignée par le greffier à l'audience. Elle est avertie de s'acquitter de la taxe judiciaire.
- L'Etat intervient dans l'action chaque fois que l'action engagée a pour objet la déclaration des dettes de l'Etat ou d'une administration publique et la déclaration de sa responsabilité conformément à l'article 514 du Code de procédure civile[47].

L'action civile doit être exercée devant les juridictions civiles. Mais elle peut être exercée devant la juridiction répressive, si l'acte perpétré par l'officier de la police judiciaire constitue aussi une infraction.

Concernant le deuxième cas, c'est-à-dire la responsabilité délictuelle de l'officier de police judiciaire, le législateur a accordé à la partie lésée le droit d'option pour présenter ses demandes de réparation devant la juridiction répressive ou devant les tribunaux civils, dans le cadre de la responsabilité délictuelle régie aux articles 79 et 80 du droit des obligations et contrats.

Il est à noter que chaque fois que la responsabilité de l'Etat est engagée, cela demande de faire la distinction entre les fautes de service et les fautes personnelles.

D'une part, les fautes de service des agents de l'Etat consistent dans les fautes commises par un officier de police judiciaire et qui

---

[47] QILISH (A.), MAJIDI (A.), HAMIDI (S.), ZENOUN (M.), « Explication pratique de la procédure pénale », imprimerie Oumnia, 2ème éd. 2016, en arabe, p. 38.

sont attribuées à l'Etat, eu égard au fait qu'il est un agent de l'Etat et que les dommages causés par les fautes de service ont été commises dans le cadre de l'exercice de ses fonctions. Mais il faut établir un lien de causalité entre la faute et la fonction et que celle-ci soit la cause directe du dommage. Une décision de la Cour d'appel confirme ce constat. Elle a déclaré que l'État ne peut être tenu responsable d'un crime commis par un policier, alors qu'il était absent de son travail[48].

D'autre part, les fautes personnelles commises par l'officier de police judiciaire n'engagent pas l'Etat, car seul ce dernier assume les conséquences de son acte. Il en est de même pour les fautes lourdes commises par ce dernier dans le cadre de l'exercice de ses fonctions. Dans ce cas, l'action de réparation est intentée contre l'officier fautif et l'Etat ne peut être poursuivi que s'il est avéré que l'auteur de la faute lourde est insolvable (art. 80 D.O.C.).

### *D) La responsabilité administrative*

**37.** Les officiers de police judiciaire sont interrogés sur les erreurs administratives qu'ils commettent, conformément aux lois et règlements intérieurs en vigueur.

Pour les officiers supérieurs de police judiciaire disposant de la qualité de police judiciaire, la question de l'examen des violations professionnelles administratives relève du conseil supérieur du pouvoir judiciaire.

En ce qui concerne les autres officiers de police judiciaire, et les agents et fonctionnaires qui exercent certaines fonctions de police judiciaire, ils sont soumis aux sanctions disciplinaires prévues à l'article 66 du Dahir du 24 février 1958[49]. Elles sont classées selon leur gravité comme suit :

- L'avertissement ;
- le blâme ;
- la radiation du tableau d'avancement ;
- l'abaissement d'échelon ;
- la rétrogradation ;
- la révocation sans suspension des droits à pension ;

---

[48] Arr. du 2 mai 1974, publié à la revue de la justice et du droit, n° 126, p. 147.

[49] Dahir n° 1-58-008 du 4 chaabane 1377 (24 février 1958) portant statut général de la fonction publique (B.O. n° 2372 du 11 avril 1958).

- la révocation avec suspension des droits à pension.

Il existe en outre deux sanctions d'un caractère particulier : l'exclusion temporaire privative de toute rémunération, sauf les prestations familiales pour une durée qui ne peut excéder six mois et la mise à la retraite d'office. Cette dernière ne peut être prononcée que si le fonctionnaire remplit les conditions prévues par la législation sur les pensions.

### *Section 3 – Les agents de police judiciaire*

**38.** L'article 25 C.P.P. donne une énumération de ces agents comme suit :

*« 1. Les fonctionnaires des services actifs de police ;*

*2. les gendarmes qui n'ont pas la qualité d'officiers de police judiciaire ;*

*3. les Khalifas de pachas et les Khalifa de Caïds ».*

Il en ressort que ces agents peuvent appartenir soit à la collectivité territoriale soit à l'administration générale de la sûreté nationale, soit à la gendarmerie royale.

L'article 26 C.P.P. énonce que : *« Les agents de police judiciaire ont pour mission :*

*1. de seconder, dans l'exercice de leurs fonctions, les officiers de police judiciaire ;*

*2. de rendre compte à leurs chefs hiérarchiques de toutes les infractions dont ils ont connaissance ;*

*3. de recueillir tout renseignement en vue de découvrir les auteurs de ces infractions, en se conformant aux ordres de leurs chefs et à la réglementation du corps auquel ils appartiennent ».*

La lecture du texte permet de relever que le rôle des agents de police judiciaire dans l'enquête préliminaire se limite à assister les officiers de police judiciaire qui en sont légalement responsables. Ils ne sont pas dès lors compétents pour placer un suspect en garde à vue ni pour effectuer une perquisition de son domicile ni pour l'interroger ni pour rédiger un procès-verbal.

En somme, ils ne peuvent pas mener une enquête préliminaire, car cela peut entraîner la nullité de la procédure.

# CHAPITRE 2 - LES OPERATIONS DE LA POLICE JUDICIAIRE

Le rassemblement des preuves nécessite d'octroyer la police judiciaire des moyens assez importants. Ceux-ci sont prévus par le Code de procédure pénale dans deux cadres d'enquêtes : l'enquête de flagrance (section 1) et l'enquête préliminaire (section 2).

## *Section 1 - L'enquête de flagrance*

**39.** L'enquête de flagrance, qui relève du code de l'exception, permet aux enquêteurs d'employer des moyens coercitifs. Or, dans le cadre de l'enquête préliminaire, qui est de droit commun, ils ne peuvent effectuer des opérations que sous condition d'autorisation[50].

La question se pose alors de savoir la portée exacte de l'enquête de flagrance. Cette enquête n'est pas définie par le Code de procédure pénale, qui se contente d'énumérer les cas de flagrance. Pour trouver un élément de réponse, il faut se référer à la doctrine et à la jurisprudence. Ainsi, l'enquête de flagrance concerne des infractions qui se voient, s'entendent, se perçoivent[51]. La Cour de cassation française précise que :*"L'état de flagrance est caractérisé lorsqu'il résulte des constatations (...) qu'ont été relevés des indices apparents d'un comportement délictueux pouvant révéler l'existence d'infractions correspondant à la définition de l'article 53 du Code de procédure pénale"*[52].

*Sous le bénéfice de ces observations, il importe de traiter, dans un premier temps, les conditions de l'ouverture d'une telle procédure (§ 1), avant d'examiner son déroulement (§ 2) et les principales opérations de la police judiciaire (§. 3). Mais la mesure la plus contraignante, car elle porte atteinte aux libertés individuelles, et que l'officier de police judiciaire peut recourir dans son enquête, réside dans le placement du suspect en garde à vue (§ 4).*

---

[50] V. JCl. Procédure pénale, Art. 53 à 73, fasc. 20. – Desportes (F.) et Lazerges (L.)-Cousquer, "Traité de procédure pénale", Titre II - les principes directeurs, *Economica,* 2009, n° 1605 et s.

[51] RENAULT-BRAHINSKY (C.), « Procédure pénale », éd. Gualino, 2ème éd., p. 240.

[52] Cass. crim., 22 janv. 1953 : Bull. crim. 1953, n° 24 ; JCP G 1953, II, 7456, rapp. Brouchot. – Cass. crim., 11 juill. 2007, n° 07-83.427: Juris-Data n° 2007-040272.

## § 1 – Les conditions de l'ouverture d'une enquête de flagrance

*L'enquête de flagrance peut intervenir lorsqu'une infraction peut être qualifiée de flagrante (A) et que celle-ci est suffisamment grave (B).*

### *A) La nécessité d'une infraction flagrante*

*Il importe de préciser la notion de flagrance (1), les cas dans lesquels une enquête de flagrance peut être ouverte (2) et ses manifestations (3).*

#### *1) La notion de flagrance*

*Pour que les officiers de police judiciaire puissent ouvrir une enquête de flagrance et non une enquête préliminaire, il faut qu'on soit en présence d'un des cas énumérés par l'article 56 du Code de procédure pénale. Ils peuvent être résumés dans deux critères essentiels, à savoir un critère temporel (a) et un autre matériel (b).*

#### a) Le critère temporel

**40.** L'enquête de flagrance est déclenchée très peu de temps après la perpétration de l'acte délictueux. Elle concerne une infraction flagrante, c'est-à-dire celle qui, au moment de sa constatation, ou bien est en train de se commettre ou bien a été commise (art. 56 C.P.P.). Il y a une proximité de temps entre la découverte et la perpétration de l'infraction.

L'intérêt dans l'enquête de flagrance consiste dans le fait de donner aux officiers de police judiciaire des pouvoirs coercitifs pour accomplir les actes nécessaires à la constatation de l'infraction, à la recherche des auteurs et au rassemblement des preuves. Ainsi, les policiers peuvent procéder à des opérations, telles qu'une perquisition ou une arrestation, sans recueillir l'assentiment de la personne. Or, pour l'enquête préliminaire, il faut avoir le consentement de la personne pour lui imposer l'exécution des actes de l'enquête.

La question se pose alors de savoir la durée du temps maximum pour que l'enquête de flagrance soit effectuée. Le législateur ne l'a pas précisé. Cette question relève donc du pouvoir souverain des juges du fond[53].

### b) Le critère de l'apparence

**41.** La Cour de cassation française a opté pour ce critère pour définir la flagrance. Ainsi, *« il n'y a infraction flagrante que si son existence est révélée par des indices apparents constatables extérieurement par la police judiciaire, indices qui tendent à faire croire à la présence d'un comportement délictueux »*[54]. A titre d'illustration, une dénonciation anonyme est considérée comme un indice apparent, si elle est confortée par des vérifications auprès de

---

[53] Encourt la cassation, l'arrêt de la Cour d'appel qui confirme la condamnation du prévenu pour complicité d'adultère en arguant que : *"Le procès-verbal de la police judiciaire permet de déduire que les deux accusés se trouvaient seuls dans un lieu abandonné. Or, le procès-verbal de la police judiciaire ne fait pas mention de la constatation de deux accusés en flagrance au sens de l'article 58 du Code de procédure pénale"*. Arr. de la Cour suprême du 12 avr. 1979, n° 663, publié au recueil des arrêts de la Cour suprême en matière pénale, 66-86, p. 300 et s.
La flagrance est une question réelle attachée à l'infraction et non pas à son auteur (V. aussi C. sup. 23 oct. 2003, n° 102529, doss. n° 10225/02, publié à la Revue du barreau, n° 25, p. 130 et s). Elle concerne tous les complices et ceux qui ont participé à la commission de l'acte délictueux, même contre ceux qui n'ont pas été dans une situation de flagrance. Mais il faut fournir des preuves qui démontrent que la partie concernée par le cas de flagrance a participé ou a été complice dans l'exécution de l'infraction.
L'enquête menée par la police judiciaire contre tous les prévenus était dans le cadre de l'enquête de flagrance, car la cybercriminalité est une infraction dont la découverte paraît difficile dans l'immédiat, et l'ouverture d'une enquête nécessite la rapidité et la précision dans son exécution. Le but étant d'éviter la disparition des preuves et l'aggravation des effets de l'infraction ; il devient dès lors difficile de la maîtriser.
L'expression "dans un temps très voisin de l'action" prévue par l'al. 3 de l'art. 56 ne signifie pas dans le cas de la cybercriminalité quelques minutes ou quelques heures, tant que l'auteur peut commettre l'infraction à l'extérieur des frontières sur une distance de 1.000 km. Cass. 3 août 2011, n° 681/1, doss. n° 16080/10, publié au recueil de la Cour d'appel de Rabat, n° 2, p. 231 et s.

[54] Crim. 22 janv. 1953, JCP 1953. II. 7456, rap. Brouchot ; Crim. 4 janv. 1982, Bull. n° 2 ; v. également : Crim. 30 mai 1980, Bull. n° 165, D. 1981. 533, note W. Jeandidier ; Crim. 21 juill. 1982, Bull. n° 196, D. 1982. 642, note Berr ; Vannes, 18 févr. 1982, D. 1983. 130, note Chambon ; Crim. 8 oct. 1985, Bull. n° 301 ; Crim. 2 févr. 1988, Bull. n° 52 ; Crim. 8 nov. 1989, JCP 1990. II. 21580. Cité par BOULOC (B), op. cit. p. 408.

services administratifs[55] ou par d'autres indices concordants[56]. Cependant, un appel de téléphone anonyme n'est pas un indice apparent révélant l'existence d'une infraction flagrante. Il faut qu'il soit corroboré par des vérifications précises ou d'indices objectifs rendant vraisemblable l'implication de la personne concernée dans un comportement délictueux[57].

En outre, l'indice apparent peut être la fuite devant les policiers[58] ou la révélation par la victime d'une infraction[59]. Il peut aussi résulter de la présence d'une arme, visible dans la boite à gants disloquée d'un véhicule accidenté[60] ou à proximité du lieu d'un accident[61]. Il peut s'agir enfin du policier qui entre en contact sur internet avec un individu qui lui propose des photos à caractère pédophile et l'invite à un rendez-vous dans ce but[62].

### *2) Les cas de flagrance*

Les cas de flagrance sont énumérés par l'article 56 du Code de procédure pénale. *La lecture du texte permet de relever qu'il existe quatre cas concernant les infractions flagrantes (a) et deux autres qui sont réputés flagrants (b).*

---

[55] Crim., 23 octobre 1991, *Bull. crim.*, n° 371. D. 1992. IR 38. Cité par BOULOC (B.), op. cit. p. 409.

[56] Crim., 1er oct. 2003, D. 2004.1845, note M. Sanchez. Cité par VERNY (E.), op. cit. p. 56.

[57] Crim., 2 fév. 1988, Bull. Crim., n° 52, D. 1988, somm. 358, obs. J. PRADEL ; 8 novembre 1989, JCP, 1990.II.21580, note SYR ; 11 juillet 2007, Bull. crim., n° 183, JCP, 2007.II.10168, note J. BUISSON, D., 2007, comm. 2237, obs. LENA. Arrêts cités par EL HAJJ CHEHADE (F.), op. cit. p. 51.

[58] Crim., 4 janv. 1982, préc.

[59] Crim., 8 oct. 1985 : Juris-Data n° 1985-702780. – Crim., 22 avr. 1992 : Juris-Data n° 1992-001905; Bull. crim. 1992, n° 169.

[60] Crim., 5 janvier 2005, *Bull. crim.*, n° 6, *Dr. penal* 2005, comm. 48, obs. A. MARON, *AJ penal* 2005, p. 119, obs. S. ENDERLIN, *R.S.C.*, 2005.373, obs. J. BUISSON. Cité par EL HAJJ CHEHADE (F.), « Les actes d'investigation », op. cit. p. 52.

[61] Crim., 5 janv. 2005, préc.

[62] Crim., 1er octobre 2003, op. cit.

### a) Les principales situations de flagrance

Ces situations comprennent l'infraction qui se commet actuellement (1°) ou celle qui vient de se commettre (2°). Il y a également délit flagrant si, dans un temps très voisin à l'infraction, la personne soupçonnée est poursuivie par la clameur publique (3°) ou est trouvée en possession d'objets ou présente des traces ou indices laissant penser qu'elle a participé à l'infraction (4°).

#### *1°) L'actualité de la commission du crime ou du délit*

**42.** Aux termes de l'article 56 du Code de procédure pénale, est flagrant le crime ou le délit qui se commet actuellement, même au stade de la simple tentative. Cette situation se réalise lorsque le policier est personnellement témoin de la commission de l'acte délictueux. Il y a dès lors une simultanéité entre la réalisation de l'infraction et sa constatation par la police judiciaire[63]. Cela signifie que l'auteur est surpris en train d'exécuter son projet.

C'est ainsi le cas de l'individu qui est vu alors qu'il s'empare frauduleusement de la chose d'autrui ou d'un fonctionnaire qui reçoit un paquet de titres en guise de pot-de-vin, ou d'un policier qui est personnellement témoin des phrases injurieuses envers autrui, ou de l'individu surpris alors qu'il pénètre, par effraction ou escalade, dans la maison de la victime, ou de l'auteur des relations sexuelles hors mariage ou d'adultère qui met la main sur sa victime dans un lieu abandonné, ou par la clôture de la porte de la maison déshabillé qui autorise aussitôt des investigations coercitives.

Il est à noter que la visualisation de l'infraction par l'officier de police judiciaire, qui conditionne la réalisation de la flagrance, ne signifie pas que la constatation de celle-ci se réalise uniquement avec les yeux, comme le montre l'expression, bien que, dans la majorité des cas, la visualisation se fasse avec les yeux, car cela peut se faire aussi avec d'autres sens, tels que l'odorat, l'ouïe ou le toucher.

---

[63] Le prévenu n'est pas pris en train de commettre le délit de corruption ou qu'il vient juste de le commettre, la flagrance n'est donc pas constituée selon les termes de l'article 56 du Code de procédure pénale. C. sup. deux chambres réunies, 8 mars 2006, n° 5822, doss. n° 1348/05, publié au recueil des arrêts de la Cour suprême - deux chambres ou toutes les chambres réunies -

### *2°) La proximité du temps*

**43.** L'article 56 du Code de procédure pénale prévoit un deuxième cas de flagrance ; il s'agit du crime ou du délit qui vient de se commettre. Il y a alors quasi-simultanéité entre la commission de l'infraction et sa constatation par les autorités compétentes. Cette situation ne se réalise que si l'auteur est vu après l'acte consommé ou tenté. C'est ainsi le cas de celui qui tient dans ses bras une personne qui l'agonise[64]. La visualisation, en ce sens, se rapporte à celle de l'officier de police judiciaire, étant entendu que si le délit n'a pas eu lieu grâce à sa vue, mais en a été informé par la victime ou des témoins oculaires, il y a alors flagrant délit à condition que l'officier de police judiciaire se rende sur les lieux de l'infraction. C'est ce que le législateur a exprimé dans le texte par la formule *« après l'avoir commis »*.

Il est à noter que la visualisation doit avoir lieu peu de temps après l'infraction consommée ou tentée. Il appartient au juge du fond d'évaluer le temps qui s'est écoulé depuis que l'acte a été commis ou tenté. Il s'agit d'une question objective qui varie en fonction des circonstances de chaque affaire ; le législateur n'est donc pas intervenu pour la déterminer. Mais la formule « vient de se commettre » permet de déduire que le temps qui sépare l'action et la constatation ne doit pas être long.

### *3°) La clameur publique*

**44.** L'enquête sur infraction flagrante peut être déclenchée lorsque la flagrance est caractérisée par la proximité du temps entre la commission de l'infraction et la poursuite de l'intéressé par la clameur publique. Ce cas entretient un rapport avec la première hypothèse, surtout que le facteur de temps et de circonstance s'impose avec acuité pour que l'infraction soit flagrante. On suppose dès lors que cela a eu lieu dans des circonstances entourées d'indices et de présomptions, qui confirment les soupçons existants contre l'auteur[65].

L'objet de la clameur doit porter sur la personne soupçonnée d'avoir commis l'infraction. Il s'agit d'un appel collectif à l'appréhension de la

---

[64] EL HAJJ CHEHADE (F.), op. cit. p. 38.
[65] BEHI (L.), op. cit. p. 138.

personne suspecte. Cette situation se rapporte au fait que le public traque l'auteur de l'infraction et crie derrière lui après qu'il a accompli son acte. La loi exige ici la présence de deux conditions pour que cette situation soit réalisée : les cris et la poursuite. Le cas de flagrance se réalise même si deux ou trois personnes poursuivent l'agent. Une partie de la doctrine estime qu'une seule personne suffit pour justifier la situation de flagrance ; il peut s'agir de la victime ou d'un tiers.

#### *4°) L'indice objectif*

**45.** L'article 56 du Code de procédure pénale ajoute un autre cas de flagrance qui s'intègre dans la notion d'indice objectif. Il s'agit de la découverte d'objets, de traces ou d'indices laissant penser que la personne a participé à la commission de l'infraction, tels que du sang retrouvé sur les vêtements de l'auteur présumé ou de la perception par la police ou le gendarme d'une personne qui, tentant de s'enfuir à son approche, sera interpellée et trouvée en possession d'un ballot contenant des objets précieux, ou de l'odeur de cannabis détectée par la police lors d'un contrôle routier.

La question toujours qui se pose, à laquelle la loi ne porte aucune réponse, est celle de savoir le temps qui sépare la commission de l'infraction et la découverte des objets, de traces ou d'indices par la police. Il devrait être court.

### b) Les infractions réputées flagrantes

*Il existe deux cas de figure qui conduisent à l'ouverture de ce type d'enquête. D'une part, la réquisition du chef de maison (1°) et, d'autre part, la mort suspecte (2°).*

#### *1°) La réquisition du chef de maison*

**46.** Le dernier alinéa de l'article 56 C.P.P. assimile à la flagrance, tout crime ou délit qui a été commis dans une maison dont le chef ou le légitime occupant requiert le ministère public ou un officier de la police judiciaire de le constater. Le propriétaire de la maison est ici pris dans son sens juridique. Il peut s'agir du propriétaire, du bailleur ou de quiconque se substitue aux conjoints ou aux enfants. Est également considérée comme propriétaire, la garde effective (le gardien temporaire de la maison ou une personne chargée de l'entretien : un domestique ou un concierge).

**47.** L'article 56 traite donc le cas du maître de maison, qui fait un appel aux policiers ou gendarmes pour venir constater une infraction qu'on ne savait pas si elle était flagrante ou non. Il s'agit ainsi du vol par effraction perpétré à son domicile plusieurs jours, voire plusieurs semaines et qu'il constatait à son retour de vacances. La réquisition conférait ainsi à l'officier de police judiciaire saisi tous les pouvoirs de l'enquête de flagrance.

Pour constater l'infraction, il est nécessaire d'adresser une demande aux officiers de police judiciaire. Cette demande se distingue de l'appel au secours, car l'intervention de la police judiciaire consiste à secourir des personnes en danger conformément aux articles 430 et 431 du Code de procédure pénale.

### *2°) La découverte de cadavres*

**48.** Il s'agit de l'hypothèse de mort violente ou d'une mort de cause inconnue ou suspecte ; le policier ou le gendarme ne connaît pas les causes de la mort de la personne ou trouve dans ce décès une raison de soupçonner une infraction sans qu'il puisse en avoir la révélation (art. 77 C.P.P.). L'officier de police judiciaire qui en est avisé informe immédiatement le procureur du Roi, se transporte sans délai sur les lieux et procède aux premières constatations.

Le magistrat du parquet peut également se rendre sur place, s'il le juge nécessaire. Il peut aussi, par délégation, demander à un officier de police judiciaire d'effectuer les opérations.

### *B) La gravité de la flagrance*

**49.** Les atteintes aux libertés individuelles s'expriment davantage dans le cas d'enquête de flagrance, car il faut agir à chaud. Or, pour restreindre l'ouverture de ce type d'enquête, la loi précise qu'elle doit porter sur un crime ou sur un délit passible d'une peine d'emprisonnement (art. 70 C.P.P.). La police judiciaire ne pourra pas justifier une situation de flagrance dans l'hypothèse où les faits reçoivent une qualification de contravention ou de délit puni d'une peine d'amende. Cette interdiction trouve sa justification dans le fait que ces infractions sont moins graves, et ne nécessitent pas le recours à des moyens de preuve coercitifs. Les officiers de police judiciaire peuvent dès lors, dans ce cas, procéder à une enquête préliminaire.

## §. 2 - Le déroulement de l'enquête

*L'enquête de flagrance vise certaines personnes (A) et sa mise en œuvre nécessite le respect d'un délai (B).*

### *A) Les personnes visées*

**50.** Les règles de flagrance s'appliquent aux infractions qui répondent à la notion de gravité requise. Toutefois, certaines personnes bénéficient d'une immunité qui constitue un frein à la mise en œuvre de ces règles.

D'abord, les diplomates, ainsi que les membres de leurs familles, en application de la convention de Vienne sur les relations diplomatiques du 18 avril 1961[66], ne peuvent faire l'objet d'une enquête, à moins que l'Etat accréditant renonce expressément à l'immunité[67]. La même interdiction et la même exception s'appliquent aux membres du personnel de service ainsi qu'aux domestiques directement rattachés au service de l'ambassadeur.

S'agissant des fonctionnaires et employés consulaires, ils ne peuvent faire l'objet d'une privation ou restriction de leurs libertés que dans le cas d'infraction grave et sur une décision de justice.

**51.** Ensuite, l'article 64 de la Constitution offre une protection au mandat des élus. Cette immunité parlementaire est adaptée à la nature des fonctions confiées à ces élus. Il doit, en effet, exercer ses fonctions avec la plus grande liberté qui ne doit connaître aucune restriction, ce qui signifie que l'élu exprime librement son opinion sur les différentes questions soumises au Parlement. La seule limite à cette liberté est celle qui concerne les opinions exprimées mettant en cause le régime monarchique, la religion musulmane, ou constituant une atteinte au respect dû au Roi.

Toutefois, les parlementaires demeurent passibles de toutes les poursuites lorsqu'il s'agit de crimes et délits de droit commun.

---

[66] Le Maroc a ratifié ladite convention le 19 juin 1968.

[67] Art. 32 de la convention de Vienne.

Il est à noter que l'immunité procédurale prévue aux alinéas 2 et 3 de l'article 39 de la Constitution de 1996 a été levée. Elle organisait la poursuite et l'arrestation des parlementaires pour crimes et délits commis pendant ou hors sessions parlementaires. Dans le premier cas, il a fallu l'autorisation de la chambre à laquelle il appartient et, dans le deuxième cas, il a fallu l'autorisation du bureau de la chambre à laquelle il appartient, sauf dans le cas de flagrant délit.

L'article 64 de la Constitution de 2011 ne fait aucune mention à la nécessité d'avoir ces autorisations, c'est-à-dire celle du bureau ou de la chambre à laquelle appartient le parlementaire pour engager des poursuites ou obtenir son arrestation.

**52.** Enfin, les membres du gouvernement marocain et les hauts responsables de l'administration publique ne disposent plus d'un régime dérogatoire en matière de responsabilité pénale et sont donc, en cas d'infractions, poursuivis devant les juridictions de droit commun.

### *B) La durée*

**53.** Le Code de procédure pénale n'a pas précisé le temps de la flagrance ; il a dès lors laissé aux juges du fond une marge de manœuvre certaine pour décider s'il y a ou non flagrance sous le contrôle de la Cour de cassation. Ce vide textuel a permis à la doctrine de proposer sa propre lecture du texte. Ainsi, pour le professeur MACHICHI, la durée est de 24 heures[68]. Le professeur AL KHAMLISHI explique que cette durée peut être de plusieurs heures[69]. Un autre courant estime que la notion de flagrance peut se prolonger pendant des mois, voire pendant quelques années. Cette lecture du texte est moins convaincante, car l'expression *"dans un temps très voisin de l'action"* accepte une interprétation restrictive, qui limite la durée à quelques heures.

---

[68] DRISSI ALAMI MACHICHI (M.), « Procédure pénale », éd. les presses de l'imprimerie KAMAR, 1981, p. 117.
[69] AL KHAMLISHI (A.), op. cit., p. 278.

## § 3 - Les actes de la police judiciaire

*L'officier de la police judiciaire, dans le cadre d'une enquête de flagrance, aura des pouvoirs coercitifs beaucoup plus importants pour effectuer des actes. Ceux-ci consistent dans le transport sur les lieux (A), les perquisitions et saisies (B) ainsi que l'audition (C).*

### *A) Transport sur les lieux*

**54.** Pour répondre à la situation d'urgence imposée par la flagrance, l'officier de police judiciaire doit se transporter lui-même sur les lieux sans délai afin de procéder à toutes constatations utiles. L'article 57 C.P.P. lui impose une seule obligation avant de déclencher les opérations, c'est celle d'informer immédiatement le représentant du Ministère public. Il s'agit d'instituer, dès le départ, le contrôle du magistrat du parquet sur l'enquête de flagrance pour lui permettre de diriger lui-même les opérations.

L'arrivée du procureur du Roi sur les lieux dessaisit l'officier de la police judiciaire. Le représentant du parquet a le choix : accomplir lui-même tous les actes de police judiciaire ou prescrire à l'officier de la police judiciaire de poursuivre les opérations. Il doit informer le procureur général du Roi de son déplacement dans le ressort de son territoire.

En cas de crime flagrant non puni de mort ou de la réclusion à perpétuité, le procureur du Roi ou l'un de ses substituts peut s'enquérir auprès de l'accusé de son identité et lui faire connaître immédiatement son droit de choisir un avocat, à défaut de quoi il sera désigné pour lui par le président de la chambre criminelle. Il peut ensuite l'interroger en présence de son avocat, qui a le droit de demander un examen médical à son client et de présenter des documents ou des preuves écrites. Il peut également lui proposer une caution ou une garantie personnelle en échange de sa libération, s'il s'avère que l'acte était simplement un délit.

Le Ministère public inscrira la décision fixant la caution dans un registre spécial et une copie de la décision et le récépissé de dépôt du montant seront versés au dossier[70].

---

[70] Les dispositions des articles 186 et 187 sont applicables au dépôt et au recouvrement de la caution.

Le procureur général du Roi peut également, en cas de flagrant délit non puni de la peine de mort ni de la réclusion à perpétuité, après avoir constaté l'identité du prévenu, lui avoir désigné un avocat et l'avoir interrogé, ordonner la détention provisoire du prévenu, et le renvoyer devant la chambre criminelle dans un délai de quinze jours.

Le ministère public peut aussi ordonner une information par le juge d'instruction, s'il apparaît que l'affaire n'est pas en état d'être jugée.

Toutefois, s'il s'agit d'un délit flagrant puni d'une peine d'emprisonnement ou si les auteurs n'ont pas de garanties de présence, le procureur du Roi ou ses substituts peuvent ordonner la détention provisoire du prévenu, après avoir notifié son droit de désigner un avocat et l'avoir interrogé sur son identité et les faits reprochés. Il peut également être renvoyé devant les juges en liberté, s'il fournit une caution ou une garantie personnelle[71].

L'arrivée du juge d'instruction sur les lieux de la commission de l'infraction flagrante rend le contrôle purement judiciaire. Selon l'article 75 du Code de procédure pénale, les magistrats du ministère public et les officiers de la police judiciaire sont de plein droit dessaisis à son profit. Il peut accomplir lui-même les actes de police judiciaire. Il peut aussi prescrire à l'officier de la police judiciaire de poursuivre les opérations. Cependant, il a moins de pouvoirs, car il agit hors du cadre d'une information judiciaire. Une fois qu'il avait terminé ses investigations, il devait normalement remettre les pièces du dossier au Ministère public en application du principe de la séparation des pouvoirs d'instruction et de poursuite.

Si le procureur du Roi ou le procureur général du Roi et le juge d'instruction interviennent en même temps, le Ministère public peut immédiatement requérir qu'une information judiciaire soit ouverte par le juge d'instruction présent.

**55.** L'officier de police judiciaire doit prendre toutes les mesures nécessaires pour que l'état des lieux ne soit pas modifié. En particulier, il doit conserver les indices, les objets ou produits susceptibles d'orienter l'enquête. L'article 58 du Code de procédure pénale interdit à toute personne non habilitée de modifier l'état des lieux avant les premières opérations de l'enquête et d'y effectuer des prélèvements

---

[71] Le procureur du Roi doit répondre à une demande de procéder à un examen médical du prévenu ou l'ordonner lui-même s'il constate des traces justifiant cet examen.

quelconques, sauf si ces modifications ou prélèvements sont commandés par les exigences de la sécurité, de la santé publique ou par les soins à donner aux victimes.

Le non-respect de cette obligation est puni de l'amende de 1. 200 à 10.000 dhs. Si les destructions de traces ou si les prélèvements sont effectués en vue d'entraver le fonctionnement de la justice, l'individu risque une peine de trois mois à trois ans d'emprisonnement et une amende de 3000 à 12.000 dhs.

Dans le cadre des investigations initiales menées par les officiers de police judiciaire, en cas de flagrant délit, ils peuvent interdire à toute personne utile à l'enquête de quitter les lieux de l'infraction jusqu'à la fin de ces investigations.

### *B) Les perquisitions et saisies*

*Pour recueillir les preuves, l'officier de police judiciaire peut procéder à la perquisition (1) et à la saisie des documents et pièces (2) utiles à la manifestation de la vérité. Ces opérations doivent être consignées dans un procès-verbal (3). Elles sont gouvernées par des règles dont la violation peut entraîner la nullité de la procédure (4).*

### *1) Les perquisitions*

*Il apparaît nécessaire de définir la perquisition (a) et de mettre en lumière les conditions nécessaires à sa validité (b).*

### a) La notion de perquisition

**56.** La perquisition est « *une formalité parmi d'autres d'enquête qui ne peut être entreprise que lorsqu'il s'agit d'une infraction qui constitue un crime ou un délit. Elle vise à rechercher des preuves utiles à la manifestation de la vérité...*[72] ». Elle « *implique une intrusion par la police dans un lieu clos, afin de rechercher des biens susceptibles d'être saisis* »[73].

---

[72] AL-MARINI (M.), « Les procédés de preuves pénales dans la perquisition », T. 1, éditeur non identifié, en arabe, 1997, 1ère éd. p. 96. Traduction arabe vers le français.

[73] VERNY (E.), op. cit. n° 106.

La perquisition porte une violation au principe de l'inviolabilité du domicile, qui est une notion prévue par la Constitution[74] et par les instruments internationaux des droits de l'homme[75]. Cette protection trouve également sa source dans la loi (art. 230 C.P.).

**57.** Il importe, d'une part, de faire la différence entre la visite domiciliaire et la perquisition, malgré le fait qu'il n'est pas toujours simple de l'appliquer. Ainsi, *"la perquisition conduisant à la saisie d'objets nécessaires à l'établissement de la preuve de l'infraction invite à des investigations poussées. La visite domiciliaire consiste en une simple constatation, vérification sur les lieux... »*[76].

Il est, d'autre part, opportun de faire la distinction entre la perquisition et la constatation. Les deux notions se ressemblent dans la mesure où l'intéressé se déplace sur les lieux de l'infraction pour faire les investigations nécessaires. Mais les deux notions se divergent dans la mesure où la constatation peut être effectuée par l'officier de police judiciaire, le juge d'instruction et la juridiction de jugement soit d'office, soit à la demande de l'une des parties. Or, le juge du fond ne peut faire une perquisition que dans des cas limités. Elle relève dès lors de la compétence du juge d'instruction et de la police judiciaire. La constatation vise à prouver des faits matériels, ce qui implique l'examen de l'état d'une chose ou d'une personne, par exemple pour vérifier le taux d'alcoolémie dans le sang. Or, la perquisition vise à rechercher au domicile d'une personne des documents et des objets susceptibles d'avoir un rapport avec l'infraction.

**58.** Par ailleurs, le texte fait référence au domicile, ce qui invite à se poser la question sur la portée exacte de cette notion. Celle-ci doit

---

[74] L'article 24 de la Constitution prévoit ainsi que : "*Toute personne a droit à la protection de sa vie privée.*
*Le domicile est inviolable. Les perquisitions ne peuvent intervenir que dans les conditions et les formes prévues par la loi.*
*Les communications privées, sous quelque forme que ce soit, sont secrètes. Seule la justice peut autoriser, dans les conditions et selon les formes prévues par la loi, l'accès à leur contenu, leur divulgation totale ou partielle ou leur invocation à la charge de quiconque.*"

[75] Art. 8 Conv. EDH. L'article 17 du Pacte international relatif aux droits civils et politiques du 16 décembre 1966. L'article 12 de la Déclaration universelle des droits de l'homme du 10 décembre 1948.

[76] NZASHI LUHUSU (TH.), op. cit. n° 506.

correspondre au concept le plus large qui ressort de l'article 511 du Code pénal, ainsi rédigé : *"Est réputée maison habitée, tout bâtiment, logement, loge, tente, cabine même mobile, qui, même sans être actuellement habité, est destiné à l'habitation et tout ce qui en dépend comme cours, basses-cours, granges, écuries, édifices qui s'y sont enfermés, quel qu'en soit l'usage et quand même ils auraient une clôture particulière dans la clôture ou enceinte générale. »* La chambre criminelle de la Cour de cassation française considère que : *« Le terme de domicile ne désigne pas seulement le lieu où une personne a son principal établissement, mais encore le lieu, qu'elle y habite ou non, où elle a le droit de se dire chez elle, quels que soient le titre juridique de son occupation et l'affectation donnée aux locaux »*[77].

Il est à noter que la Cour suprême marocaine a tenté de tracer une limite à cette notion. En effet, dans son arrêt du 18 octobre 1989, elle a considéré qu'*"une cellule de maison d'arrêt ne saurait constituer un domicile dès lors qu'on ne l'a pas choisi"*[78]. Elle n'est pas dès lors soumise aux règles de la perquisition. Le Ministère public, dans l'affaire bouâchrine, a refusé de soumettre le bureau du journaliste aux formalités prescrites par les articles 59 et 79 du Code de procédure pénale qui traitent la perquisition, car c'est un local à usage professionnel ; il ne peut pas dès lors être assimilé au domicile.

Cependant, le sens du domicile dans le Code de procédure pénale est plus large que dans le Code pénal, ce qui indique que le législateur n'a pas prévu qu'il soit habité au sens précisé à l'article 511 du Code pénal. Ainsi, la doctrine est unanime à considérer que le domicile comprend, outre la résidence permanente ou temporaire d'une personne, les chambres louées dans les hôtels et les bureaux désignés pour les professions libérales (avocats, notaires, experts-comptables…)[79], car ces bureaux servent en partie de lieux de résidence ou d'habitation temporaires et parce qu'ils sont dépositaires de secrets détenus par leurs propriétaires. Or, la définition précédente exclut du concept de domicile les lieux publics dont l'accès est libre au public, tels que les cinémas, les cafés, les magasins, les clubs et les

---

[77] Crim. 31 janv. 1995, Bulletin d'information de la Cour de cassation, 1995. 605, Gaz. Pal. 1996.1. Somm. 152. V. aussi : Crim. 22 janv. 1997, B.C. n° 31, cité par VERNEY (E.), op. cit. n° 106.

[78] Arr., n° 89-80.462, inédit.

[79] Al-KHAMLISHI (A.), op. cit. p. 215 ; AYAT (M.), op. cit., p. 64. Cité par AL ALAMI (A.W.), op. cit. p. 415.

bars. Ils ne sont pas soumis aux dispositions des perquisitions à domicile, sauf lorsque leurs portes sont fermées au public[80].

**b) Les conditions de validité**

*Ces conditions se rapportent à la compétence (1°) et au temps de la perquisition (2°).*

***1°) Les conditions liées à la compétence***

**59.** En cas de flagrance, la perquisition est effectuée par les officiers de police judiciaire (art. 57 C.P.P.) et le procureur du Roi ou le procureur général du Roi, chacun en ce qui le concerne (art. 71 C.P.P.). Une femme requise par l'officier de police judiciaire assiste, de manière obligatoire, au déroulement de la perquisition chez les femmes dans les lieux où elles se trouvent. Certaines lois spéciales le prévoient, comme l'article 64 du Dahir sur le service de la gendarmerie royale et l'article 68 du Dahir du 25 août 1999 relatif aux établissements pénitentiaires[81].

La raison pour laquelle la perquisition doit être effectuée dans ce cas par une femme consiste dans le fait de maintenir la moralité publique, de protéger les valeurs morales et de ne pas compromettre l'honneur de la femme, même si elle est accusée.

Il est à noter que l'article 60 du Code de procédure pénale ne prévoit pas que la femme chargée par l'officier de police judiciaire de fouiller la femme mise en cause doit remplir certaines conditions, comme son appartenance à la police judiciaire. Il suffit qu'elle fasse l'objet de la confiance de l'officier de police judiciaire qui l'a désignée pour accomplir la mission qu'il lui a confiée[82].

Le législateur n'a pas exigé, aux termes de l'article précité, que la femme choisie par l'officier de police judiciaire pour procéder à la fouille de la femme signe le procès-verbal, mais uniquement pour respecter la transparence des procédures, son identité doit être indiquée dans le procès-verbal[83].

---

[80] AL-ALAMI (A.W.), op. cit.

[81] Dahir n° 1-99-200 du 13 joumada I 1420 (25 août 1999) portant promulgation de la loi n° 23-98 relative à l'organisation et au fonctionnement des établissements pénitentiaires.

[82] Ministère de la justice, op. cit. p. 115.

[83] Préc.

**60.** Cependant, l'agent de police judiciaire ne peut pas procéder à une perquisition. Son rôle consiste à assister l'officier de police judiciaire confronté à une question technique. A titre d'illustration, l'agent de police judiciaire qui a une compétence en informatique peut assister un officier de police judiciaire qui effectue une perquisition.

Dans le même ordre d'idées, le législateur a imposé à certains agents chargés de la mission de police judiciaire, par des lois spéciales, de ne pénétrer dans les domiciles et procéder à des perquisitions qu'en présence de l'officier de police judiciaire spatialement compétent. Il en est ainsi le cas de la loi n° 108-13 relative à la justice militaire[84], qui prévoit dans son article 48 du Code de procédure pénale : *« Les officiers de police judiciaire ne peuvent accéder au domicile d'un particulier qu'en présence d'un officier de police judiciaire sous réserve des dispositions des articles 60 à 63 de la loi relative à la procédure pénale ».*

L'officier de police judiciaire compétent doit informer immédiatement le procureur du Roi, car il a la qualité d'officier supérieur de police judiciaire et, conséquemment, il dirige l'enquête. Il a seul le droit de prendre connaissance des objets et documents avant de procéder à leur saisie. La violation du secret professionnel est réprimée au titre de l'article 61 du Code de procédure pénale, ainsi rédigé : *« Toute communication ou toute divulgation provenant d'une perquisition, à une personne non qualifiée par la loi pour en prendre connaissance sans l'accord de la personne soupçonnée, de ses ayants droit ou du signataire du document ou de son destinataire, même dans l'intérêt de l'enquête, est punie d'un emprisonnement de un à six mois et d'une amende de 1200 à 2000 dirhams ».* Or, cette règle accepte une nuance. En effet, l'article 59 de la loi n° 03-03 relative à la lutte contre le terrorisme prévoit que : *« Sauf en matière d'atteinte à la sûreté de l'Etat ou lorsqu'il s'agit d'une infraction de terrorisme, l'officier de police judiciaire se transporte sans désemparer au domicile de ces dernières pour y procéder, dans les conditions fixées aux articles 60 et 62, à une perquisition dont il dresse un procès-verbal ».* La lecture de cet article permet d'affirmer qu'en cas d'atteinte à la sûreté de l'Etat ou d'infraction terroriste, les documents et les pièces peuvent être consultés par des personnes autres qu'un officier de police judiciaire.

---

[84] Dahir n° 1-14-187 du 17 safar 1436 (10 décembre 2014) portant promulgation de la loi n° 108-13 relative à la justice militaire.

**61.** Par ailleurs, l'article 60 du Code de procédure pénale apporte une certaine limite au pouvoir de l'officier de police judiciaire. En effet, si ce dernier peut se passer du consentement du suspect, il doit en revanche procéder à cette perquisition en sa présence. En cas d'impossibilité, l'officier de police judiciaire a l'obligation de requérir deux témoins, en dehors du personnel relevant de son autorité.

L'utilité de la présence des personnes susmentionnées pendant la perquisition est de soutenir les garanties prévues par la loi concernant le caractère sacré du domicile, d'augmenter l'efficacité de cette mesure, de la protéger contre les abus et l'arbitraire et d'offrir la possibilité de présenter des objets et des documents à des personnes suspectes ou à des témoins.

Si la perquisition est effectuée au domicile d'une personne autre que le suspect, le propriétaire ou son représentant doit être présent[85]. Or, si cela n'est pas possible, l'officier de police judiciaire désignera deux témoins, en dehors du personnel relevant de son autorité, et le domicile du tiers sera perquisitionné. Mais l'officier de police judiciaire ne peut faire usage de ce moyen que s'il est probable que ce tiers soit en possession de documents ou d'objets liés à l'infraction, sans qu'il soit complice ou sans qu'il participe à l'acte pour lequel la perquisition est effectuée.

**62.** Concernant la perquisition des locaux couverts par le secret professionnel, la législation marocaine comporte des dispositions favorables aux droits de la défense, inspirées des instruments internationaux des droits de l'homme ratifiés par le Maroc. Ces dispositions s'appliquent dans le cas d'une perquisition effectuée à l'intérieur de locaux qui sont tenus au respect du secret professionnel. Ainsi, l'article 59-3 du Code de procédure pénale, relatif aux perquisitions dans des lieux abritant des documents couverts par le secret professionnel, précise que l'officier de police judiciaire a

---

[85] La Cour suprême, dans son arrêt du 14/04/2010, doss. corr. 14311/2009 n° 1184/7, a précisé que : *« Considérant que, lorsque le tribunal a rejeté l'argument du requérant tiré de la violation de l'article 60 du Code de procédure pénale sur la perquisition au motif que cette procédure, même si elle était effectuée au domicile du beau-frère du requérant, l'établissement de son autorité réelle sur ce lieu fait de la perquisition effectuée en sa présence et avec son autorisation en l'absence de son propriétaire une perquisition en bonne et due forme, il a justifié sa décision à cet égard selon la loi. »*

l'obligation d'en donner avis au Ministère public compétent et de prendre préalablement toute mesure pour garantir le respect du secret professionnel. Son alinéa 4 désigne le cabinet d'un avocat. Il prévoit une double garantie : elle ne peut être effectuée que par un magistrat du Ministère public, en présence du bâtonnier de l'ordre des avocats ou de son représentant.

Parmi les apports du projet de loi sur la procédure pénale, il y a le fait que le bâtonnier de l'ordre des avocats ou son représentant, lors de sa présence à la perquisition, a le droit de s'opposer à la procédure de saisie, s'il lui apparaît qu'elle a été effectuée illégalement. Dans ce cas, l'opposition est constatée dans un procès-verbal et les documents ou objets sont déposés dans une enveloppe scellée pour être transmise au président du tribunal compétent afin de décider, immédiatement, si l'opposition est fondée ou non (art. 59 du projet). Ces évolutions sont considérées comme des mécanismes importants pour renforcer les garanties de perquisition dans les cabinets d'avocats, garantissant ainsi la bonne administration de la justice et établissant les principes de base d'un procès équitable.

Cependant, si des fouilles doivent être effectuées à son domicile, les dossiers qui risquent de s'y trouver ne font pas l'objet d'une protection. Or, l'article 56 du Code de procédure pénale français, couvre par ses dispositions le cabinet et le domicile de l'avocat. Cette solution est en conformité avec les pratiques des avocats, qui continuent souvent leurs travaux chez eux et y gardent par conséquent quelques dossiers.

### *2°) Temps de la perquisition*

**63.** Le législateur a aménagé, autant que faire se peut, un régime respectueux des libertés et droits fondamentaux. Ainsi, au terme de l'article 62-1 du Code de procédure pénale, les perquisitions ne peuvent être entreprises qu'entre six heures du matin et après vingt et une heures du soir. Toute perquisition qui ne respecte pas les heures légales est sanctionnée au titre du délit de violation du domicile.

Cependant, cette règle connaît certains tempéraments, qui sont édictés par les impératifs de la protection des libertés individuelles et de l'inviolabilité du domicile. Il s'agit du cas où l'occupant de la maison réclame à l'officier de police judiciaire d'y entrer pour effectuer des constatations. Une perquisition hors le délai légal n'est ainsi légale que si elle est initiée par le propriétaire, qui demande à l'officier de police judiciaire d'y procéder. Mais si le consentement du propriétaire résulte de son embarras dû à la présence de l'officier accompagné par des agents armés, il y aura alors nullité de l'opération[86].

Il peut aussi s'agir du cas de l'appel au secours venant de l'intérieur du domicile, qui résulte d'un danger imminent (art. 431 C.P.). La finalité derrière cette exception est de secourir et d'aider les personnes en danger, et c'est le devoir de chaque citoyen sous peine de sanction. L'officier peut dès lors pénétrer au domicile de l'occupant en dehors des heures légales pour secourir la personne et non pas pour procéder à une perquisition.

De plus, l'article 62, al. 2 du Code de procédure pénale précise que les officiers peuvent pénétrer à toute heure du jour et de la nuit dans les lieux où s'exerce un travail ou une activité nocturne d'une manière habituelle, tels que les cafés, cabarets, boutiques et autres.

Au demeurant, la perquisition peut commencer à l'heure légalement autorisée, c'est-à-dire avant neuf heures du soir ou après six heures du matin, mais elle peut se poursuivre jusqu'à la fin, même si elle se termine après vingt et une heures. Dans ce cas, il est permis de poursuivre cette mesure à condition que celle-ci ait commencé et qu'elle s'effectue sans interruption. La finalité de cette exception réside dans la volonté de permettre à l'officier de police judiciaire de terminer l'opération et de ne pas la perturber[87].

Des textes spéciaux peuvent par ailleurs autoriser les officiers de police judiciaire à procéder à des perquisitions en dehors des heures fixées par la loi. Ainsi, l'article 10 du Dahir du 21 mai 1974 sur la répression de la toxicomanie et la prévention des toxicomanes qui dispose que : "*Par dérogation aux dispositions des articles 62 et 64 du Code de procédure pénale, les officiers de police judiciaire qualifiés pour procéder à des perquisitions et visites domiciliaires pourront, mais uniquement dans le but de rechercher et constater des délits*

---

86 La Cour d'appel de Rabat a condamné le Khalifa de Pacha pour atteinte au caractère sacré du domicile d'autrui parce qu'il avait ordonné une perquisition nocturne. L'article 96 de l'ancienne loi de procédure autorisait les perquisitions nocturnes, si le propriétaire de la maison y consentait. L'accusé a invoqué ce consentement, mais le tribunal a rejeté sa défense en affirmant que le consentement du propriétaire réclamé par la défense ne peut pas être considéré comme complet légalement, en raison de l'embarras en présence des deux agents. Arr. du 26 août 1958, Rev. de la jurisprudence de la Cour suprême, n° 13, p. 177.

87 BEHI (L.), op. cit. p. 160.

*prévus au présent dahir portant loi, procéder à des perquisitions et saisies, conformément aux articles 61 et 62 du Code de procédure pénale, même en dehors des heures légales, avec l'autorisation spéciale écrite du procureur du Roi"*. Quant à l'article 41 du directeur général du cabinet Royal n° 3.177.66 du 17 juillet 1967 réglementant le commerce des boissons alcooliques ou alcoolisées, il prévoit que : *« Ces perquisitions peuvent être effectuées même en dehors des heures prévues à l'article 64 du Code de procédure pénale, mais elles doivent respecter les exigences de l'article 62 de la loi précitée. »*

De même, selon l'article 62, alinéa 3 du Code de procédure pénale, relatif à l'infraction terroriste, les perquisitions peuvent avoir lieu avant six heures du matin et après neuf heures du soir, mais il faut une autorisation écrite du Ministère public (art. 79, al. 4 C.P.P.).

Dans les deux cas, il faut une autorisation écrite du Ministère public. Mais la différence consiste dans le fait que le législateur a exigé le consentement de la personne dont le domicile serait perquisitionné dans le cas d'enquête préliminaire. L'article 79 du Code de procédure pénale exige, en plus de l'autorisation du Ministère public, la présence de la personne à son domicile au moment de la perquisition ou la présence de deux témoins, qui ne sont pas les subordonnés de l'officier de police judiciaire, dans le cas où il ne peut pas être présent ou refuse d'y assister. Cette condition n'est pas requise dans le cas de flagrant délit.

Enfin, le juge d'instruction est habilité à procéder à une perquisition au domicile de l'inculpé en dehors des heures légales, à condition qu'il effectue personnellement cette opération et en présence d'un représentant du Ministère public (art. 102 C.P.P.)[88].

### *2) Les saisies*

Les saisies bénéficient d'un régime protecteur, qui trouve sa source dans celui applicable en matière de perquisition, car *"la saisie est à la fois la finalité et le prolongement de la perquisition"*[89]. Mais d'autres règles trouvent à s'appliquer pour maintenir l'authenticité de l'opération.

---

[88] Complété par l'article 4 de la loi n° 03-03, promulguée par le Dahir n° 1.03.140 du 28 mai 2003.

[89] VERNY (E.), op. cit. p. 116.

*Cette protection concerne la détermination des objets susceptibles d'être saisis (a) et le sort de ces objets (b).*

### a) La détermination des objets susceptibles d'être saisis

**64.** Dans le cadre d'une enquête de flagrance, *« l'officier de police judiciaire saisit les documents, papiers ou d'autres objets en la possession des personnes qui pourraient avoir participé à l'infraction ou détenir des pièces ou objets relatifs aux faits incriminés »*[90]. En outre, il peut saisir *« les armes et instruments qui ont servi à commettre l'infraction ou qui étaient destinés à la commettre, ainsi que tout ce qui pourrait avoir été le produit de cette infraction »*[91]. L'opération est effectuée sur les lieux de l'infraction, lors d'une perquisition du domicile du suspect.

**65.** Si les pièces échangées entre l'avocat et son client sont couvertes par le secret professionnel, aucune disposition légale ou conventionnelle ne fait obstacle à ce que l'officier de police judiciaire, le procureur (général) du Roi ou le juge d'instruction, procède à la saisie de telles pièces utiles à la manifestation de la vérité, lorsque leur contenu est étranger à l'exercice des droits de la défense ou lorsqu'elles sont de nature à établir la preuve de la participation de l'avocat à une infraction[92].

### b) Le sort des objets saisis

**66.** Tous les objets et documents saisis sont immédiatement inventoriés et placés sous scellés. Celui-ci consiste à apposer le sceau de l'autorité qui a procédé à la saisie sur une étiquette ou une bande d'étoffe fixée soit sur un sac ou une enveloppe contenant les objets ou documents saisis, soit sur ces documents ou objets eux-mêmes.

L'inventaire et la mise sous scellés des objets et documents saisis se font en présence de la personne suspectée ou de tiers. Cependant, si leur inventaire sur place présente des difficultés parce qu'un grand nombre ou une grande quantité d'objets sont saisis, par exemple, ils font l'objet de scellés fermés provisoires jusqu'au moment de leur

---

[90] Art. 59, al. 1 du Code de procédure pénale.

[91] Art. 57 du Code de procédure pénale.

[92] Crim., 4 oct. 2016, n° 16-82.308 : JurisData n° 2016-020398.

inventaire et de leur mise sous scellés définitifs, et ce, en présence des personnes qui ont assisté à la perquisition suivant les modalités prévues par la loi.

### *3) Le procès-verbal de perquisition et de saisie*

**67.** Les opérations effectuées par l'officier de police judiciaire doivent, conformément au dernier alinéa de l'article 59 du Code de procédure pénale, être consignées dans un procès-verbal signé par l'officier de police judiciaire et daté. Il doit être joint au procès-verbal contenant le flagrant délit.

Dans ce procès-verbal, l'officier de police judiciaire doit indiquer les justifications du recours à la perquisition, le lieu où elle a eu lieu et la durée pendant laquelle elle a été effectuée, ainsi que la mention de la présence du propriétaire ou de son représentant.

Il s'engage à procéder à la perquisition ou à désigner deux témoins en cas d'empêchement de l'intéressé et à mentionner son identité. L'officier de police judiciaire indique dans le procès-verbal l'issue et les résultats de la perquisition, ainsi que les documents et objets saisis. Ils doivent être décrits avec précision, tamponnés et placés dans une enveloppe ou un sac scellé. Ces formalités s'effectuent en présence des personnes ayant assisté à cette opération. Elles signent le procès-verbal avec l'officier de police judiciaire ou, le cas échéant, leur refus de signer ou leur incapacité de signer, ou se contenter de prendre leurs empreintes digitales.

### *4) La sanction préparée en cas de violation*

**68.** L'application rigoureuse des règles gouvernant la perquisition demande de préparer une sanction dans l'hypothèse où l'officier de police judiciaire y porte atteinte. Celle qui apparaît la plus opportune réside dans la nullité de cette opération dont les effets consistent dans l'exclusion des preuves qui en résultent. L'article 63 du Code de procédure pénale prévoit, en effet, que : *« Les formalités édictées aux articles 59, 60 et 62 ci-dessus sont prescrites à peine de nullité de l'acte vicié ainsi que les actes subséquents ».*

Ainsi, une perquisition effectuée en violation des règles prévues à l'article 59 C.P.P. encourt la nullité. C'est ainsi le cas lorsque les mesures nécessaires au maintien du secret professionnel n'étaient pas prises ou si les saisies n'étaient pas maintenues, ou si elles n'étaient pas comptabilisées conformément aux règles prescrites par le texte. De même, une perquisition effectuée en violation de l'article 60 du Code de procédure pénale, comme celle qui s'est déroulée en l'absence du propriétaire ou de son représentant, ou si l'omission de nommer deux témoins, en dehors de l'autorité de l'officier pour assister à l'opération dans le cas où le propriétaire refuse d'y assister ou de nommer un représentant. Il peut aussi s'agir d'une perquisition qui ne respecte pas les dispositions de l'article 62 du Code de procédure pénale, c'est-à-dire le fait d'opérer en dehors des heures fixées par la loi. La dernière situation se rapporte au défaut de signature du procès-verbal par l'intéressé. Or, la Cour de cassation n'a pas soumis la validité de ce document à la signature de la partie concernée, il suffit qu'il soit signé par son auteur lors de l'exécution de ses fonctions et constatant le refus des parties de signer[93].

### *C) Audition*

**69.** L'article 60-3 C.P.P. permet à l'officier de police judiciaire, chaque fois qu'il estime nécessaire, d'auditionner toute personne susceptible de fournir des renseignements sur les faits incriminés. Aucune condition ni de fond ni de forme n'est requise. Il peut s'agir soit du suspect, soit d'un tiers qui peut donner des informations utiles à l'enquête.

Au début de l'enquête, l'officier de police judiciaire, qui fait les premières constatations, dispose de la faculté d'interdire aux personnes présentes de s'éloigner des lieux avant la fin de l'enquête.

Les personnes convoquées sont tenues de comparaître. En cas de refus, il peut les contraindre après autorisation du Ministère public. Ces témoins ne doivent pas prêter serment, et ce, à la différence de l'instruction préparatoire où le témoin prête obligatoirement serment s'il est entendu par le juge d'instruction ou pour l'exécution d'une commission rogatoire.

**70.** Pour garantir les droits de la défense, l'officier de police judiciaire chargé de l'enquête peut faire appel à un interprète au cas où le prévenu est un étranger qui parle une autre langue que celle de

---

[93] Arr. de la Cour suprême n° 3005, du 28/06/2001, doss. correctionnel n° 22629/2000, publié à la Revue de la Cour suprême, n° 62, p. 314.

l'officier chargé de l'enquête[94]. En revanche, le suspect ne bénéficie pas de l'assistance d'un avocat tant qu'il n'a pas été placé en garde à vue.

Il est à noter que l'essentiel des déclarations du témoin est consigné au procès-verbal et signé par l'intéressé après relecture.

## § 4 - La garde à vue

Il apparaît opportun de traiter *le placement en garde à vue (A), les garanties octroyées au gardé à vue (B), le contrôle de la garde à vue (C), la fin de cette mesure (D) et les effets de la violation des règles régissant cette mesure (E).*

### *A) Le placement*

*Il importe de définir la mesure de la garde à vue (1), de voir les personnes susceptibles d'être placées (2) et enfin les conditions du placement (3).*

#### *1) Notion de la garde à vue*

**71.** Le Code de procédure pénale ne définit pas la garde à vue et ne précise pas les fondements de cette mesure (indices, raisons plausibles…). Cet état de lieu est critiquable, d'autant plus que cette mesure peut parfois causer du tort à des innocents et nuire à leur réputation et à leur dignité, les conduisant ainsi à être condamnés par la société avant que la justice n'ait eu son mot à dire contre eux.

Il s'agit d'une mesure qui vise l'arrestation d'une personne, de la tenir à la disposition d'un officier et de la contraindre à se présenter à

---

[94] L'O.P.J. qui a rédigé le procès-verbal d'audition n'a pas besoin de demander le concours d'un interprète, puisque le prévenu vit au Maroc depuis son enfance et qu'il a pu répondre à toutes les questions posées par la juridiction. C. cass. 3 août 2011, n° 681/1, arr. n° 16080/10 publié à la Revue des juridictions de la Cour d'appel de Rabat, n° 2, p. 231 et s.
L'assistance d'un interprète pendant l'enquête préliminaire est une prérogative octroyée à l'O.P.J. et la personne auditionnée ne dispose pas de cette faculté. L'O.P.J. chargé de l'enquête a une parfaite maîtrise du français. Il n'a pas donc besoin de faire appel à un traducteur. T.P.I. de Marrakech, 27 juin 2006, n° 1879, arr. n° 06/1703, publié à la Revue des juridictions de Marrakech, n° 1, p. 303 et s.

son poste de travail dans un délai fixé par la loi[95] ou d'une opération permettant à l'officier de police judiciaire de maintenir le suspect à son poste de travail aux fins de procédures d'enquête préliminaire ou en exécution d'une délégation judiciaire[96].

Il est important de distinguer l'arrestation qui vise à éviter la fuite de l'accusé à toute condamnation et la garde à vue qui signifie la mise à disposition du prévenu à la police judiciaire dans des locaux aménagés à cet effet pendant la durée légale prévue par la loi. De même, la mesure de la garde à vue diffère de l'arrestation par le délai à partir duquel cette mesure prend effet. Ainsi, c'est à partir de l'arrestation que commence à courir le délai. Or, pour la garde à vue, le délai ne commence à courir qu'à partir du placement du prévenu dans les locaux aménagés à cette fin au commissariat[97].

### *2) Les personnes placées en garde-à-vue*

**72.** L'article 65 C.P.P. traite deux catégories de personnes, qui peuvent faire l'objet de la mesure de la garde à vue. D'un côté, les personnes pouvant fournir des renseignements. Elles ne peuvent s'éloigner du lieu de l'infraction jusqu'à la clôture des investigations menées par la police judiciaire. De l'autre côté, les personnes soumises à une mesure de vérification d'identité.

Concernant ***les mineurs***, il est important de noter que le Code de procédure pénale consacre des dispositions différentes de celles des majeurs afin de s'adapter au jeune âge de la personne. En vertu de l'article 460 du Code de procédure pénale, un officier de police judiciaire est chargé des mineurs. Pour remplir pleinement ce rôle, il suit une formation visant à acquérir les techniques d'enquête adaptées au jeune âge des personnes mises en cause. Il peut dès lors garder le mineur auquel est imputée l'infraction dans des locaux spécialement aménagés à cet effet. L'intéressé ne peut être soumis à cette mesure qu'en cas d'impossibilité d'être remis à qui revient sa protection ou si les nécessités de l'enquête, ou la sécurité du mineur l'exigent, après accord du Ministère public. La solution proposée par le texte suppose

---

[95] Ministère de la justice, op. cit. p. 122.

[96] AL KHAMLISHI (A.), op. cit. p. 287.

[97] Arr. de la section de la criminalité financière à la Cour d'appel de Rabat du 30 octobre 2013, n° 5, doss. n° 12/2626/13, publié à la Revue de la doctrine et la jurisprudence, n° 1, p. 239 et s.

que des locaux soient aménagés dans les postes de police et de gendarmerie pour les mineurs, mais c'est loin d'être le cas.

Quant ***aux témoins***, la rédaction des articles 66 et 80 du Code de procédure pénale ne permet pas de les exclure de cette mesure.

Enfin, lorsqu'une ***personne en état d'ébriété*** est placée en garde à vue, la notification des droits ne peut intervenir qu'à partir du moment où la personne est en mesure d'en saisir la portée. Pendant le dégrisement, la personne n'est pas placée en garde à vue.

Dans cette hypothèse, les officiers de police judiciaire doivent être particulièrement prudents pour éviter que la mesure ne soit irrégulière. Ainsi, ils ne doivent pas notifier les droits au gardé à vue trop tôt, sous peine de voir soulevée une irrégularité due à l'incapacité de l'intéressé de saisir les droits qui lui sont notifiés. Ils doivent également éviter de lui notifier la mesure trop tard, car on va leur reprocher l'absence de notification immédiate. En tout état de cause, la durée de la retenue doit être considérée dans le calcul du délai légal.

**73.** Un autre problème surgit. L'article 66 C.P.P. prévoit sans précision que la garde à vue est possible pour *"les nécessités de l'enquête"*. Les critères sur lesquels l'officier de police judiciaire peut se référer pour décider de l'utilité de placer quelqu'un en garde à vue ne sont pas précisés par la loi. Le risque est de voir monter en puissance les atteintes aux prérogatives individuelles et au principe de la présomption d'innocence. Certes, le contrôle opéré par le procureur ou le procureur général du Roi, chacun en ce qui le concerne, et la chambre correctionnelle de la Cour d'appel, permet de préparer une protection contre toute atteinte injustifiée des libertés individuelles. Mais en réalité la seule protection du droit à la sûreté semble être la conscience, l'honneur et le sens professionnel de l'officier de police judiciaire. Le but étant de concilier les nécessités de l'enquête, l'intérêt de la justice et la préservation des libertés et des droits des personnes. De là, l'officier apprécie l'opportunité pour décider le placement en garde à vue.

Cette affirmation mérite d'être temporisée, car dans la pratique, le recours à cette mesure n'est possible que dans des cas bien précis. Il s'agit essentiellement de la volonté de réduire le danger de l'auteur présumé de l'infraction ou de l'empêcher de s'échapper, ou par crainte de son influence sur le déroulement de l'enquête, ou pour préserver les preuves dont on craint qu'elles soient dissimulées ou modifiées[98]. Mais la solution idéale serait de transposer cette limite dans un texte écrit, c'est ce que ferait le législateur dans son projet de loi portant réforme à la procédure pénale. En effet, la nouvelle rédaction de l'article 66 du Code de procédure pénale sur la garde à vue a repris pour son compte les termes du Code de procédure pénale français. Pour s'en convaincre, la garde à vue ne peut concerner que l'individu ayant un rapport avec l'infraction. Le bon déroulement de l'enquête exige la mise en garde à vue de la personne, à savoir la recherche des moyens de preuves et l'identification des auteurs de l'infraction. Ainsi, tout individu ayant la moindre relation avec l'infraction, pouvant apporter une contribution quelconque aux recherches ou tout simplement tout suspect, peut être placé en garde à vue.

Dans le même ordre d'idées, pour protéger les libertés individuelles, il n'est possible de recourir à la garde à vue que lorsque la personne ne présente pas de garanties suffisantes pour rester à la disposition de l'officier de police judiciaire[99].

### *3) Les conditions de validité*

Les articles 66 et 80 du Code de procédure pénale mentionnent quatre conditions pour la validité de la garde à vue. Le recours à cette mesure, qui requiert en certains cas une autorisation préalable du

---

[98] Ministère de la justice, op. cit. p. 123.

[99] Les hypothèses permettant donc le recours à la garde à vue sont clairement définies par l'article 66-1 du Code de procédure pénale dans les termes suivants : *"La garde à vue est une mesure exceptionnelle. Cette mesure doit constituer l'unique moyen de parvenir à l'un au moins des objectifs suivants :*
*1° Empêcher que la personne ne modifie les preuves ou indices matériels ;*
*2° permettre l'exécution des investigations impliquant la présence ou la participation de la personne ;*
*3° garantir la présentation de la personne devant la justice et empêcher sa fuite ;*
*4° empêcher que la personne ne fasse pression sur les témoins ou les victimes, ainsi que sur leur famille ou leurs proches ;*
*5° empêcher que la personne ne se concerte avec d'autres personnes susceptibles d'être ses coauteurs ou complices ;*
*6° protéger le prévenu ;*
*7° garantir la mise en œuvre des mesures destinées à faire cesser le crime ou le délit, eu égard à sa dangerosité ou à la dangerosité des moyens employés, ou à l'importance du préjudice, ou à la dangerosité du prévenu".*

Parquet, n'est pas admis pour toutes les infractions. De plus, sa période est limitée.

### a) L'autorisation préalable du Parquet

**74.** Le recours à la mesure de la garde à vue exige toujours l'intervention du Ministère public, eu égard au fait que cet organe est une institution judiciaire, qui supervise le travail de la police judiciaire pendant qu'il mène une enquête. Mais la procédure varie selon le type d'enquête : préliminaire ou de flagrance.

En effet, l'article 66 C.P.P., se rapportant à l'enquête de flagrance, se contente seulement d'obliger l'officier de police judiciaire à aviser le Parquet de la garde à vue. Mais ce dernier peut, comme le prévoit explicitement l'article 66, mettre un terme à cette mesure s'il lui apparaît après son interrogatoire que les motifs qui la justifient ont cessé d'exister.

Lorsqu'il n'y a pas de cas de flagrant délit, c'est le représentant du Ministère public qui a autorité pour prendre l'initiative d'autoriser l'officier de police judiciaire à placer le suspect en garde à vue.

### b) Le début de la garde à vue

**75.** Le législateur a distingué les infractions ordinaires et celles dans lesquelles la sécurité intérieure ou extérieure de l'État est compromise et le terrorisme.

Concernant la première hypothèse, le délai d'une garde à vue est de 48 heures à compter à partir du moment de l'appréhension de la personne concernée (article 66 C.P.P.)[100].

En toutes matières, préliminaire ou de flagrance, la durée de 48 heures est renouvelée une seule fois pour une durée de 24 heures selon des formalités différentes[101].

---

[100] La durée de la garde à vue commence à courir à partir de l'arrestation du prévenu jusqu'à sa présentation au Ministère public. Le placement de l'individu pour une durée supérieure à celle prévue par la loi entraîne la nullité de la mesure. C.S.J., arr. publié à la Revue des avocats, n° 874, doss. n° 2298, 6 juin 1989.

[101] L'arrêt de la Cour d'appel encourt la cassation, car il résulte des pièces du dossier que ladite juridiction n'a pas répondu au moyen de défense soulevé de manière légale, qui consiste à dire que le prévenu est placé en garde à vue pour une durée qui dépasse celle qui est prévue par l'article 68 du Code de procédure

Dans le cas de flagrance, il suffit d'une autorisation écrite du Ministère public[102]. Or, en matière préliminaire, la prolongation nécessite que la personne gardée à vue soit présentée avant la fin du délai initial au Parquet qui l'autorise, si nécessaire, après l'avoir entendue, en vertu d'un acte écrit (article 80, al. 2 C.P.P.). Par exception à cette règle, le Ministère public peut autoriser la prolongation sans entendre la personne en vertu d'une décision motivée (article 80, al. 5 C.P.P.)[103].

Pour les infractions jugées graves, le Code de procédure pénale consacre des dispositions qui leur sont propres. Il s'agit de la situation dans laquelle l'officier de police judiciaire veut procéder à une garde à vue relative à une infraction contre la sécurité intérieure ou extérieure de l'Etat ainsi qu'en matière de terrorisme.

Au cours d'une enquête de flagrance, l'article 66 du Code de procédure pénale dispose que : *"Lorsqu'il s'agit d'atteinte à la sécurité intérieure ou extérieure de l'Etat, le délai de la garde à vue est de 96 heures, renouvelable une seule fois sur autorisation du ministère public"* (al. 3).

*"Lorsqu'il s'agit d'une infraction en matière de terrorisme, le délai de la garde à vue est de 96 heures renouvelable deux fois, pour une*

---

pénale. C. sup., 24 janvier 1985, n° 769, doss. n° 13175. Publié à la Revue des juridictions marocaines, n° 93, p. 37.

Si le Code de procédure pénale fixe dans ses articles 68 et 69 la durée de la garde à vue, il ne consacre pas, en revanche, une sanction en cas de violation de cette durée, comme c'est le cas des dispositions des articles 61, 62, 64 et 65 du même Code qui sont assorties de sanctions. Le silence des textes s'explique par l'impossibilité de présenter le prévenu dans le délai légal pour des raisons liées à l'enquête, comme c'est le cas de la présente affaire, exigeant d'effectuer plusieurs constatations. De là, les droits de la défense et les libertés individuelles ne sont pas mis en cause par ces mesures. C. sup., 25 mars 1986, n° 2461, publié au Recueil des arrêts de la Cour suprême, partie II, p. 148 et s.

[102] Les règles concernant le placement en garde à vue ne sont pas assorties de sanction. De là, elles ne sont pas susceptibles d'entraîner la nullité de la procédure, sauf si le prévenu parvient à démontrer que la violation de ces règles a rendu la recherche et la constatation de la vérité entachées de vice de fond. C. sup., 26 mai 1971, n° 793/71, publié à la Revue des avocats, n° 8 et 9, p. 83 et s.

[103] La Cour de cassation française considère que le Ministère public n'est pas une autorité indépendante puisqu'il ne présente pas les garanties d'indépendance et d'impartialité requise par l'article 5 § 3 CEDH (crim. 15 déc. 2011, n° 8, 214, p. 379, note Leroy (J.).

*durée de 96 chaque fois, sur autorisation écrite du Ministère public"* (al. 4).

Concernant l'enquête préliminaire, l'article 80 du Code de procédure pénale prévoit des dispositions presque identiques. L'alinéa 5 de cet article énonce, en effet, qu'*"il est exceptionnellement possible que l'autorisation citée soit délivrée en vertu d'une décision motivée, sans que la personne ne soit présentée au ministère public"*.

### B) Les droits de la personne gardée à vue

*Il paraît important de traiter les droits de gardé à vue, à savoir son droit d'être informé des faits et son droit au silence (1), son droit d'informer la famille (2), d'être assisté d'un avocat et son droit d'un examen médical (3).*

#### 1) La notification des faits reprochés et le droit au silence

**76.** L'information du gardé à vue des raisons de son arrestation et la notification de ses droits, y compris son droit au silence, sont consacrées par l'article 23 de la Constitution du 29 juillet 2011 ainsi rédigé : *« Toute personne détenue doit être informée immédiatement, d'une façon qui lui soit compréhensible, des motifs de sa détention et de ses droits, dont celui de garder le silence. »* L'élévation de ce droit au rang constitutionnel a poussé le législateur à amender l'article 66[104]. L'officier de police judiciaire doit ainsi informer toute personne arrêtée ou placée en garde à vue des droits, dont celui de garder le silence. Par conséquent, le suspect ne peut en aucun cas être forcé ou contraint à témoigner contre lui-même. Dans ce cas, l'aveu est censé n'avoir aucun effet dans la mesure où il a été délivré par la personne suspecte sous l'effet de la contrainte.

Cependant, l'exercice du droit de garder le silence peut avoir des effets négatifs. En effet, la personne mise en cause qui garde le silence devant les officiers de police judiciaire se rapproche, le plus possible, d'une interprétation du silence qui n'est pas en sa faveur. Ce silence renforce les soupçons ou l'accusation contre lui, même si le doute doit être interprété en sa faveur.

---

[104] Compété et modifié par l'article 2 de la loi n° 35-11, promulguée par le Dahir n° 1.11.169 du 17 oct. 2011.

**77.** Dans l'optique de valoriser davantage le droit d'être informé des faits reprochés, le suspect qui ne comprend pas la langue du pays, doit être assisté d'un interprète. En effet, l'enquête policière vise à constater une infraction et à l'identification de son auteur. Cela passe par le recueil des preuves et l'audition des témoins et du suspect. Or, cette audition ne peut pas être d'une quelconque utilité, lorsque la personne parle une langue ou un dialecte que l'officier de police judiciaire chargé de l'enquête n'est pas apte ou incapable de maîtriser ou si elle est sourde et muette. Elle a alors le droit de demander l'assistance d'un interprète ou de toute personne capable de bien communiquer avec elle.

### *2) Information de la famille*

**78.** L'officier de police judiciaire doit prévenir immédiatement la famille de la personne gardée à vue et la notification doit être faite par tous les moyens, que ce soit par téléphone, oralement, par écrit ou par un agent de la force publique (art. 67 al. 4 C.P.P.). Le but de cette démarche est de *"lutter contre l'isolement"*[105]. Il doit mentionner sur le procès-verbal d'audition l'identité du gardé à vue et celle de la personne avisée ainsi que les moyens, la date et l'heure de cette mesure.

La question dès lors qui se pose est celle de savoir si la violation de cette obligation entraîne la nullité de la procédure. Le texte ne dit mot sur la question. Concernant la doctrine et la jurisprudence[106], elles s'accordent sur le fait qu'il s'agit d'une procédure uniquement administrative, et donc le fait que l'officier ne l'accomplisse pas n'entraîne pas la nullité. Cela n'empêche pas de relever qu'il peut être exposé à des sanctions disciplinaires.

---

[105] LEROY (J.), op. cit. p. 298.

[106] La Cour suprême a décidé que : « *Le défaut d'information de la famille n'est pas considéré comme une formalité substantielle dont le manquement entraînerait la nullité* ». Arr. n° 330/9 du 7 mars 1996, doss. n° 4527/95. Cité par le ministère de la justice, op. cit. p. 127. Cité par AL-KHAMLISHI (A.), op. cit. p. 290. Voy. aussi arr. n° 2322/7 du 27 juin 2002, doss. correctionnel n° 2162/200.

### *3) L'assistance de l'avocat et l'examen médical*

**79.** ***La présence de l'avocat.*** L'article 66 C.P.P.[107] fait du contact d'un avocat un droit de l'individu gardé à vue qui en bénéficie quelle que soit la nature de l'infraction en cause. L'avocat a également le droit, dans le cas où il représente la personne placée en garde à vue, de demander au Ministère public l'autorisation de contacter ladite personne, à compter de la première heure de la prolongation.

Cependant, il a limité ce droit quant au moment de son exercice. Cet article énonce, en effet, que : *"La communication de l'avocat se fait avant la fin de la moitié de la durée principale de la garde à vue"* et ajoute que : *"La communication se fait avec l'avocat sur autorisation du ministère public sous le contrôle de l'officier de police judiciaire dans des conditions qui garantissent la confidentialité de l'entretien."* C'est l'officier de police judiciaire qui doit dès lors respecter cette condition, c'est-à-dire garantir le contact avec le défenseur sans entendre les conversations qui s'y déroulent[108]. Si l'avocat ne parvient pas à obtenir l'autorisation requise en raison notamment de l'éloignement ou pour toute autre raison, l'officier l'autorise, exceptionnellement, à prendre contact avec la personne placée en garde à vue et dépose, immédiatement, un rapport à ce sujet au Ministère public.

La personne ne peut donc avoir un contact avec son conseil qu'avant la fin de la moitié de la durée de la garde à vue, c'est-à-dire 24 heures. Elle a alors *"le droit de désigner un avocat et à en demander sa désignation dans le cadre de l'assistance judiciaire"* (art. 66-6). *"La police judiciaire informe immédiatement l'avocat désigné et en avise le bâtonnier"* (art. 66-7). L'article 80 du Code de procédure pénale, se rapportant à l'enquête préliminaire, ne connaît le droit du suspect d'avoir un contact avec son avocat qu'*"en cas de prolongation de la garde à vue"*. Si le suspect ne souhaite pas prendre contact avec lui, c'est sa volonté qui prime.

Le ministère public peut par ailleurs décaler, pour les infractions les plus graves, le temps de l'intervention de l'avocat. En effet, le parquetier, lorsque l'enquête porte sur les crimes, peut décaler le

---

[107] Cet article a été modifié et complété par la loi 35-11 promulguée par le Dahir n° 1.11.169 du 17/10/2011.

[108] Ministère de la justice, op. cit. p. 129.

contact du suspect avec un avocat pour une durée de 12 heures à partir de la fin de la moitié de la durée légale de la garde à vue.

Ce décalage est aussi possible pour les infractions terroristes et certaines infractions énumérées par l'article 108 du Code de procédure pénale (celles relatives à l'atteinte à la sûreté de l'Etat, à l'homicide, aux associations de malfaiteurs, à l'empoisonnement, à l'enlèvement des personnes et la prise d'otages, à la contrefaçon ou la falsification de la monnaie ou des effets de crédit public, aux stupéfiants et aux substances psychotropes, aux armes, munitions et explosifs ou à la protection de la santé). Dans ces cas, et à la demande de l'officier de police judiciaire, le représentant du Ministère public peut retarder la communication de l'avocat avec son client sans que ce retard ne dépasse 48 heures à compter de la première prolongation - ce qui signifie donc concrètement une absence de toute communication avec l'avocat pendant six jours inclus - (art. 66-13 C.P.P.)[109].

Il en ressort donc que la loi ne prévoit pas la présence de l'avocat à l'interrogatoire dès les premières heures de la garde à vue, ce qui porte atteinte au droit de la défense. Pour remédier à ce problème, le projet de loi complétant et modifiant le Code de procédure pénale permet au suspect de s'entretenir avec l'avocat dès le début de la garde à vue.

Les pouvoirs de l'avocat à ce stade sont limités. En premier lieu, ils sont limités dans le temps, puisque le suspect ne peut s'entretenir avec son avocat qu'avant la fin de la moitié de la durée principale de la garde à vue ou en cas de prolongation dans le cadre d'une enquête préliminaire pour une durée qui ne dépasse pas trente minutes, sous le contrôle de l'officier de police judiciaire et dans des conditions qui garantissent la confidentialité de cet entretien. Seuls les mineurs placés en garde à vue bénéficient de l'intervention d'un avocat en raison de leur vulnérabilité.

En second lieu, ils sont limités au sujet des prérogatives accordées à l'avocat. En effet, il n'a le droit ni d'avoir accès au dossier de la personne gardée à vue ni d'assister aux interrogatoires ni d'être informé des résultats de l'enquête qui a été réalisée. De ce fait, il est difficile de parler d'une défense effective comme celle qui existe

[109] Complété et modifié par l'article 5 de la loi n° 03-03 promulguée par le Dahir n° 1.03.140 du 28 mai 2003 et l'article 2 de la loi n° 35-11, promulguée par le Dahir n° 1.11.169 du 17 octobre 2011.

pendant l'instruction où l'avocat est appelé à assister à l'interrogatoire de l'accusé et a le droit à un accès direct au dossier de celui-ci.

La seule prérogative de l'avocat à cette phase d'enquête consiste à présenter, pendant la durée de sa prolongation, à la police judiciaire ou au Ministère public des documents ou des observations écrites dans l'intention de les joindre au procès-verbal en échange d'un certificat. Or, il lui est interdit de faire connaître à quiconque la discussion qu'il a eue avec son client avant la fin de la période de la garde à vue.

Le certificat délivré peut prendre la forme d'une attestation écrite ou d'un cachet de la police judiciaire, ou du ministère public apposé sur une copie des documents[110].

**80.** ***L'examen médical.*** La loi n° 22-01 ne connaît le droit du suspect à un examen médical qu'en cas de présentation de la personne devant le procureur du Roi ou le procureur général du Roi, chacun en ce qui le concerne. Celui-ci doit, en effet, le soumettre à cet examen s'il constate lui-même des indices qui justifient l'intervention du médecin ou lorsque le prévenu demande d'être soumis à un contrôle médical. L'avocat a également le droit de requérir un examen médical pour son client.

Lorsqu'il s'agit d'un mineur portant des indices apparents de violences ou qui se plaint d'avoir subi des violences, le représentant du Ministère public doit, avant tout interrogatoire, le soumettre à un examen médical. Le dernier alinéa de l'article 73 du Code de procédure pénale précise que l'avocat du mineur peut demander l'examen précité.

Le projet de réforme du Code de procédure pénale opère un sursaut qualitatif dans ce domaine. En effet, l'officier de police judiciaire peut soumettre le gardé à vue à un examen médical sur sa demande ou celle de son avocat, ou lorsqu'il apparaît sur le prévenu des traces ou une maladie, et après avoir avisé le ministère public.

La consécration de l'examen médical constitue une garantie importante pour le suspect au cours de la phase d'enquête policière, car c'est le seul moyen qui permet de constater les violences physiques auxquelles le suspect peut être exposé pendant la période de garde à vue et de préparer, le cas échéant, des sanctions. Il permet

---

110 Ministère de la justice, op. cit. p. 131.

également de restreindre la pratique policière consistant à recourir à la violence pour soutirer des aveux.

Concernant la jurisprudence, bien qu'il existe quelques rares décisions se rapportant aux demandes d'examen médical de suspects, qui affirment avoir été exposés à des traitements inhumains et dégradants pendant la garde à vue, la plupart des demandes présentées par les suspects ou leur défense devant le Ministère public, le juge d'instruction ou le juge du fond est rejetée[111]. Mais certaines décisions ont accepté d'exclure les aveux délivrés par les suspects, qui ont été exposés à la violence[112].

Face à cette discordance de la jurisprudence, le législateur est intervenu pour clarifier la portée exacte de cette règle. Le dernier alinéa de l'article 73 et le dernier alinéa de l'article 74-1 de l'actuel projet de loi de procédure pénale prévoient explicitement que si le Ministère public rejette une demande d'examen médical présentée par l'accusé ou son avocat, les aveux enregistrés lors de l'enquête préliminaire encourront la nullité.

### *C) Le contrôle de la garde à vue*

**81.** Le Code de procédure pénale impose que soit établi l'ensemble des actes accomplis par l'officier de police judiciaire pendant le placement d'une personne en garde à vue par deux moyens essentiels : ***le registre et le procès-verbal.***

**82.** Concernant le registre, il s'agit d'un registre judiciaire étant donné que ses pages sont numérotées et signées par le Ministère public. C'est ce que prévoit l'alinéa 15 de l'article 66 du Code de procédure pénale ainsi rédigé : *"Un registre, côté et paraphé par le procureur du Roi, doit être tenu dans tous les locaux susceptibles d'accueillir des personnes placées en garde à vue."* Il y sera fait mention de l'identité de la personne retenue et de celle avisée par la mesure, des motifs de sa garde à vue, de l'heure du départ et de la fin de celle-ci, du temps des auditions, des moments de repos et de la

---

[111] Cité par le ministère de la justice, op. cit. p. 48.

[112] Dans deux arrêts, le premier sous le n° 631 du 24/12/1973 et le second sous le n° 356 du 03/06/1961, la Cour suprême a précisé que : « Un aveu délivré sous l'influence de la torture entraîne l'exclusion du procès-verbal ». Cité par BAKKAR (A. H.), « Garanties d'un procès équitable pendant les phases d'enquête préliminaire et d'instruction préparatoire », Bibliothèque Al-Rashad, Settat, en arabe, 2020, p. 63.

nourriture qui lui a été offerte, de l'état physique et de santé de la personne (al. 16). Ces renseignements doivent porter la signature de l'intéressé ou son empreinte digitale. Toutefois, s'il refuse de signer ou qu'il lui est impossible d'apposer sa signature, l'officier de police judiciaire doit indiquer les motifs du refus ou d'impossibilité.

Le gardé à vue et l'officier de police judiciaire doivent signer ce registre dès la fin de la mesure de la garde à vue. Dans l'hypothèse où la personne se trouvait dans l'impossibilité de signer ou s'il refuse, il en est fait mention sur ce registre. Celui-ci doit être présenté au procureur du Roi, au moins une fois par mois, dans le but de le contrôler (art. 18 C.P.P.).

**83.** Par ailleurs, l'intervention directe ou indirecte du Parquet vise à protéger les libertés individuelles contre les abus éventuels de la police judiciaire. Ce contrôle se poursuit au niveau de l'exécution de la garde à vue. En effet, **le registre des déclarations** doit être mis à la disposition du Ministère public (article 68 C.P.P.). Dans ce registre, il est fait mention du point de départ de la garde à vue, de la durée des interrogatoires, du temps de repos, de l'état de santé et de la nourriture qui lui a été offerte (art. 67 C.P.P.).

**84.** L'efficacité de ces dispositions dépendra de l'observation d'une obligation mise à la charge du procureur du Roi, qui est celle de visiter les locaux ménagés pour l'exécution de la garde à vue dans les commissariats de police et de la gendarmerie royale. Le but étant de contrôler les personnes placées en garde à vue, les motifs du placement, la durée de la garde à vue et ses circonstances, les registres tenus par les officiers de police judiciaire. Cette visite est programmée au moins deux fois par mois et à tout moment que le procureur du Roi le souhaite (art. 45, al. 5 et 6 C.P.P.). L'officier de police judiciaire doit lui adresser la liste des personnes placées en garde à vue au cours des vingt-quatre heures écoulées.

Il dresse un rapport sur chaque visite qu'il effectue, tout en notifiant au procureur général du Roi ses observations et les violations qu'il constate (art. 45, al. 7. C.P.P.).

**85.** Les garanties législatives établies pour protéger les personnes placées en garde à vue ont imposé au législateur de préparer un projet de loi modifiant et complétant le Code de procédure pénale. Il a, en effet, ajouté l'article 67-1, par lequel les officiers de police judiciaire seront obligés de réaliser un enregistrement audiovisuel pendant l'interrogatoire d'une personne placée en garde à vue soupçonnée d'avoir commis un crime ou un délit dont la peine légalement prévue dépasse deux ans d'emprisonnement, à condition qu'une copie de cet enregistrement soit jointe au procès-verbal. Il a également donné la possibilité à l'intéressé de contester la validité de l'enregistrement audiovisuel par le recours à la procédure de faux.

**86.** Il est à noter que l'alinéa 4 de l'article susvisé prévoit que ces enregistrements ne sont présentés devant la juridiction que lorsque l'intéressé conteste la validité des déclarations qui lui sont attribuées et cela, sur ordonnance des juges du fond soit d'office, soit sur la base d'une demande présentée par le suspect, sa défense ou le Ministère public.

Ce choix semble être une question logique, car il est inconcevable que ces enregistrements soient présentés devant la juridiction. En effet, leur diffusion ne bénéficiera pas à celle-ci tant que le suspect reconnaît devant les juges la véracité de ce qui a été déclaré dans le procès-verbal de son audition établi par l'officier de police judiciaire.

Il convient de noter ici que si l'officier de police judiciaire ne parvient pas à finaliser l'enregistrement audiovisuel de la personne mise en cause pour des raisons purement techniques, celui-ci doit être consigné au procès-verbal d'audition en mentionnant les raisons qui l'ont empêché.

L'autre sursaut qualitatif opéré par le projet de loi consiste dans l'envoi du contenu du registre à un registre électronique, régional et national pour centraliser les données des personnes placées en garde à vue. Celui-ci peut être consulté par le ministre et les institutions désignées par la loi (art. 66-3).

### *D) La cessation de la mesure*

**87.** La règle est qu'il est mis fin à la garde à vue soit par la fin du délai légal, soit par une décision de l'officier de police judiciaire, soit par le Ministère public avant l'expiration du délai légal, en raison de la disparition du besoin qui justifiait cette mesure.

En principe, la présentation d'une personne au Ministère public doit mettre fin à sa garde à vue. Lorsque le procureur du Roi procède à l'interrogatoire d'un suspect, il ne possède à l'issue de celui-ci que deux options : libérer la personne ou faire en sorte qu'il maintienne sa détention, en présentant un réquisitoire aux fins d'information, assorti d'une requête de mise en détention provisoire ou en ordonnant un dépôt jusqu'à ce qu'il soit déféré devant le tribunal.

### *E) La nullité de la procédure*

**88.** L'analyse des règles relatives à la garde à vue ouvre inévitablement le champ à la question de savoir, si leur violation par les officiers chargés de l'enquête peut conduire à la nullité de la procédure.

Aucune disposition du Code de procédure pénale portant sur la garde à vue ne prévoit explicitement, comme c'est le cas de la perquisition, la nullité des procès-verbaux. Cette lacune de la loi a créé une discordance entre la doctrine et la jurisprudence. Ainsi, le professeur AL-KHAMLISHI estime que : *« Le dépassement du délai de garde à vue entraîne la nullité du procès-verbal de l'enquête préliminaire, que le dépassement émane de l'officier directement ou sur la base d'une prolongation illégale.* [113]»

Certains auteurs estiment que le fait d'être placé en garde à vue, sans l'autorisation du Ministère public, est considéré comme une violation de la loi et conduit à considérer les formalités accomplies pendant cette période ou en résultant comme n'étant pas conformes aux exigences de l'article 751 du Code de procédure pénale. En plus, l'auteur de cette violation s'expose aux peines prévues en cas de détention arbitraire conformément aux articles 225 à 228 du Code pénal[114].

Quant à la jurisprudence, la Cour suprême a déclaré que : *« De l'autre côté, les règles relatives à la garde à vue ne sont pas soumises à la nullité de la loi, et donc celle-ci ne peut en résulter que s'il est prouvé que l'inobservation de ces règles a rendu la recherche de la vérité et l'établissement de celle-ci entachés de vice de fond »*[115].

La Cour suprême a fondé aussi sa décision sur l'article 765 du Code de procédure pénale (abrogé). Elle a, en effet, exclu les procès-verbaux qui ne respectent pas les formalités prescrites pour la garde à

---

[113] AL-KHAMLISHI (A.), « Explication du Code de procédure pénale », T. 1, op. cit. p. 300.

[114] AYOUCH (Z.), « Garanties pour les accusés en phase préalable au jugement », imprimerie Afolki, Tiznit, première édition, 2009, p. 35.

[115] Arr. du 14 juillet 1972, n° 39047.

vue. Ainsi, dans un arrêt, elle a affirmé que : « *Lorsque le tribunal a constaté que la garde à vue durait plus que les 96 heures prévues par la loi et a conséquemment décidé d'exclure le procès-verbal de police judiciaire, puis a renvoyé et condamné l'accusé sur la base de ses aveux contenus dans ledit procès-verbal, il a fondé sa décision sur des motifs contradictoires, insuffisance des motifs qui équivaut à leur absence* ... »[116].

Enfin, elle confirmait dans un autre arrêt que la loi ne prévoyait pas la nullité en cas de dépassement des délais de la garde à vue. Ainsi, la Haute juridiction précisait que : « *Même si le Code de procédure pénale (abrogé) précisait dans ses articles 68 et 69*[117] *la durée du placement en garde à vue et l'exprimait sous forme d'obligation, il ne prévoyait pas la nullité en cas de violation de cette règle, comme il l'a fait en ce qui concerne les dispositions prévues aux articles 61, 62, 64 et 65*[118]*, car il peut ne pas être possible que la personne soit présentée dans le délai indiqué pour des raisons liées à l'enquête, comme c'est le cas de l'affaire qui a nécessité la réalisation d'un certain nombre de constatations, et ce n'est pas ce qui peut être considéré comme une violation des droits de la défense ou une atteinte à la liberté des personnes.* [119]»

De ce qui précède, on peut déduire que les dispositions de la loi sur la garde à vue ne consacrent pas la nullité des procès-verbaux, lorsque l'officier de police judiciaire y porte atteinte. La seule sanction dans ce cas de figure résulte de l'article 751 du Code de procédure pénale qui ne prévoit pas explicitement cette sanction. Il énonce, modestement, que : « *Toute formalité édictée par le présent Code, dont l'accomplissement n'a pas été régulièrement constaté, est présumée n'avoir pas été accomplie sous réserve des dispositions de l'alinéa 3 de l'article 442 relatives aux audiences de la chambre criminelle* ». Il en ressort donc clairement que l'acte effectué en violation de la loi est considéré comme s'il n'avait pas été effectué, les

---

[116] C. sup., 12/11/1983, doss. pénal n° 199-82 publié à la Revue de la jurisprudence de la Cour suprême, n° 35-36, p. 253.

[117] Ils ont été remplacés par les articles 66 et 67 du Code de procédure pénale de 2002.

[118] Ils ont été remplacés par les articles 59 et 63 du Code de procédure pénale de 2002.

[119] C. sup., arr. n° 2461 du 25/03/1986, Revue de la Cour suprême, n° 138, p. 279.

autres formalités qui l'accompagnent continuent de produire leurs effets.

Le professeur AL-KHAMLISHI n'est pas de cet avis. Ainsi, dans son commentaire de l'arrêt de la Cour spéciale de justice[120], il relève que : *« L'article 765[121]concerne les formalités qui n'ont pas été définitivement exécutées et non celles qui ont été effectuées, mais qui ont été accomplies d'une manière autre que celle prescrite par la loi... [122]».*

Il est à noter que le projet de Code de procédure pénale résout le problème des procédures accomplies après la fin de la période initiale de la garde à vue ou après la fin de la période de prolongation. Il précise, en effet, que les procédures réalisées dans le cadre précisé ci-dessus encourront la nullité. Cela ressort clairement de l'article 67-2 du projet ainsi rédigé : *« Toute procédure relative à une personne placée en garde à vue sera considérée comme nulle, si elle est effectuée après la fin de la durée légale de la garde à vue ou après la prolongation légalement autorisée.*

*La nullité ne s'applique pas aux autres démarches entreprises pendant la durée légale de la garde à vue ».*

## Section 2 - L'enquête préliminaire

Cette enquête se définit comme : *« La phase de la recherche des infractions et de la collecte de preuves et de la recherche de ses auteurs, c'est la phase qui précède l'instruction et le jugement »*[123] ou

---

[120] Arr. n° 773 du 13 avril 1979, Revue des avocats n° 15, p. 78. V. les autres arrêts cités par l'auteur dans son ouvrage « Explication du Code de procédure pénale », T. 1, op. cit. p. 297. On peut citer l'arrêt de la Cour d'appel de Casablanca : *« Lorsque le suspect a été interrogé le 6/05/88, il a nié ce qui lui était imputé, et sa garde à vue lors de cet interrogatoire était légale et lorsqu'il a été entendu le 12/05/88 après que le Ministère public a renvoyé le dossier à la police judiciaire afin d'approfondir l'enquête sans relâcher le suspect qui a avoué ce qui lui était attribué, et sa garde à vue dans ce cas était illégale.*
*Alors que son déni dans le premier cas l'emporte sur ses aveux dans le second cas, pour autant que ses aveux soient entachés d'un vice de droit, ce qui rend nécessaire l'annulation du jugement de première instance et le jugement après de l'acquittement du prévenu de ce qui lui avait été attribué pour les raisons susmentionnées. »* Arr. n° 5827 du 4/07/88, rev. des tribunaux marocains, p. 71.

[121] Article 751 de l'actuel Code de procédure pénale.

[122] In « Explication du Code de procédure pénale », T. 1, op. cit. p. 198-299.

[123] AL KHAMLISHI (A.), op. cit. p. 193.

bien *« l'ensemble des investigations menées par les officiers de la police judiciaire. Ces investigations qui visent à la recherche des infractions, à la collecte des preuves et à la découverte de l'auteur de l'infraction »*[124].

*Il apparaît opportun de traiter le recours à cette enquête (§ 1) ainsi que les actes effectués (§ 2).*

## §. 1 – Le déclenchement de l'enquête

*Il paraît important de mettre en lumière les moyens d'information des autorités chargées de l'enquête (A) et le délai de cette enquête (B).*

### *A) Les moyens d'information*

*La police judiciaire est informée de la commission d'une infraction de deux manières. D'une part, les plaintes des victimes (1) et les dénonciations des faits par un tiers (2).*

#### *1) La plainte de la victime*

**89.** La plainte est considérée comme un procédé accordé par le législateur à la victime d'une infraction ou à son représentant pour informer les autorités chargées de l'enquête de la perpétration d'une infraction à laquelle elle a été exposée. Il s'agit d'un droit personnel de la partie lésée, il expire donc à son décès et il n'est pas transmis aux héritiers.

**90.** Le Code de procédure pénale n'a pas par ailleurs imposé une forme particulière pour que la plainte soit acceptée. De là, on peut avancer qu'elle peut être écrite ou verbale, adressée à l'officier de police judiciaire, qui rédige les déclarations du plaignant ou de la plaignante dans le procès-verbal de réception des plaintes signé par les intéressés. En toute hypothèse, la victime doit mentionner son identité ainsi que celle de l'individu visé dans la plainte, sauf si elle n'arrive pas à l'identifier. Elle doit également préciser les circonstances de

---

[124] AYAT (M.), «Procédure pénale », T. 2, 1ère éd. 1991, en arabe, p. 10.

l'infraction et, si possible, toutes les preuves qui sont en mesure d'aider les enquêteurs à parvenir au résultat escompté de la plainte[125].

Cependant, la pratique suivie par le Ministère public consiste dans le fait de recevoir des plaintes écrites soit par le dépôt direct de la plainte par la victime ou par son représentant, soit par une lettre recommandée avec accusé de réception, soit par renvoi d'un tribunal à un autre, soit par commission rogatoire.

**91.** Quelle que soit l'origine des plaintes, le représentant du ministère public procède à l'examen de ces plaintes pour prendre les mesures appropriées. Il les transmet après à la division des plaintes compétente, qui procède à leur inscription au registre des plaintes. Une copie est adressée à l'officier de police judiciaire sur l'instruction du Ministère public. Il s'agit d'un écrit dit « soit transmis », dans lequel le Parquet lui demande d'enquêter.

### *2) La dénonciation*

**92.** La dénonciation désigne l'information d'une autorité compétente (Ministère public, officiers de police judiciaire...) de toute violation de la loi pénale soit par écrit (une lettre par exemple), soit verbalement (par téléphone ou par cassette contenant les faits enregistrés, par exemple)[126]. Elle émane d'une personne dénommée ou anonyme, qui n'est pas la victime directe de l'infraction. Elle informe les services compétents de la perpétration d'une infraction.

Elle prend deux formes. La première, appelée dénonciation officielle, qui émane des personnes énumérées par la loi. Ainsi, l'article 42 du Code de procédure pénale énonce que : *« Toute autorité constituée ou fonctionnaire qui, dans l'exercice de ses fonctions, acquiert la connaissance d'une infraction est tenu d'en informer sans délai le procureur du Roi ou le procureur général du Roi et de lui transmettre tous les renseignements, procès-verbaux et actes qui y sont relatifs ».*

Il en ressort donc que les agents énumérés (officiers de police judiciaire, par exemple) sont obligés d'informer le procureur du Roi ou le procureur général du Roi, chacun en ce qui le concerne, des infractions dont ils apprennent la connaissance dans le cadre de

[125] Al-ALAMI (A.W.), op. cit. p. 366.
[126] Op. cit. p. 368.

l'exercice de leur fonction. A titre d'illustration, l'agent de l'état civil est obligé de signaler le faux et usage de faux des documents de l'état civil. Or, le texte est muet sur la sanction en cas de violation de cette obligation. Le principe de la légalité des peines impose d'exclure les sanctions pénales. On peut dès lors déduire que l'agent fautif serait exposé à des sanctions disciplinaires[127].

La deuxième forme de dénonciation est non officielle. Ainsi, l'article 43 du Code de procédure pénale prévoit que : *« Toute personne qui aura été témoin d'une infraction soit contre la sécurité publique, soit contre la vie d'un individu ou contre ses biens est tenue d'en aviser le procureur du Roi, le procureur général du Roi ou la police judiciaire »*. Dans certaines hypothèses prévues par la loi, la violation de l'obligation de dénonciation peut entraîner des sanctions. Ainsi, l'article 209 du Code pénal énonce que *: « Est coupable de non-révélation d'attentat contre la sûreté de l'Etat et punie d'un emprisonnement de deux à cinq ans et une amende de 1.000 à 10.000 dirhams toute personne qui, ayant connaissance de projets ou d'actes tendant à la perpétration de faits punis d'une peine criminelle par les dispositions du présent chapitre, n'en fait pas, dès le moment où elle les a connus, la déclaration aux autorités judiciaires, administratives ou militaires. »*

Le Ministère public reçoit les dénonciations soit verbalement, soit par écrit. Dans le premier cas, le représentant du ministère public donne à la police judiciaire ses instructions orales pour ouvrir une enquête. Dans le deuxième cas, il transmet une copie de la dénonciation avec ses instructions écrites pour procéder à des investigations dans le but de vérifier son bien-fondé[128].

### *B) Le délai*

**93.** Le législateur n'a pas fixé le délai dans lequel la police judiciaire peut effectuer les actes attachés à ce type d'enquête. Cette manière de procéder est pourtant compréhensible, car il relève de l'utopie de croire à la fixation du délai, qui gouvernera les investigations policières, peu importe après si l'affaire est complexe ou simple.

---

[127] Op. cit.
[128] Op. cit.

Cette affirmation ne signifie cependant pas que les officiers de police judiciaire et le Ministère public ne sont pas liés par la notion de temps. Ils doivent, en effet, respecter le délai raisonnable, qui est une notion de valeurs conventionnelle et constitutionnelle. De là, ils sont tenus de procéder à des actes (perquisitions, auditions...) dans un temps, qui ne doit pas dépasser le délai raisonnable. Le but étant de permettre à l'autorité judiciaire de prendre à son tour une décision dans un délai raisonnable.

### §. 2 - Les actes effectués

Toutes les opérations, effectuées dans le cadre de cette enquête, sont dirigées par le procureur du Roi ou le procureur général du Roi, chacun en ce qui le concerne. Il s'agit principalement des cas où l'officier de police judiciaire procède aux actes suivants :

- *Transport sur les lieux et constatations ;*
- *perquisitions et saisies ;*
- *l'audition des témoins et des personnes qui paraissent avoir participé à l'infraction.*

#### *A) Transport sur les lieux et constations*

**94.** L'officier de police judiciaire se transporte en tout lieu où il pense pouvoir trouver des éléments de preuve. Il procède aux mêmes opérations que dans l'enquête de flagrant délit, mais il ne peut user d'aucune mesure coercitive, hormis la garde à vue.

**95.** Suite à ce déplacement, il peut faire des constatations ou des examens techniques ou scientifiques nécessaires à la découverte d'une infraction, des auteurs ainsi que toute personne ayant participé à la commission de cette infraction. Ces examens et constatations permettent aussi d'établir l'absence d'une infraction (suicide, incendie accidentel, une prédisposition morbide ayant causé le décès de l'individu...).

#### *B) Perquisitions et saisies*

**96.** Le législateur n'a pas donné une définition à cette notion. Il importe dès lors de se référer à la doctrine et à la jurisprudence. Ainsi,

*« la perquisition suppose nécessairement que des recherches sont effectuées pour retrouver des éléments nécessaires dans le cadre d'une procédure en cours »*[129].

L'officier de police judiciaire recourt à cette mesure pour rechercher les éléments nécessaires à orienter l'enquête vers la bonne direction. Il s'agit d'une autre pièce du puzzle des investigations policières. Mais l'officier de police judiciaire doit obtenir l'assentiment exprès de la personne dans le domicile de laquelle l'opération a lieu. Ce consentement *"doit faire l'objet d'une déclaration écrite de la main de l'intéressé ou, si celui-ci ne sait pas écrire, il en est fait mention au procès-verbal..."* (art. 79-2 C.P.P.).

Si l'intéressé ne sait pas écrire, il en est fait mention sur le procès-verbal ainsi que de son assentiment. Or, la difficulté est de voir monter en puissance la pratique policière consistant à mentionner un accord fictif sur ce procès-verbal. S'il refuse de donner son assentiment, la perquisition ne peut être effectuée. L'officier de police judiciaire doit donc informer le Ministère public et il doit le mentionner sur le procès-verbal. Or, en matière de terrorisme, si la personne chez laquelle l'opération doit avoir lieu s'est abstenue de donner son accord ou lorsqu'il n'est pas possible d'obtenir cet accord, les perquisitions et saisies peuvent avoir lieu sur autorisation écrite du Ministère public en présence de la personne concernée (art. 79 al. 4, C.P.P.). Si l'intéressé s'abstient de donner son accord ou en cas d'empêchement, l'opération doit avoir lieu en présence de deux témoins, par exemple des voisins, autres que les subordonnés de l'officier de police judiciaire.

**97.** Il est à noter que le législateur n'a pas consacré une disposition sur la feuille à corps. Il s'est contenté seulement d'autoriser l'officier de police judiciaire à y procéder sur toute personne placée en garde à vue (art. 81 C.P.P.). Or, étrangement, il a fait mention de cette notion dans l'hypothèse où l'opération vise une femme. L'officier de police judiciaire désigne, dans ce cas, une femme pour procéder à la feuille à corps. Ces dispositions s'appliquent, qu'il s'agisse d'une enquête préliminaire ou d'un cas de flagrant délit pour crime ou délit.

Il n'est pas anodin de relever que la fouille à corps de la personne placée en garde à vue n'est pas conditionnée au consentement de la personne concernée, car il s'agit d'une fouille destinée à préserver la sécurité de ladite personne et celle des autres suspects qui sont placés,

[129] RASSAT (M. -L.), « procédure pénale », op. cit. p. 289.

dans le même local, en garde à vue, ainsi que la sécurité des officiers et agents de police judiciaire. Cette opération vise à s'assurer que la personne ne transporte aucun objet qui serait dangereux pour sa vie, celle des autres, sa sécurité ou celle des autres[130].

Pour combler les lacunes de la loi 22-01 sur cette question, l'article 60-1 du projet de réforme du Code de procédure pénale autoriserait explicitement l'officier de police judiciaire à effectuer une perquisition sur les personnes.

### *C) Audition*

**98.** L'officier de police judiciaire peut procéder à l'audition de toutes les personnes susceptibles de faire la lumière sur divers points et circonstances liés à l'infraction perpétrée. Ainsi, il peut écouter le plaignant, le suspect, ou encore recueillir les dépositions de témoins ou de toute personne pouvant contribuer à la révélation de la vérité.

Une personne peut être entendue, quels que soient son âge, son sexe ou son lien de parenté avec la personne mise en cause, sans prêter serment.

[130] L'article 64 de la loi sur la gendarmerie royale prévoit la fouille de toute personne arrêtée, ou soupçonnée de porter des armes, ou des objets susceptibles de porter atteinte à la sécurité publique. La fouille porte aussi sur les véhicules qu'elle utilise et les bagages qu'elle transporte. Il prévoit également que les femmes doivent être fouillées par une femme (Dahir n° 280.57.1, du 19 janvier 1958). Ministère de la justice, op. cit. p.149.

# TITRE 2
# LA THEORIE DES ACTIONS

**99.** L'action publique est un ensemble d'opérations qui commence de la date de son déclenchement jusqu'à ce qu'un jugement définitif soit rendu. Ahmed Fathi Sorour l'a défini comme une demande adressée par l'État, par l'intermédiaire de son organe d'accusation, au juge contre la personne accusée d'avoir commis une infraction afin de déterminer l'étendue du pouvoir de l'État pour la punir[131]. Les professeurs Roger Merle et André Vitu précisent que le déclenchement de l'action publique a lieu après avoir terminé toutes les procédures d'enquête policière. Cela signifie également que le déclenchement de celle-ci se fait en renvoyant l'accusé à la juridiction d'instruction ou de jugement[132]. Selon le conseiller Amir Khalid : *« L'étape des inférences est l'étape qui précède le déclenchement d'une action publique et son objectif est de rassembler les éléments nécessaires pour permettre au ministère public d'engager ou non une action pénale. [133]»*

*L'action publique (chapitre 1) et l'action civile (chapitre 2) constituent le fondement du procès pénal.*

[131] In « Al Wassit des procédures pénales », éd. Dar Al Nahda Al arabia, p. 9, en arabe.

[132] In « Traité de droit criminel : procédure pénale », T. 2, éd. Cujas, 4ème éd. p. 335.

[133] In « l'action pénale à la lumière des arrêts de la Cour de cassation », Centre de connaissances d'Alexandrie, p. 9 (sans mentionner la date).

# CHAPITRE 1 - L'ACTION PUBLIQUE

Le principe est que le ministère public a le monopole de l'exercice de l'action publique[134] (section 1). En cas de carence de l'autorité publique, la victime peut déclencher l'action publique en se constituant partie civile, mais elle n'a pas le pouvoir de l'exercer (section 2). Toutefois, l'exercice de cette action peut se heurter à des obstacles (section 3).

## *Section 1 - L'exercice de l'action publique par le Ministère public*

*Il convient de présenter les caractères et les fonctions du Ministère public (§. 1) ainsi que les décisions prises sur les poursuites (§. 2).*

### §. 1 - Les caractères et la fonction du Ministère public

*Le ministère public peut être décrit par certains caractères (A) qui lui permettent de jouer pleinement son rôle (B).*

#### *A) Les caractères du parquetier*

*Le ministère public est irrécusable et irresponsable (1), indépendant (2), hiérarchisé (3) et indivisible (4).*

#### *1) L'irrécusabilité et l'irresponsabilité du Parquet*

**100.** L'impossibilité de récuser un magistrat du Ministère public signifie que la partie adverse (auteurs et complices) est privée de l'exercice du droit de présenter des demandes visant à priver les membres du Ministère public d'effectuer un acte ou un ensemble

[134] Il est aussi appelé Parquet, car dans l'ancienne France, ses membres se tenaient sur le parquet de la salle d'audience et non sur l'estrade réservée aux juges, ou encore magistrature debout, puisque ses représentants se lèvent pour présenter leurs réquisitions, à l'inverse de la magistrature assise ou siège. Leur recrutement est le même que les magistrats du siège.

d'actes relatifs, de manière générale, au contentieux pénal, sous prétexte qu'il est soupçonné de connivence avec l'une ou l'autre partie[135]. Il en est autrement des magistrats du siège, aussi bien en matière pénale (art. 273 C.P.P.) qu'en matière civile (295 C.P.C.), car ils peuvent être récusés pour des motifs déterminés.

**101.** Le Ministère public est aussi *irresponsable*. De là, il ne peut pas être condamné à des dommages et intérêts, s'il a intenté une action publique dont le juge du fond a décidé la relaxe ou l'acquittement. Cette irresponsabilité trouve son fondement dans le fait que les magistrats du parquet agissent au nom de la société et non en leur nom propre ou au nom d'une institution. Ils n'ont pour mission que de faire une exacte application de la loi, dans le cadre de l'exercice de son pouvoir d'opportunité des poursuites.

Cependant, cette irresponsabilité n'est pas sans limite. En effet, les membres du parquet peuvent faire l'objet des poursuites pénales s'ils commettent des faits répréhensibles pénalement (art. 225-229-230-231-248-250 C.P.). De même, le magistrat du parquet qui commet une faute lourde engage sa responsabilité civile, selon la procédure de la prise à partie (art. 391 C.P.C.).

### *2) L'indépendance du Ministère public*

**102.** L'une des particularités majeures du Ministère public est son autonomie. D'abord, il est indépendant à l'égard de l'exécutif. Ensuite, il est indépendant à l'égard des juridictions d'instruction et de jugement. Cela se laisse mesurer par le fait que les juges n'ont pas le droit de se saisir directement d'une affaire, car ils doivent attendre que le parquetier exerce l'action publique. S'il met en mouvement cette action, il pourra appuyer ses demandes, les défendre et expliquer ses opinions afin d'en convaincre la juridiction saisie de l'affaire[136]. Mais cette affirmation accepte une nuance. En effet, la juridiction de

---

[135] AL-ALAMI (A.W.), op. cit. p. 93. V. aussi BEN HADDOU (A.S.), « précis de procédure pénale », imprimerie nationale et papier, Marrakech, 2001, en arabe, p. 124.

[136] La Cour suprême, dans son arrêt du 21 juin 1962, a précisé que les juges du fond ne peuvent pas dépasser leur pouvoir et condamner une personne pour violation du Code de la route dont aucune action publique la concernant n'a été déclenchée. C. sup., 21 juin 1962, n° 1174, rec. jur. C. sup. en matière pénale. Cité par AL-ALAMI (A. W.), « Explication de la procédure pénale », op. cit. p. 91.

jugement peut statuer sur les délits commis à l'audience sans attendre l'exercice de l'action publique par le Parquet (art. 269 C.P.P.).

Le Ministère public est enfin indépendant à l'égard des parties. Cela peut se concevoir par le fait qu'il apprécie l'opportunité des poursuites dans l'intérêt de la société et afin de rétablir l'ordre déstabilisé par l'infraction.

### *3) La subordination hiérarchique*

**103.** Le Ministère public n'est plus placé sous la subordination hiérarchique du ministère de la justice. Cette autorité est désormais placée sous la dépendance du procureur général du Roi près la Cour de cassation. En effet, la loi n° 33-17 opère un sursaut qualitatif en transférant les attributions du ministre de la justice à celui-ci en sa qualité de président du parquet général.

La loi précitée précise que le rôle du président est de superviser le Parquet, de contrôler son action, d'exercer l'action publique et de veiller au bon déroulement des procès et des voies de recours. Cela va dans le sens du renforcement de l'indépendance de la justice à l'égard du pouvoir exécutif.

Le procureur général du Roi près la Cour de cassation peut également saisir les procureurs du Roi ou les procureurs généraux du Roi et les sommer d'engager les poursuites qui s'imposent en cas de violations constatées.

Le chef du parquet peut enfin saisir directement une juridiction d'un recours pour vice de procédure constaté au cours d'un procès. Cette compétence échappait auparavant au ministre de la justice.

### *4) L'indivisibilité du Ministère public*

**104.** C'est sans doute ce principe d'indivisibilité qui caractérise le plus le Ministère public. Les magistrats du parquet sont donc *interchangeables.* Aussi, ils peuvent se remplacer sans difficultés au long d'une même affaire. Or, un magistrat du siège, sauf un motif valable, ne peut pas se faire remplacer lors d'un même procès pénal, sous peine de nullité de la procédure. A titre d'illustration, un membre du Ministère public auprès du tribunal de première instance demande à son collègue auprès de la même juridiction de présenter à sa place des réquisitions écrites ou orales[137].

***B) La fonction du Ministère public***

**105.** La fonction du Ministère public n'est pas de juger, car il intervient toujours en tant que partie principale dans le procès pénal. Ainsi, il a le monopole de l'exercice de l'action publique, car il agit au nom de la société dont il est le représentant, à tel point qu'on l'a qualifié d'*"avocat de la société"*[138]. Or, en matière civile, il intervient le plus souvent comme partie jointe pour donner au juge saisi un avis sur le litige et, dans des cas spécifiés par la loi, comme partie principale en tant que demandeur ou en qualité de défendeur.

**106.** La qualité de partie principale du représentant du ministère public dans l'action publique permet aussi de déduire que c'est une partie qui n'est pas comme toutes les autres parties. Ainsi, à la différence de la personne mise en cause, sa présence est obligatoire dans toutes les phases de jugement, car il fait partie de la composition de la juridiction répressive.

Cette qualité explique enfin pourquoi le Parquet ne peut jamais voir sa responsabilité engagée, dans l'hypothèse où le juge du fond décide de relaxer ou d'acquitter l'individu contre qui il a décidé d'engager les poursuites. Il ne peut dès lors être condamné ni aux dépens ni à des dommages et intérêts. Mais l'autorité publique est tenue de réparer le préjudice subi, si sa mauvaise foi est établie conformément aux articles 391 et 400 du Code de procédure civile.

Cependant, ce privilège, tiré de sa qualité de demandeur au nom de la collectivité, a privé cette autorité d'agir de la même façon qu'une partie au procès civil. Ainsi, elle ne peut se désister ou transiger en cours de procédure avec le prévenu, excepté le cas spécifié par l'article 41 du Code de procédure pénale.

---

[137] Exemple empreinté de AL-HOUMD (A. W.), « Al Wassit en droit procédural koweitien », Dar Al-Qabas pour l'édition et l'impression, 4ème éd., en arabe, p. 68.

[138] Op. cit. n° 192, p. 160.

### §. 2 - Les décisions prises sur la poursuite

**107.** De prime abord, une remarque s'impose immédiatement. Il importe d'opérer une distinction entre le système de légalité de poursuite et celui de l'opportunité des poursuites.

Le premier se fonde sur l'idée selon laquelle le Ministère public doit engager des poursuites dès qu'il apprend qu'une infraction a été commise contre la personne à qui il est attribué dans le procès-verbal, la plainte ou la dénonciation, même si les preuves sont insuffisantes ou inexistantes. Cette idée trouve sa justification dans le fait que les magistrats du parquet agissent dans l'intérêt de la société, qui demande une lutte efficace contre la criminalité. Leur rôle ne consiste donc pas à apprécier la portée des preuves qui permettent d'attribuer un comportement à une personne déterminée, car seuls les juges du fond ont la qualité pour se prononcer sur la question.

Cependant, la légalité des poursuites présente l'avantage de lutter contre la négligence du Ministère public d'engager des poursuites, quelles qu'en soient la gravité ou les circonstances. Or, l'inconvénient de ce système est qu'il peut encombrer les juridictions par des affaires qui sont d'une gravité mineure. De surplus, il favorise la dénonciation calomnieuse contre des innocents.

Le deuxième n'impose pas au Ministère public d'engager des poursuites dès qu'il reçoit des procès-verbaux, des dénonciations ou des plaintes indiquant qu'une infraction a été commise par une personne. Il dispose alors d'un pouvoir d'appréciation pour mettre en mouvement l'action publique en observant l'intérêt général. Ce pouvoir est déterminé par l'importance de plusieurs éléments, comme la banalité des faits commis malgré la présence de preuves contre son auteur[139] ou l'insuffisance des preuves contre une personne accusée d'avoir commis une infraction, ce qui conduira inévitablement à une relaxe ou un acquittement. Il semble que cette méthode présente l'avantage de ne pas entraîner les gens dans l'arène d'un litige pénal fondé sur des plaintes fantaisistes[140].

---

[139] BEN HADDOU (A.S.), op. cit. p. 117.

[140] Les Etats qui ont adopté le système légaliste sont : L'Italie, la Grèce, l'Allemagne, l'Espagne, certains pays de l'Europe de l'Est. Or, ceux qui ont opté pour le système de l'opportunité des poursuites sont : Les Pays-Bas, la Belgique, le Luxembourg, le Danemark, la Norvège, l'Angleterre et le Pays de Galles, l'Ecosse, l'Islande, les Etats-Unis, le Canada, la Chine, le Japon, la plupart des pays africains, y compris le Maroc.

Cependant, son inconvénient est de transformer le Ministère public en un tribunal qui juge de la valeur des preuves et mesure la gravité des faits.

Concernant le cas du Maroc, il opte pour le système de l'opportunité des poursuites. Or, il importe de préciser que pour battre l'inertie du Ministère public, le législateur a permis à la victime de déclencher les poursuites. De même, le Ministère public n'a pas le droit de retirer l'action publique après l'avoir mise en mouvement devant la juridiction compétente. Cela se justifie par le fait que l'autorité de poursuite dont il dispose lui permet de poursuivre ou de classer sans suite[141].

## *Section 2 - Le déclenchement de l'action publique par la victime*

**108.** La partie lésée peut mettre en mouvement l'action publique lorsque le Ministère public décide le classement sans suite[142]. Or, elle ne peut pas exercer cette action, car seul le magistrat du parquet en bénéficie[143].

*La victime peut se constituer partie civile soit par une plainte avec constitution de partie civile déposée auprès du juge d'instruction (§. 1), soit par une citation directe devant le tribunal (§. 2).*

---

[141] La Cour suprême déclare que : « *Le Ministère public ne peut pas abandonner ni l'action publique qu'il a intentée ni l'appel ordinaire ou extraordinaire qu'il a initié précédemment. La renonciation du Ministère public à faire des commentaires est nulle et ne peut conduire la Cour à abandonner l'examen de la demande qui lui est soumise.* » C. sup. du 18 février 1958, jurisprudence de la Cour suprême en matière pénale 88-99. Cité par Abou AL-FUTOUH (M. H.), « Explication du Code de procédure pénale », en arabe, 1982, imprimé au pochoir, p. 20.

[142] Aucune constitution de partie civile n'est recevable pour la poursuite et le jugement des infractions imputées à certains magistrats ou fonctionnaires énumérés par les articles 265 à 268 du Code de procédure pénale. Elle n'est pas également recevable dans le cas des infractions relevant de la compétence du tribunal militaire et les atteintes contre la sûreté de l'Etat. Cette constitution n'est pas aussi admise pour « *les personnes qui n'ont pas le libre exercice de leurs droits civils, qui ne peuvent se constituer partie civile qu'avec l'autorisation ou l'assistance de leurs représentants légaux* » (art. 352 C.P.P.). Enfin, "*l'action publique ne peut être exercée contre le mineur par la partie civile*" (art. 463-3 C.P.P.).

[143] La Cour suprême dans son arrêt du 27 mai 1998, a précisé que : « *Le droit de la partie lésée de déclencher les poursuites se limite à la mise en mouvement de cette action devant le tribunal. Or, elle n'a pas le pouvoir de l'exercer, la victime se contente seulement de se constituer partie civile* ». Arr. n° 1362.

## §. 1 - La plainte avec constitution de partie civile devant le juge d'instruction

*Il importe de définir et d'appréhender le champ d'application de la plainte avec constitution de partie civile (A) et de voir les conditions de cette constitution (B).*

### *A) Définition et champ d'application*

**109.** La plainte avec constitution de partie civile est une plainte adressée par la personne lésée au juge d'instruction dans laquelle elle précise qu'elle était victime d'une infraction. Mais cette démarche est une simple plainte, qui reste insuffisante pour mettre en mouvement l'action publique. Pour cela, l'intéressé doit afficher sa volonté de se constituer partie civile. Elle est tenue de déterminer la somme d'argent estimée en réparation du préjudice qui lui a été causé par le fait délictueux.

Deux hypothèses à distinguer. La première se rapporte à la mise en mouvement de l'action publique par la partie lésée à travers l'exercice de l'action civile, quand le Ministère public s'était abstenu de déclencher les poursuites.

La deuxième est quand le Parquet ne peut poursuivre l'accusé que si la partie lésée lui dépose une plainte à ce sujet. Il s'agit d'une restriction du droit de poursuivre du Ministère public. A titre d'illustration, on peut citer l'article 481, al. 2 du Code pénal prévoyant que : *« Les poursuites ne peuvent être exercées que sur la plainte de la personne expulsée du foyer conjugal, abandonnée ou bénéficiaire de la pension ou de son représentant légal, avec production du titre invoqué. Toutefois, elles sont exercées d'office par le Ministère public lorsque l'auteur de l'infraction se trouve être ce représentant légal ».* Le texte fait référence à l'abandon de famille.

On peut également mentionner l'article 491 du Code pénal qui énonce que : *« Est punie de l'emprisonnement de un à deux ans toute personne mariée convaincue d'adultère. La poursuite n'est exercée que sur plainte du conjoint offensé. »* Le procès est donc laissé à l'appréciation de l'époux ou de l'épouse, qui peut choisir de pardonner ou d'envoyer son conjoint devant la juridiction compétente.

Ceci est justifié par le fait que des intérêts familiaux sont en jeu. Le retrait de la plainte arrête la poursuite.

Cependant, pour poursuivre le complice, il n'est pas nécessaire de déposer une plainte[144]. L'abandon des poursuites pour adultère contre l'épouse dont le mari a renoncé aux poursuites et la condamnation du mari poursuivi du même chef d'accusation après que sa femme a désisté sous prétexte qu'il était complice, alors même si leur situation était la même, rend le jugement contesté contradictoire dans ses motifs et sans fondement[145].

Quant à l'article 522 du Code pénal, il prévoit que : « *Quiconque fait usage d'un véhicule motorisé à l'insu ou contre la volonté de l'ayant droit est puni de l'emprisonnement d'un mois à deux ans, à moins que le fait ne constitue une infraction plus grave. La poursuite n'a lieu que sur plainte de la personne lésée ; le retrait de la plainte met fin aux poursuites* ».

Un autre cas conditionne les poursuites au dépôt d'une plainte de la partie lésée. L'article 535 du Code pénal énonce, en effet, que : « *Les vols commis par des descendants au préjudice de leurs ascendants ou entre parents ou alliés jusqu'au quatrième degré inclusivement, ne peuvent être poursuivis que sur plainte de la personne lésée ; le retrait de la plainte met fin aux poursuites.* » De même, l'article 541 du Code pénal ainsi rédigé : « *Les immunités et restrictions à l'exercice de l'action publique édictées par les articles 534 à 536 sont applicables au délit d'escroquerie prévu au premier alinéa de l'article 540.* »

Enfin, l'article 303 C.P. traite cette condition dans le cas où une personne prend des photos d'un détenu menotté ou entravé sans son autorisation.

### *B) Les conditions de recevabilité*

**110.** Les conditions de fond et de forme pour déposer une plainte avec constitution de partie civile auprès du juge d'instruction conformément à l'article 92 du Code de procédure pénale sont les suivantes :

---

[144] Décision n° 103 du 29 janv. 1981, doss. corr. n° 55739, publiée à la Revue de la jurisprudence de la Cour suprême, n° 27, p. 203.

[145] C. sup., du 28/05/92, dossier n° 90-18308, Déc. Corr. n° 4039. Publié dans la Revue des avocats, n° 24/23, p. 188.

- L’infraction doit être un crime ou un délit, à l'exclusion des contraventions pour lesquelles la victime ne peut pas déclencher une action publique par le biais d’une plainte avec constitution de partie civile.
- La personne lésée doit avoir la capacité d’agir en justice et, si elle ne l'a pas, elle devra se constituer partie civile avec l'autorisation de son représentant légal ou avec son assistance (art. 352 C.P.P.). En cas d'absence de ce dernier, alors par l'intermédiaire d'un mandataire spécial désigné par la juridiction sur une requête du Ministère public (art. 353 C.P.P.).
- Etablir un lien de causalité direct entre l’infraction et le dommage (art. 2 et 7 C.P.P.).
- Le juge d’instruction doit être compétent en raison de la matière et du lieu de l’infraction.
- La plainte doit être datée et signée.
- Elle doit exposer les faits et la volonté de se constituer partie civile.
- Elle peut être dirigée contre une personne dénommée (ce qui peut engager la responsabilité) ou au contraire contre un ou des auteurs anonymes (on emploie l'expression de "plainte contre X").
- Elle doit déclarer une adresse (celle de la victime ou de son avocat) (art. 96 C.P.P.).
- La victime doit verser la consignation que le juge fixera. L’article 95 du Code de procédure pénale impose, en effet, à la partie civile, qui désire mettre en mouvement une action publique et qui ne bénéficie pas de l’assistance judiciaire, de consigner au greffe la somme supposée nécessaire pour que sa constitution soit recevable. Cette somme est destinée à couvrir les frais de la procédure (frais de l’expertise, par exemple). Elle est déterminée par ordonnance du juge d'instruction en tenant compte des ressources financières du plaignant. Elle dispose d'un délai de dépôt dont le non-respect entraîne l’irrecevabilité de la plainte (art. 95 du C.P.P.).

### §. 2 – La citation directe

**111.** Le Code de procédure pénale ne définit pas la citation directe. Pire encore, la comparaison entre la version arabe du Code, qui constitue la version originelle, et sa version française, permet de relever qu’il existe un problème au niveau de la traduction. En effet, dans la version arabe, le législateur emploie l’expression « action », alors que la version française ne fait aucune mention de cette expression. Pour s'en convaincre, le deuxième alinéa de l'article 350 prévoit que : *« Lorsque la constitution de partie civile est faite... »* Mais le texte en arabe est ainsi rédigé : *« Si la partie civile intente son action en déposant un mémoire, celui-ci doit contenir les indications propres à identifier... ».*

La question se pose alors de savoir l'opportunité de cette solution. Le recours à la citation permet à la partie lésée de bénéficier de certains avantages, dont le plus important est le gain de temps dû à la rapidité des opérations menées dans le cadre d'une enquête préliminaire ou d'une information judiciaire. Il tire également profit de la souplesse de la justice pénale, car elle se fonde sur la liberté de la preuve, la marge d'appréciation souveraine des juges, la rapidité dans l'émission des jugements et la brièveté des délais de notification.

**112.** La partie civile peut dès lors citer directement l'accusé devant la juridiction de jugement pour les délits et contraventions. Or, la citation directe n'est pas admise dans le cas de crime, car la loi a entouré le procès de garanties particulières en raison de la gravité de la peine et de la saisine obligatoire ou facultative du juge d'instruction.

Elle doit remettre au greffier un mémoire dans lequel elle doit indiquer les dommages qu'il a subis, le montant de l'indemnisation, les motifs qui le justifient et désignant un domicile élu au lieu où se trouve le siège du tribunal, sauf si elle réside dans le ressort de celui-ci. Elle doit également payer les frais de la procédure déterminés par le tribunal, à défaut de paiement de ces frais, l'action civile ne sera pas admise[146].

## *Section 3 - Les obstacles à l'action publique*

*L'exercice de l'action publique peut se heurter à des obstacles temporaires (§. 1). D'autres obstacles peuvent conduire à l'extinction de cette action (§. 2).*

---

[146] La Cour suprême a déclaré que le tribunal doit notifier à la partie civile la nécessité de présenter la preuve du paiement de la taxe judiciaire avant de déclarer que son appel n'est pas recevable, faute de quoi sa décision sera considérée comme une violation des droits de la défense justifiant la cassation. Arr. du 18 juillet 2007, n° 1892-3. Doss. corr. n° 20405-06. Publié à la Revue AL Milaf, n° 13 novembre 2008, imprimerie Najah Al jadida, p. 270.

### §. 1 - Les obstacles temporaires

*La mise en mouvement et l'exercice de l'action publique nécessitent une plainte de la victime (A). De même, l'immunité constitue un autre obstacle à l'exercice de cette action (B).*

#### *A) La nécessité d'une plainte*

**113.** Lorsque la partie lésée a porté plainte, le retrait de celle-ci ne peut en principe avoir des répercussions sur l'action publique ; cette dernière peut toujours être déclenchée ou exercée par le Ministère public. Cette règle est cependant assortie d'une exception. En effet, lorsque la plainte est *"une condition nécessaire de la poursuite"*, son retrait éteint l'action publique (art. 4, al. 3).

La règle a vocation à jouer à titre principal à propos *"de la diffamation et de l'injure et d'atteinte à la vie privée"* réprimée par la loi n° 88-13 relative à la presse et à l'édition[147]. Elle s'applique également en matière d'adultère prévue à l'article 491 C.P. Elle trouve aussi place dans le cadre de l'abandon de famille des articles 479 à 481 C.P. En outre, la mise en mouvement de l'action publique est liée au dépôt d'une plainte dans le cadre d'émission de chèque sans provision prévue aux articles 316 et 317 du Code de commerce...

#### *B) L'immunité*

L'exercice de l'action publique est entravé par la qualité de certaines personnes. *Il s'agit de l'immunité justifiée par le lien familial (1) et par la fonction (2).*

##### *1) L'immunité familiale*

**114.** Selon l'article 534 du Code pénal, il n'y a pas de vol :

- Entre époux ;
- entre ascendants au préjudice de leurs descendants.

[147] Dahir n° 16-122 du 6 kaada 1437 (10 août 2016) portant promulgation de la loi n° 88-13 relative à la presse et à l'édition.

La poursuite est conditionnée par le dépôt d'une plainte de la part de la victime ; son retrait éteint l'action publique.

L'article 535 du Code pénal conditionne la poursuite du vol commis par les descendants au préjudice de leurs ascendants ou entre parents ou alliés jusqu'au 4e degré inclusivement sur la plainte de la personne lésée ; celle-ci peut mettre fin aux poursuites en retirant la plainte. Il en est de même pour l'abus de confiance et pour l'escroquerie.

### *2) L'immunité fondée sur la fonction*

*Cette immunité peut être politique (a), diplomatique (b), ou judiciaire (c).*

#### a) L'immunité politique

**115.** Le déclenchement de l'action publique heurte un autre obstacle, qui trouve sa source dans la qualité de la personne mise en cause.

Ainsi, l'immunité procédurale des parlementaires prévue aux alinéas 2 et 3 de l'article 39 de la Constitution de 1996 a été levée. Elle organisait la poursuite et l'arrestation des élus pour crimes et délits commis pendant ou hors sessions parlementaires. Dans le premier cas, il a fallu l'autorisation de la chambre à laquelle il appartient et dans le deuxième cas, il a fallu l'autorisation du bureau de la chambre à laquelle il appartient, sauf dans le cas de flagrant délit. Or, l'article 64 de la Constitution de 2011 a supprimé la condition selon laquelle le procureur du Roi ou le procureur général du Roi, chacun en ce qui le concerne, doit solliciter une autorisation pour pouvoir engager des poursuites contre un élu.

#### b) L'immunité diplomatique

**116.** Les diplomates bénéficient d'une immunité consacrée par la Convention de Vienne du 18 avril 1961 sur les relations diplomatiques[148]. Son article 31-1 stipule, en effet, que : *« 1. L'agent*

---

[148] Entrée en vigueur le 24 avril 1964. Nations-Unies, Recueil des traités, vol. 500, p. 95. https://legal.un.org/ilc/texts/instruments/ french/conventions/9_1_1961.pdf

*diplomatique jouit de l'immunité de la juridiction pénale de l'État accréditaire. Il jouit également de l'immunité de sa juridiction civile et administrative […]* ». L'article 31-4 précise que l'immunité de juridiction dans l'État accréditaire ne saurait exempter le diplomate de la juridiction de l'État accréditant. De même, l'article 32-1 donne à l'État accréditant la possibilité de *« renoncer à l'immunité de juridiction des agents diplomatiques et des personnes qui bénéficient de l'immunité »*.

Concernant l'article 37, il étend cette immunité aux membres de la famille de l'agent *« pourvu qu'ils ne soient pas ressortissants de l'État accréditaire »*. Le texte s'applique également aux membres du personnel administratif et technique de la mission ainsi qu'aux membres de leurs familles, pourvu qu'ils ne soient pas ressortissants de l'État accréditaire ou n'y aient pas leur résidence permanente.

L'article 38-1 donne par ailleurs une précision de taille ; il stipule, en effet, que : *« L'agent diplomatique qui a la nationalité de l'État accréditaire ou y a sa résidence permanente ne bénéficie de l'immunité de juridiction et de l'inviolabilité que pour les actes officiels accomplis dans l'exercice de ses fonctions. »*

### c) L'immunité judiciaire

**117.** L'article 86, alinéa 1 de la loi n° 88-13 relative à la presse et à l'édition dispose que les discours prononcés ou les écrits produits devant les tribunaux ne susciteront aucune action pour diffamation, injure ou outrage. En effet, *"l'immunité judiciaire veut assurer la fluidité de la défense et éviter qu'elle soit parasitée par un risque de poursuite"*[149]. Le but consiste donc à garantir la liberté d'expression devant toutes les juridictions du Royaume.

Les écritures produites devant une juridiction ne soulèvent aucune difficulté d'application. Il s'agit des assignations, conclusions ou mémoires, s'ils sont contradictoirement discutés en justice. Ainsi, pour

---

[149] LECUYER, "L'immunité et la responsabilité civile, Crépisca", Cole. Colloque, PUF 2009, p. 114. Cité par YVES (A.), "Quels écrits sont protégés par l'immunité judiciaire ?" (Civ. 1ère, 16 novembre 2016, n° 15-24248, à publier au Bulletin). https://www.yvesavril.com/articles-informations/articles/responsabilite-des-avocats/quels-ecrits-sont-proteges-par-limmunite-judiciaire-civ-1ere-16-novembre-2016-n-15-24248-a-publier-au-bulletin-2

exercer son activité et assurer la défense de son client, l'avocat doit être protégé contre les poursuites pour diffamation.

## §. 2 - Les obstacles définitifs : l'extinction de l'action publique

*On peut répartir les causes d'extinction de l'action publique en trois catégories. D'abord, des motifs qui éteignent spécifiquement l'action publique et qui lui sont propres (A). Ensuite, ceux qui constituent des motifs d'extinction applicables aux deux actions : publique et civile (B). Enfin, ceux qui sont considérés comme des moyens normaux d'extinction applicables à l'action publique (C).*

### *A) Les causes d'extinction spécifiques à l'action publique*

*Ces causes concernent le décès du délinquant (1), le retrait de la plainte (2), l'amnistie et la grâce royale (3) ainsi que l'abrogation de la loi pénale (4).*

#### *1) Le décès du délinquant*

**118.** Le décès du délinquant éteint l'action publique, qui ne peut plus être engagée ou continue d'être exercée, si elle est déjà déclenchée : *on ne juge pas les morts.* Cette règle s'applique, car la responsabilité pénale est individuelle et la peine ne frappe que l'auteur, le coauteur ou le complice de l'infraction. En revanche, il n'est pas possible de poursuivre les héritiers. En vertu du même principe, le décès de l'auteur rend uniquement impossible la poursuite à son encontre. Or, lorsqu'il y a des coauteurs et complices, la règle ne trouve pas à s'appliquer et il n'y aura donc pas extinction de l'action publique.

Il est à noter que le décès de l'accusé peut survenir pendant la phase de collecte des preuves, c'est pourquoi le Ministère public prend la décision de conserver les documents. Si la mort s'est produite après le déclenchement de l'action publique, le Parquet ou le juge d'instruction ordonnent le classement sans suite ou le non-lieu. Cela s'explique par le fait que le juge du fond n'est saisi que lorsque l'accusé est identifié. Si la mort survient après la présentation de l'accusé devant la juridiction de jugement, celle-ci décide l'irrecevabilité en raison de l'extinction de l'action publique. En cas de décès survenu après un jugement de condamnation, d'acquittement ou de relaxe, mais qui n'est pas définitif, il devient caduc et ne peut faire l'objet d'aucun recours. En cas d'appel de la décision, les procédures doivent être arrêtées et déclarer l'irrecevabilité, pour motif d'extinction de l'action publique.

Si le décès survient après le jugement définitif, il y aura extinction de la peine et non de l'action publique.

La question se pose alors de savoir le sort de l'action publique lorsqu'on découvre que la personne n'est pas décédée ? Dans ce cas, le Ministère public peut à nouveau déclencher l'action publique, même devant la même juridiction saisie auparavant. Cela est dû au fait que celle-ci n'a pas épuisé sa compétence parce qu'elle n'a pas statué sur le fond.

**119.** Il est à noter que la mort, qui met fin à l'action publique, n'a aucune incidence sur l'action civile tant que le décès est survenu après avoir déclaré la recevabilité de cette action. En effet, la victime peut toujours demander la réparation de son préjudice né de l'infraction aux héritiers et aux tiers civilement responsables. Elle peut saisir de cette demande la juridiction répressive, lorsque cette action a été intentée auparavant ou la juridiction civile dans le cas contraire (art. 14 C.P.P.).

### *2) Retrait de la plainte*

**120.** La plainte peut mettre fin à l'action publique lorsqu'elle est *"une condition nécessaire de la poursuite"* (art. 4, al. 3). Il en est ainsi le cas *« de diffamation, d'injure ou d'atteinte à la vie privée des personnes ou à leur droit à l'image"*, d'infraction fiscale, car toute poursuite n'est rendue possible que sur plainte de l'administration fiscale. Le retrait de celle-ci met fin aux poursuites. Il en est enfin le cas de l'immunité familiale.

### *3) L'amnistie et la grâce royale*

#### a) L'amnistie

**121.** Une loi d'amnistie a pour conséquence l'extinction de l'action publique lorsqu'elle précède le jugement, mais lorsqu'elle intervient après que la condamnation a été prononcée, elle entraînera l'extinction de la peine. Cela signifie que le Ministère public ne peut plus engager des poursuites à l'encontre des auteurs, coauteurs et complices d'une infraction.

Il n'est pas anodin de rappeler que l'amnistie peut être soulevée et invoquée à tous les stades de la procédure, même pour la première fois devant la Cour de cassation. Les différentes juridictions ont également le droit de la lever automatiquement, car ses règles sont liées à l'ordre public.

**122.** Cependant, cette loi n'a aucune incidence sur l'action civile. La partie lésée peut donc demander la réparation de son préjudice, soit devant un tribunal répressif lorsque celui-ci a été saisi avant l'entrée en vigueur d'une loi d'amnistie, soit devant un tribunal civil lorsque la saisine du juge pénal a été postérieure à la loi en question (art. 12 C.P.P.).

### b) La grâce royale

**123.** Cette institution relève des prérogatives exclusives du Roi (art. 53 C.P.P.). Elle peut intervenir à n'importe quelle étape de la procédure judiciaire, voire devant la Cour de cassation ou même avant une décision de justice[150].

Comme le décès du délinquant ou l'amnistie, cette loi n'a aucune incidence sur l'action civile.

### *4) L'abrogation de la loi pénale*

**124.** L'article 4 C.P.P. précise que l'abrogation de la loi pénale est une cause d'extinction de l'action publique, de sorte que si le Ministère public ne déclenche pas les poursuites des faits prévus par le texte aboli, il cessera de le faire. Si une décision ayant acquis la force de la chose jugée est rendue et devient définitive et que le caractère délictueux de l'acte pour lequel une personne a été condamnée est

---

[150] Parmi les critères à prendre en considération : l'âge des détenus, leur état de santé, la durée de leur détention ainsi que leurs antécédents et leur capacité de réinsertion.

ensuite abrogé, l'exécution de la peine prononcée prend fin (art. 5 C.P.).

### *B) Les causes d'extinction communes*

Il existe des causes d'extinction communes à l'action publique et à l'action civile. Ces causes peuvent être réparties en deux catégories :
- *Certaines sont qualifiées d'exceptionnelles, car elles constituent une exception au principe applicable spécifiquement à l'action publique (1) ;*
- *d'autres en revanche constituent des événements normaux de la disparition de cette action (2).*

#### *1) Les causes dérogatoires d'extinction de l'action publique*

*La transaction (a) et le retrait de la plainte (b) constituent les deux causes dérogatoires d'extinction de l'action publique.*

##### a) La transaction

**125.** La transaction est un mode dérogatoire d'extinction de l'action publique. Cela se justifie par le fait que, par ce moyen, les parties décident d'un commun accord d'arrêter le cours d'une action. Certes, en matière civile, le demandeur et le défendeur ont la libre disposition de l'action intentée, car elle ne représente que leurs intérêts particuliers. Ils peuvent donc décider de conclure une transaction qui mettra fin à l'action civile. Or, en matière pénale, cette solution est difficile d'envisager, car l'action publique appartient à la société et le Ministère public en est le représentant pour défendre ses intérêts. Il ne peut pas dès lors mettre un terme aux poursuites en acceptant de transiger avec le prévenu, à une exception près. En effet, les parties ou le magistrat du parquet peuvent proposer une transaction.

**126.** Si la partie lésée prend l'initiative, elle devra soumettre une demande à ce sujet au procureur du Roi. Celui-ci établit un procès-verbal en présence des deux parties et de leurs conseils. Ce procès-verbal mentionne l'accord conclu entre les deux parties. Il mentionne également l'avis du procureur du Roi aux deux parties ou à leurs conseils de la date de l'audience de la chambre du conseil. Il est signé par le procureur du Roi et les parties. Le magistrat transmet par la suite le procès-verbal de transaction au président du tribunal de première instance qui procède, en personne ou par son délégué, à sa validation en présence du représentant du ministère public, des deux parties ou de leurs conseils en chambre du conseil qui statue par ordonnance juridictionnelle insusceptible de recours. Celle-ci doit comprendre ce qui a été convenu et, le cas échéant, les éléments suivants :

- Le paiement d'une amende ne dépassant pas la moitié du maximum de l'amende prévue par la loi ;
- la fixation d'un délai d'exécution de la transaction.

En outre, le procureur du Roi peut proposer une transaction, si la partie lésée ne se présente pas devant lui et s'il apparaît que parmi les documents du dossier existe un désistement écrit émanant d'elle ou en cas d'absence de plaignant. En effet, le parquetier peut proposer à la personne mise en cause une transaction en payant la moitié du maximum de l'amende prévue pour l'infraction ou la réparation du dommage causé par celle-ci. En cas de son accord, le magistrat du parquet dresse un procès-verbal mentionnant l'accord et informe l'intéressé ou son conseil de la date de l'audience de la chambre du conseil ; le procureur du Roi et la partie intéressée le signent.

Le parquetier transmet le procès-verbal au président du tribunal de première instance qui procède, en personne ou par son délégué, à sa validation en présence du représentant du ministère public, de la partie intéressée ou de son conseil, par une ordonnance juridictionnelle insusceptible de recours.

### b) Le retrait de la plainte

**127.** Lorsque la victime retire sa plainte, cela entraîne l'extinction de l'action publique. C'est ce que prévoit l'article 4, al. 3 du Code de procédure pénale dans les termes suivants : *« Elle peut, en outre, s'éteindre par le retrait de la plainte, lorsque celle-ci est une condition nécessaire de la poursuite, sauf si la loi en dispose autrement ».*

### *2) Les moyens normaux d'extinction de l'action publique*

Ils sont normaux, car ils ne contrarient pas l'ordre public dont l'action publique en est l'avocat. Ils sont au contraire au service de la société dans la mesure où ils constituent des garde-fous de toute poursuite jugée arbitraire ou inutile.

*Il est donc question de la chose jugée (a) et de la prescription (b).*

#### a) La chose jugée

**128.** Il y a chose jugée au pénal lorsque les faits reprochés ont entraîné une poursuite qui a été achevée par une décision définitive sur le fond, c'est-à-dire contre laquelle il n'y a plus de voie de recours. Nul ne peut donc être jugé deux fois pour un même fait : *Non bis in idem.*

*Le principe de l'autorité de la chose jugée comporte deux aspects : un aspect négatif, l'autorité de la chose jugée du criminel sur le criminel (1°) et un aspect positif, l'autorité de la chose jugée du criminel sur le civil (2°).*

##### *1°) L'autorité de la chose jugée au criminel sur le criminel*

**129.** Le juge répressif ne peut poursuivre deux fois la même personne pour les mêmes faits délictueux, même sous une qualification différente. L'action publique est dès lors éteinte. C'est une application du principe de l'autorité de la chose jugée au criminel sur le criminel. Ce principe est d'ordre public ; il se fonde dès lors sur un impératif de sécurité juridique et de liberté.

Cette affirmation accepte une nuance. En effet, l'action publique survit à l'autorité de la chose jugée pour les besoins éventuels du pourvoi en cassation dans l'intérêt de la loi (art. 599 C.P.P.) et de la demande en révision (art. 565 C.P.P.).

**130.** Par ailleurs, l'autorité de la chose jugée au criminel sur le criminel trouve application aussi bien devant les juridictions d'instruction que devant les juridictions de jugement. D'une part, les décisions rendues par les juridictions de jugement ont autorité de la chose jugée, quel que soit le sens dans lequel elles ont été rendues (qu'il y ait eu condamnation, absolution, acquittement ou relaxe).

D’autre part, les ordonnances du juge d'instruction n'ont pas cette autorité (les ordonnances de renvoi devant la juridiction de jugement ne lient même pas cette dernière ; les ordonnances de non-lieu n'empêchent pas la reprise des poursuites, s'il survient des charges nouvelles). Or, les décisions de non-lieu motivées en droit ont l'autorité de la chose jugée (ex. : amnistie, prescription de l’action publique, faits justificatifs...).

### *2°) L'autorité de la chose jugée au pénal sur le civil*

**131.** La décision pénale dotée de l'autorité de la chose jugée, qu'elle soit d'acquittement ou de condamnation, a une influence sur l'action civile. Il est ainsi sursis au jugement de l'action civile exercée devant la juridiction civile tant qu'il n'a pas été statué définitivement sur l'action publique (art. 10, al. 2 C.P.P.). La violation de cette règle entraîne la nullité de la procédure.

**132.** Par ailleurs, le principe de l'autorité de la chose jugée au criminel sur le civil a des effets qu'on peut résumer de la manière suivante :

- *Lorsque le juge pénal a prononcé une condamnation*, la juridiction civile ou le juge pénal, statuant sur l'action civile, doit accorder des dommages-intérêts à la victime.
- Inversement, *si une décision d'acquittement ou de relaxe a été prononcée*, le prévenu ne peut pas être condamné au civil, car cette décision établirait que la personne poursuivie n'a commis aucune faute. Toutefois, une relaxe fondée sur l'absence de faute intentionnelle n'aurait pas le même effet. Ainsi, la personne qui a pris par erreur la chose d'autrui et qui, dans ces conditions, a été relaxée du chef de vol, peut faire l'objet de poursuites civiles aux fins de restitution de la chose ou d'indemnisation.

## b) La prescription de l'action publique

*Il importe de traiter le délai de la prescription, de l'interruption et de la suspension de cette institution.*

### *1°) Le délai de la prescription*

**133.** Le législateur marocain a déterminé, conformément à l'article 5 du Code de procédure pénale, les délais de prescription comme suit : *« L'action publique se prescrit, sauf dérogations résultant des lois spéciales :*

*- par quinze années grégoriennes révolues à compter du jour où le crime a été commis ;*

*- par quatre années grégoriennes révolues à compter du jour où le délit a été commis ;*

*- par une année grégorienne révolue à compter du jour où la contravention a été commise.*

*Toutefois, lorsque des faits délictueux ont été commis à l'encontre d'un incapable dont l'auteur est un ascendant ou une personne ayant sa protection, sa garde ou une autorité sur lui, un nouveau délai de prescription court, d'une même durée, à compter de la date de la majorité civile de la victime ».*

Le critère à prendre en considération pour déterminer la nature de l'infraction est la peine prévue par la loi et non celle que le juge applique à l'affaire dont il est saisi.

Il en ressort que le point de départ du délai est fixé au jour où l'infraction a été commise. C'est ainsi le cas *des infractions instantanées,* c'est-à-dire consommées au jour de la réalisation de l'élément constitutif (exemple : le meurtre, le viol...). Or, lorsqu'il s'agit *d'une infraction continue,* c'est-à-dire celle qui se consomme au jour où la conduite délictueuse a cessé, le point de départ commence à courir à partir du jour où l'état délictueux a cessé (exemple : le recel, le proxénétisme constitué par le fait de vivre avec une femme se livrant à la prostitution, la prescription ne court qu'à partir du moment où la cohabitation a pris fin).

Pour *les délits d'habitude,* ils se consomment au jour de la seconde conduite délictueuse (exemple de l'exercice illégal de la médecine). La prescription commence à courir à compter du jour du dernier acte constitutif de l'habitude, qui réalise l'infraction. En outre, le point de départ d'un certain nombre d'infractions commises sur un mineur, notamment d'infractions d'ordre sexuel, a été fixé à la majorité de la victime.

Il est opportun de relever que le délai de prescription est considéré comme un délai franc dans lequel ni le premier jour ni le dernier jour ne sont comptés (art. 750 C.P.P.).

### *2°) L'interruption de la prescription*

**134.** L'interruption a pour effet d'effacer le temps écoulé entre l'infraction et l'acte qui l'interrompt. À partir de cet acte, un nouveau délai doit commencer à courir. Les causes d'interruption sont tout acte de poursuite et d'instruction[151]. Sont également interruptifs, tous les jugements ou arrêts.

L'acte de poursuite, c'est tout d'abord l'acte de mise en mouvement de l'action publique, qu'il émane du Ministère public ou de la partie lésée ainsi que l'exercice de cette action par le Parquet. On considère aussi comme des actes de poursuite interruptifs de prescription, tous les procès-verbaux dressés par un officier de police judiciaire tendant effectivement à la recherche et à la poursuite des auteurs d'une infraction[152].

Par ailleurs, la prescription de l'action publique est interrompue par les actes d'instruction effectués par le juge d'instruction. Ces actes peuvent viser à recueillir des preuves, telles qu'un interrogatoire, un témoignage, une perquisition, un transport sur les lieux, la désignation d'un expert, la commission rogatoire donnée à un commissaire de police aux fins de recueillir la déposition d'un témoin, l'ordonnance de soit-communiqué, l'ordonnance de restitution d'objets saisis, l'ordonnance de renvoi devant la juridiction de jugement[153].

**135.** Il est à noter que l'interruption de la prescription entraîne la suppression de tout le délai écoulé avant sa survenance ; c'est un nouveau délai qui court à compter de la date du dernier acte interruptif. Cet effet s'applique de façon absolue à tous les auteurs, coauteurs et complices de l'infraction. Il s'applique également aux personnes qui ne seraient pas impliquées dans l'acte d'instruction, de poursuite ou de jugement (art. 6, al. 5 C.P.P.).

---

[151] RENAULT-BRAHINSKY (C.), op. cit. p. 144.
[152] Op. cit.
[153] Préc.

### *3°) La suspension de l'action publique*

**136.** À la différence de l'interruption, la suspension ne fait qu'arrêter le cours de la prescription, si bien que le temps déjà écoulé avant sa survenance entre en ligne de compte pour le calcul du délai. Mais comme l'interruption, elle a pour résultat de prolonger la durée de la prescription et de permettre de poursuivre le délinquant au-delà du délai fixé par la loi.

**137.** Les obstacles de droit qui suspendent la prescription de l'action publique, parce qu'ils empêchent temporairement les poursuites, sont par exemple, le pourvoi en cassation, l'appel interjeté par la partie civile contre une ordonnance de non-lieu, ou une décision de relaxe, tant que le Ministère public n'a pas pris ses réquisitions. La prescription est également suspendue entre le moment où le juge estime son instruction achevée et pendant les délais prévus par l'article 214 du Code de procédure pénale. Devant le juge de jugement, la partie civile peut faire citer le prévenu pour éviter la prescription, qui risque de résulter de l'inaction du Ministère public et des juges.

En cas de suspension de la prescription de l'action publique par un obstacle de droit, cette suspension bénéficie également à la partie civile.

**138.** À côté de ces obstacles de droit, l'article 372 du Code de procédure pénale prévoit la possibilité pour le tribunal, dans certains cas et si la partie lésée se désiste en cours de l'action, d'ordonner la suspension de l'action publique, sur réquisition du Ministère public, avec la possibilité de reprendre l'action sur la demande de celui-ci, lorsque des éléments nouveaux tenant à l'action publique font apparition, tant que celle-ci ne s'est pas éteinte par l'une des causes d'extinction comme la prescription ou autre.

Pour la détermination du champ d'application de cette procédure, l'article 372 renvoie à l'article 41 du même Code relatif à la procédure dite de transaction.

# CHAPITRE 2 - L'ACTION CIVILE

**139.** La survenance d'un fait délictueux entraîne l'émergence de deux actions. La première est l'action publique dont la finalité est de défendre les intérêts de la société et de protéger l'ordre public. Mais le même comportement délictueux peut causer un dommage corporel, matériel ou moral à une victime qui pourra en demander réparation au juge civil ou au juge pénal.

Parfois, ce droit d'option souffre de certaines limites. Ainsi, l'article 75 de la loi sur la presse prévoit que l'action civile de réparation résultant d'un délit de diffamation ne peut être dissociée de l'action publique, sauf en cas de décès de l'auteur du fait reproché ou en cas de grâce. La personne lésée ne pourra pas dès lors saisir le juge civil de sa demande d'indemnisation, car la seule voie qui s'ouvre à elle est la voie pénale.

*Sous le bénéfice de ces observations, il sera question de traiter le déclenchement de l'action civile (section 1) et les conditions de l'exercice de cette action (section 2).*

## *Section 1 - Le déclenchement de l'action civile*

*Lorsque l'action civile est intentée devant le juge répressif, elle devient l'accessoire de l'action publique (§. 2). Même si la victime demande une réparation de son préjudice au tribunal civil, le jugement dépend dans une certaine mesure à ce qu'a décidé le juge répressif (§. 1).*

### §. 1 – L'exercice de l'action civile devant le tribunal civil

Le droit d'option offre à la victime la possibilité de saisir la juridiction civile[154]. Or, ce droit est irrévocable (A). Le juge civil est

---

[154] L'action civile est exercée devant la juridiction civile dans une variété d'hypothèses. D'abord, le juge pénal n'est pas compétent parce qu'il s'agit d'un dommage purement civil, c'est-à-dire qu'il n'a pas pour fondement l'infraction ou il n'est plus compétent, car l'action publique est prescrite. Il peut s'agir enfin de la situation de la victime qui use de son droit d'option pour porter son action devant le juge civil. Dans ces hypothèses, le procès civil engagé est distinct du procès pénal

obligé de surseoir à statuer sur l'action civile, tant que le tribunal répressif saisi avant ou pendant l'instance civile n'a pas statué sur l'action publique, d'où l'application de la règle *"le criminel tient le civil en état"* (B).

Dans d'autres situations, le tribunal civil statue après le jugement qui a été rendu par le juge pénal sur l'action publique. Dans cette hypothèse, le juge civil ne peut pas se mettre en contradiction avec le juge pénal. *C'est le principe de l'autorité sur le civil de la chose jugée au criminel (C).*

### *A) L'irrévocabilité de l'option*

**140.** Le droit d'option de la partie lésée n'est pas sans limite ; le législateur n'a pas, en effet, octroyé à celle-ci un droit absolu pour opter pour l'une ou l'autre voie. Il s'agit dès lors d'un principe qui accepte certains tempéraments.

Le principe est que le choix de la victime d'exercer son action devant la juridiction répressive n'est pas irrévocable (art. 356 C.P.P.), à moins qu'elle n'ait statué sur le fond. Ce principe n'a pas besoin d'un texte pour l'établir, étant donné que même si la partie lésée a choisi la voie pénale, qui relève du Code de l'exception, cela ne l'empêchera pas d'avoir le droit de revenir à la voie civile pour demander une réparation de son préjudice. Cette révocation ne cause par ailleurs aucun préjudice à l'accusé, car, d'une part, elle lui permet d'échapper à la confrontation avec deux parties (le Ministère public et la partie lésée) et, d'autre part, de tirer profit de la lenteur qui caractérise le procès civil en raison de l'application de la règle *"le criminel tient le civil en état"*[155].

Etant une règle d'intérêt privé, elle doit être invoquée *in limine litis,* avant toute défense au fond, au début du procès pénal et en première instance. Elle ne peut dès lors être opposée pour la première fois devant la Cour d'appel ni a fortiori devant la Cour de cassation[156].

---

relatif à l'action publique qui a été ou pourra être engagé et jugé, sur la poursuite du Ministère public. L'action civile obéit dans ces cas aux règles de la procédure civile.

[155] AL-ALAMI (A.W.), op. cit. p. 263.

[156] LEROY (J.), op. cit. p. 260.

**141.** Cependant, l'application de cette règle accepte certains tempéraments.

D'abord, la partie lésée a la possibilité de porter son action civile devant la juridiction pénale lorsque le juge civil saisi est incompétent.

La victime peut aussi saisir le juge pénal, alors qu'elle avait opté pour la voie civile lorsqu'elle ignorait que le fait dommageable constituait une infraction[157].

Elle peut enfin opter pour la voie civile et elle peut tenter son action devant le tribunal répressif, dans le cas où le ministère public a saisi la juridiction pénale, mais il faut qu'un jugement sur le fond n'ait pas été rendu par la juridiction civile. Le but étant d'éviter la contradiction entre les deux actions qui procèdent du même fait, c'est-à-dire l'identité de l'objet et des parties. Le recours à cette solution vise également à éviter l'épuisement de la partie lésée en faisant application de la règle *« le criminel tient le civil en état »*[158].

### *B) Le criminel tient le civil en état*

**142.** Si la partie civile intente une action civile devant le tribunal civil compétent et que l'action publique a été intentée devant les juridictions répressives compétentes, le tribunal civil doit surseoir à statuer sur cette action, et ce, même si le juge pénal saisi de l'action publique n'est pas compétent pour statuer. Cette question est d'ordre public ; elle doit ainsi être prononcée sous peine de nullité de la procédure.

Elle trouve sa justification dans le fait que la condamnation d'une personne à réparer le dommage qu'elle a causé à sa victime, alors qu'elle a été relaxée ou acquittée, postérieurement, par le tribunal répressif, serait de nature à exposer la décision aux critiques. Il faut que le juge civil attende la décision de son collègue au pénal pour éviter le doute sur son éventuelle influence sur lui. Elle est également opportune, car la décision pénale est plus importante socialement et

---

[157] SEGAUD (J.), « Essai sur l'action publique », thèse de doctorat en droit privé, 2010, UNIVERSITE DE REIMS CHAMPAGNE-ARDENNE, UFR Droit et Sciences Politiques, p. 225.

[158] AYAT (M.), « Etude de la procédure pénale marocaine », T. 1, en arabe, société Badel d'imprimerie et de distribution, 1991, p. 211.

doit avoir autorité sur la chose civile et le juge civil est lié par l'autorité de la chose jugée au pénal[159].

**143.** Par ailleurs, pour que le jugement de l'action civile soit suspendu, il faut que l'action publique ait été mise en mouvement avant ou pendant l'exercice de l'action civile devant le tribunal civil (art. 10 al. 2 C.P.P.) et qu'il ait une identité de fait entre les deux actions. Tel est le cas de l'action en réparation du préjudice corporel résultant d'un délit de blessures par imprudence (art. 433 C.P.).

### *C) L'autorité sur le civil de la chose jugée au criminel*

**144.** Si un jugement définitif d'acquittement ou de condamnation a été rendu avant la saisine de la juridiction civile de l'action civile, le tribunal civil est tenu de se soumettre à cette décision pénale et d'en subir les conséquences civiles, que ce soit en statuant sur l'indemnisation ou en la refusant : c'est ce qu'on entend par l'autorité sur le civil de la chose jugée au criminel.

Cette règle se fonde sur l'idée selon laquelle le juge civil est lié par le jugement définitif de l'action publique. En effet, lorsqu'il statue sur l'action civile après la décision du tribunal répressif, le tribunal civil, encore qu'il juge une action distincte de l'action publique, est tenu de ne pas contredire la décision du juge pénal.

## §. 2 - La victime opte pour la voie pénale

*La commission d'une infraction constitue le fondement de la participation de la victime au procès pénal. Elle devient alors une partie au procès lorsqu'elle se constitue partie civile. Elle agit ainsi soit par voie d'intervention lorsque le ministère public exerce déjà l'action publique (A), soit par voie d'action dans le cas contraire (B).*

---

[159] Al-ALFI (M. A. H.), « L'action civile devant la justice pénale », T. 1, Maison égyptienne-marocaine de publication et de distribution, en arabe, p. 22.

### A) L'exercice de l'action civile devant le juge pénal par intervention

**145.** La partie lésée peut intervenir devant le juge d'instruction lorsqu'il est saisi de l'action publique. Elle peut également intervenir directement devant la juridiction de jugement (art. 348 C.P.P.) soit devant le tribunal de première instance, soit devant la chambre criminelle de la Cour d'appel, dans le cas où elle ne l'avait pas déjà fait devant le juge d'instruction. Il doit s'agir d'une juridiction de première instance et non pas de la Cour d'appel. Le but étant de ne pas priver le prévenu du bénéfice du double degré de juridiction, quant au volet qui concerne la condamnation aux dommages-intérêts.

### B) La voie de l'action

**146.** Lorsque le Ministère public n'a pas mis en mouvement l'action publique, la partie lésée peut porter plainte avec constitution de partie civile adressée au juge d'instruction. Celui-ci transmettra la plainte au procureur du Roi ou au procureur général du Roi (art. 93, al. 1er), chacun en ce qui le concerne, pour que celui-ci prenne ses réquisitions, lesquelles tendront à ouvrir une information contre une personne dénommée ou non dénommée (art. 93, al. 2).

Lorsque la plainte paraît insuffisamment justifiée par des pièces produites, le ministère public peut présenter des réquisitions au juge d'instruction tendant à ouvrir une information provisoire contre toute personne que l'instruction fera connaître (art. 93, al. 5).

**147.** La constitution de partie civile a pour conséquence, d'une part, de déclencher, dans certains cas l'action publique et, d'autre part, de faire de la victime une partie au procès.

## Section 2 - Les conditions d'exercice de l'action civile

*Pour qu'une action soit recevable, elle doit répondre à certaines conditions qui seront examinées dans la personne du demandeur (§. 1), puis dans la personne du défendeur (§. 2). Il faut au surplus que l'action civile ait un objet (§. 3) et qu'elle ne soit pas éteinte (§. 4).*

## §. 1 - Le demandeur à l'action civile

*Le demandeur à l'action civile est la victime ou ses ayants droit, personne physique (A) ou morale (B).*

### *A) L'action civile des personnes physiques*

*La victime d'une infraction (1) ou le tiers (2) peut demander réparation du dommage soit devant un tribunal civil, soit devant un tribunal répressif.*

#### *1) Une action civile intentée par la partie lésée*

*Comme toute action en justice, pour que la victime puisse demander réparation de son préjudice devant le juge civil ou pénal, il faut qu'elle ait un intérêt à agir (a) et la capacité d'agir (b). Ces notions ne sont pas faciles à définir. Elles sont très proches l'une de l'autre.*

#### a) L'intérêt à agir

**148.** Pour qu'une action civile soit recevable, la victime doit avoir l'intérêt à agir. Cet intérêt est tel que la personne qui l'a intentée doit avoir subi, personnellement, un dommage du fait de l'infraction. Il n'est pas dès lors possible de demander une indemnisation pour un dommage subi par une tierce personne, quel que soit le lien avec ce tiers. L'article 108 du Code pénal prévoit, en effet, que : *« L'attribution des dommages-intérêts doit assurer à la victime la réparation intégrale du préjudice personnel, actuel et certain qui lui a été directement occasionné par l'infraction. »*

**149.** Le préjudice doit par ailleurs être *actuel, personnel et direct.* D'abord, le dommage doit être actuel, c'est-à-dire qu'il doit être effectivement survenu à la suite de l'acte dommageable. Si tel n'est pas le cas, il suffit, pour déterminer la responsabilité, que sa survenance future soit certaine, c'est-à-dire qu'il s'est réellement produit. Une indemnisation peut être accordée pour une incapacité permanente au motif qu'elle entraînera un déficit grave affectant la capacité de la victime. Or, le dommage éventuel ne suffit pas à demander réparation devant la juridiction répressive, mais il est considéré comme des dommages potentiels dont la réalisation dépend d'éléments impossibles à connaître avant leur survenance[160].

Le dommage ouvrant droit à indemnisation peut aussi prendre la forme d'une perte de chance, de gagner ou d'éviter une perte. Pour qu'elle soit indemnisable, la perte de chance doit être légitime, sérieuse et certaine. Le rôle du juge est dès lors de vérifier que l'infraction a été la cause directe de la disparition d'un événement favorable[161]. Mais la difficulté pour le pouvoir judiciaire est d'estimer la véritable valeur de la chance manquée. A titre d'illustration, la perte de chance de se soigner dans le cadre de la responsabilité médicale, l'erreur du médecin consiste dans la violation du devoir de prudence exigé par les règles de la profession. Cette violation peut entraîner une perte de chance certaine de passer l'examen de baccalauréat pour le patient.

Il suffit qu'il y ait un dommage réel au moment de l'action intentée, mais il n'est pas nécessaire que son étendue soit certaine. Il est donc permis de demander une indemnisation pour le préjudice subi par la victime, même si cela est susceptible d'entraîner une incapacité permanente[162].

Si cette éventualité s'est produite réellement, il est permis d'exiger une augmentation du montant de l'indemnisation, si l'affaire est toujours pendante devant la juridiction répressive. Or, si celle-ci a déjà rendu sa sentence, alors la demande d'augmentation sera portée devant le tribunal civil.

Le préjudice causé par l'infraction doit aussi être personnel, c'est-à-dire qu'il doit porter atteinte à un intérêt personnel du demandeur. Pour s'en convaincre, l'article 7 du Code de procédure pénale précise que l'action civile susceptible d'être portée devant un tribunal répressif ou civil, n'appartient qu'à celui qui a été personnellement lésé, c'est-à-dire une atteinte personnelle à son patrimoine, à son intégrité physique, à son honneur ou à son affection. Il est dès lors opportun de demander l'indemnisation, quelle que soit la nature du préjudice, qu'il soit matériel ou moral, voire même un préjudice d'agrément. Tel est le cas de la victime directe, des coups et blessures, de l'injure ou de la

---

160 BOUZAT (P.) et PINTAL (J.), « Traité de droit pénal et de criminologie », t. I, II et III, 1963, p. 700.

161 RENAULT-BRAHINSKY (C.), op. cit. p. 173.

162 MERLE (R.) et VITU (A.), « Traité de droit criminel », 5e éd., t. 2, 2000, p. 79.

diffamation. Il peut aussi s'agir d'autres personnes qui ont subi un préjudice matériel ou moral sans être la victime directe de l'infraction. Par exemple, les héritiers de la victime décédée, la mère d'un enfant victime d'un enlèvement et d'une tentative de meurtre, ses ascendants, ses descendants, ses frères et sœurs.

Le préjudice doit enfin être direct ; le fait délictueux doit être la cause du préjudice. Il en est ainsi le cas du dommage corporel (frais médicaux et pharmaceutiques : indemnité pour incapacité physique ou pour perte de salaire) causé par un délit de coups et blessures volontaires ou par imprudence. De même, le dommage moral, consistant dans une atteinte à l'affection (chagrin causé par la perte d'un être cher), à l'honneur ou à la considération, en cas d'injure ou de diffamation. Il en est de même pour le dommage matériel, résultant de la privation de la chose volée, de la destruction ou de la détérioration d'un bien mobilier ou immobilier (incendie, atteinte à la propriété mobilière d'autrui).

Il arrive qu'un seul acte puisse causer un préjudice matériel et moral à la même personne et celle-ci a le droit d'en exiger une réparation par le biais d'une seule action en justice. L'atteinte à l'intégrité corporelle peut causer un préjudice à la fois matériel et moral, car elle affecte les sentiments, la santé et la capacité de produire, ce qui affecte les revenus. De même, la diffamation peut porter atteinte à l'honneur et elle peut nuire à la réputation dans le domaine du travail indépendant, ce qui entraîne également des dommages matériels.

Cependant, le préjudice causé directement à la victime peut être à l'origine d'un autre préjudice pour les proches de cette victime. Ce préjudice peut être matériel (la victime subvenait aux besoins du proche) ou plus fréquemment moral (préjudice d'affection). Ainsi, le préjudice matériel résultant des atteintes physiques que le décès de la victime d'un homicide involontaire a pu causer aux proches parents est un préjudice par ricochet. La compagnie d'assurance qui a indemnisé son propre assuré en vertu d'une assurance personnelle (à la suite d'un dommage corporel notamment) n'a pas de recours contre l'auteur de l'accident ; en effet, elle a dû payer en raison d'une obligation contractuelle, en contrepartie des primes versées : l'aléa du contrat est justement l'éventualité d'un dommage.

### b) La capacité d'agir

**150.** Le demandeur à l'action civile doit avoir la capacité juridique d'exercer ses droits. Il s'agit d'une personne saine d'esprit et ayant l'âge légal de la majorité, c'est-à-dire 18 ans grégoriens révolus. Or, un incapable ne peut exercer seul une action civile. C'est ainsi qu'un mineur non émancipé, victime d'une infraction, ne peut pas se constituer partie civile ; l'action civile doit être intentée par son père, son administrateur légal ou son tuteur (art. 4 D.O.C.).

## *2) L'action civile exercée par un tiers*

Outre la personne lésée, l'action civile peut être exercée par *les héritiers (a), par le créancier de la victime (b), par les cessionnaires (c) et par les tiers subrogés dans les droits de la victime (d).*

### a) Les héritiers

**151.** Les héritiers peuvent exercer l'action civile dans trois cas de figure. Dans le cas où l'infraction a été commise avant le décès de la victime et qu'elle a intenté cette action avant sa mort, les héritiers peuvent continuer de l'exercer après son décès. Or, si elle n'avait pas intenté cette action de son vivant, tout dépend de la nature du préjudice causé par l'infraction. Ainsi, lorsque le dommage causé par l'infraction est matériel, l'action se trouve dans le patrimoine de la victime et elle est donc transmise aux héritiers[163]. Il en est autrement lorsque le dommage causé à la victime est moral. Les héritiers ne peuvent pas, en effet, intenter une action civile au nom du défunt.

On peut en déduire que les héritiers ont le droit de poursuivre l'action de leur défunt devant la juridiction répressive, qu'il s'agisse d'un préjudice matériel ou moral. Inversement, si la personne lésée n'a pas intenté l'action civile devant le juge pénal avant son décès, les héritiers n'ont pas le droit d'intenter cette action. Ils doivent dès lors saisir la juridiction civile.

---

[163] La Cour suprême a déclaré que : « *L'action civile, qui vise à réparer le préjudice corporel et les souffrances, intentée par la victime est transmise aux héritiers. Ils peuvent dès lors en demander réparation* ». C. sup., du 23 novembre 1969, n° du pourvoi 2010099.

Le deuxième cas se rapporte à la situation dans laquelle l'infraction a provoqué la mort immédiate de la partie lésée. Les héritiers ont alors le droit d'intenter une action civile au nom du défunt devant le juge pénal, qu'il s'agisse du préjudice matériel ou moral.

Enfin, certains comportements incriminés par la loi peuvent se réaliser après le décès de la victime, comme la diffamation contre la mémoire du défunt. Dans ce cas, les héritiers peuvent intenter une action civile en leurs noms propres, car ils souffrent d'un préjudice personnel.

### b) Le créancier de la victime

**152.** L'action civile peut être intentée par le créancier de la victime, qui l'exerce en son nom personnel ou bien, il le fait au nom du débiteur. La doctrine est quasi unanime que si le créancier est lésé par l'infraction commise contre son débiteur, il pourra intenter son action civile devant la juridiction civile ou pénale puisqu'il a subi un préjudice personnel et direct.

Cependant, le problème se pose lorsque le créancier ne subit pas de préjudice personnel direct du fait de l'infraction commise contre son débiteur. Ici, se pose la question : est-il permis à un créancier d'intenter une action civile au nom de son débiteur ?

La Cour de cassation française a décidé de ne pas accueillir l'action civile du créancier, même s'il s'agissait d'un préjudice matériel causé au débiteur. Ceci est basé sur le fait que pour que l'affaire soit acceptée devant le juge pénal, le créancier doit avoir subi un préjudice personnel direct du fait de l'infraction[164].

### c) Les cessionnaires

**153.** L'article 189 D.O.C. prévoit que : *« Le transport des droits et créances du créancier primitif à une autre personne peut avoir lieu soit en vertu de la loi, soit en vertu d'une convention entre les parties. »* Ce texte traite de la cession des droits et créances. La question se pose alors de savoir si la victime du préjudice causé par une infraction pourra céder son droit à l'indemnisation. Hormis les

---

[164] Crim. 16 janv. 1964, D. 1964, 191, note J. M. ; Bull. n° 16, Crim. 24 avril 1971, Bull. n° 117, Rev. sc. crim. 1971, p. 608, note BOULOC (B.).

droits attachés à la personne du débiteur, dont principalement le préjudice moral[165], la partie lésée peut transporter son droit d'indemnisation à un tiers, car l'action civile est une action patrimoniale. Le cessionnaire peut alors engager une action civile devant le tribunal civil.

La question se pose de savoir s'il est permis au cessionnaire de demander une réparation devant le juge pénal. Une partie de la doctrine française défend l'idée selon laquelle le cessionnaire a le droit d'intenter une action civile devant le juge pénal au nom de la personne lésée par l'infraction sur la base de la procuration incluse dans la cession ou en son nom personnel.

Cependant, la Cour de cassation française a fait une autre lecture. En effet, elle n'a pas admis l'exercice de l'action civile devant la juridiction répressive par le cessionnaire. Sa motivation était que la constitution de partie civile entraîne, d'un côté, la réparation du dommage causé par l'infraction et, d'un autre côté, elle conduit à la mise en mouvement de l'action publique par la victime, car le préjudice est personnel.

### d) Les tiers subrogés dans les droits de la victime

**154.** Le principe est que la victime qui a éprouvé personnellement un préjudice matériel ou moral causé par l'infraction peut se constituer partie civile devant la juridiction répressive pour demander réparation de son préjudice. Or, cette règle accepte certaines dérogations. En effet, une personne étrangère est subrogée dans les droits de la victime ou de ses ayants droit ; elle obtient alors à sa place une indemnisation du dommage. Sans prétendre l'exhaustivité, deux cas de figure se rapportent à cette situation.

Le premier cas concerne la situation dans laquelle l'assureur est subrogé dans les droits de l'assuré. Cette subrogation trouve son fondement dans le fait qu'il a exécuté le contrat d'assurance l'obligeant à couvrir le dommage corporel provoqué par l'accident. L'article 47, al. 1 du Code d'assurance prévoit, en effet, que : *« L'assureur qui a payé l'indemnité d'assurance est subrogé jusqu'à concurrence de cette indemnité, dans les droits et actions de l'assuré contre les tiers qui, par leur fait, ont causé le dommage ayant donné*

---

[165] Le dommage moral peut être transmis en vertu d'une convention ou sur la demande du créancier devant la juridiction saisie.

*lieu à la garantie de l'assureur ».* Cet article est complété par l'article 129, al. 1 et 2 du Code des assurances[166], ainsi rédigé : *« L'assureur est substitué de plein droit à l'assuré dans les limites de la garantie prévue au contrat pour le paiement des indemnités ou des rentes allouées aux personnes transportées, aux tiers ou à leurs ayants droit et de tous les autres frais résultant de l'accident.*

*Dans le cas où une juridiction civile ou pénale est saisie d'une action en dommages et intérêts, l'assureur doit être obligatoirement appelé en cause par le demandeur en indemnité ou par l'assuré. La décision attribuant une indemnité ou une rente doit mentionner la substitution de l'assureur à l'assuré dans les limites de la garantie prévue au contrat d'assurance."*

Il en résulte que l'assureur doit être appelé en cause par l'assuré, qui a saisi le juge pénal d'une action civile. Il peut dès lors restituer tout ou partie des sommes payées à la victime du fait de l'exécution du contrat d'assurance.

Le deuxième cas est lié au Fonds de garantie des accidents de la circulation. Ce fonds est subrogé dans les droits des victimes et de ses ayants droit. Cela trouve son fondement dans le fait qu'il a indemnisé le préjudice causé par l'accident. L'article 153, al. 1er du Code des assurances prévoit, en effet, que le Fonds de garantie : *"Est subrogé dans les droits du créancier de l'indemnité contre la personne responsable de l'accident. Le fonds de garantie des accidents de la circulation a le droit, en outre, de se faire rembourser le montant des intérêts afférents aux sommes versées à titre d'indemnité qui seront calculés au taux légal en matière civile qui courent depuis la date de paiement des indemnités jusqu'à la date de remboursement de celles-ci et, d'autre part, à une allocation forfaitaire qui est destinée à couvrir les frais de recouvrement et dont le montant est déterminé par voie réglementaire."*

La situation se présente quand il est impliqué dans l'accident un véhicule terrestre à moteur en circulation et lorsque les personnes responsables de ces accidents sont inconnues ou non assurées et incapables d'en dédommager les victimes en raison de leur insolvabilité (art. 134 al. 1 er Code assur.).

[166] Dahir n° 1-02-238 du 25 rejeb 1423 (3 octobre 2002) portant promulgation de la loi n° 17-99 portant Code des assurances, tel qu'il a été modifié et complété.

### B) L'exercice de l'action civile par la personne morale

*Comme les personnes physiques, les personnes morales de droit privé (1) et les personnes morales de droit public (2) ont le droit d'ester en justice. Elles peuvent, en effet, se constituer partie civile, dans le cas où elles ont un intérêt à le faire, c'est-à-dire de justifier d'un préjudice personnel et direct*[167]*, lorsqu'une infraction a été commise à leur détriment.*

#### 1) La personne morale de droit privé

**155.** La personne morale de droit privé peut se constituer partie civile devant la juridiction répressive pour l'indemnisation de son préjudice causé par l'infraction. Il s'agit essentiellement des ordres professionnels et des syndicats.

Ainsi, les ordres professionnels sont chargés de veiller au respect de la dignité de la profession et peuvent ainsi infliger des sanctions disciplinaires. La question se pose de savoir s'ils peuvent se constituer partie civile devant la juridiction répressive pour demander réparation d'un dommage direct et personnel causé par une infraction (ex. exercice illégal de la profession) affectant la profession qu'ils représentent.

La réponse ne peut être que positive. A titre d'illustration, le président de l'ordre national des médecins *« a le droit de se constituer partie civile devant les juridictions saisies d'infractions portant atteinte aux intérêts moraux et professionnels de la profession de médecin, notamment dans le cas de l'exercice illégal de ladite profession »*[168]. L'ordre des avocats peut également se constituer partie civile en cas d'exercice illicite des activités de consultation en matière juridique ou de port illégal du costume d'avocat.

Les associations peuvent aussi se constituer partie civile devant le juge pénal. Selon l'article 7, al. 2 du Code de procédure pénale : *« Les associations déclarées d'utilité publique peuvent se constituer partie civile, si elles sont fondées régulièrement depuis au moins quatre ans avant la date des faits, en cas de mise en mouvement de l'action*

---

[167] Art. 1er du *Dahir n° 1-57-119 du 18 Hija 1376 (16 juillet 1957), chambre syndicale des biologistes.*

[168] Art. 3 du Dahir n° 1-13-16 du 1er joumada 1434 (13 mars 2013) portant promulgation de la loi n° 08-12 relative à l'ordre national des médecins.

*publique par le ministère public ou par la partie civile concernant une infraction affectant le domaine de leurs statuts ».*

Cette constitution est une suite logique de la mission confiée à ces associations, qui consiste à la défense de l'intérêt collectif. Elles exercent dès lors l'action civile à propos de faits qui portent atteinte à ces intérêts (la lutte contre la violence à l'égard des femmes, la protection du consommateur, la protection de l'environnement...). Mais quelle est la portée exacte de cette notion. Les auteurs s'accordent *« pour considérer que l'intérêt collectif se situe à mi-chemin entre l'intérêt individuel et l'intérêt général »*[169].

Cette affirmation soulève une autre question, à savoir le rapport entre l'intérêt collectif et l'intérêt individuel. Ainsi, *« l'intérêt individuel est celui qui concerne une ou plusieurs personnes déterminées, c'est un intérêt personnel. En revanche, l'intérêt collectif concerne plusieurs personnes indéterminées, c'est un intérêt caractérisé par une collection d'intérêts privés convergents »*[170].

### *2) La personne morale de droit public*

**156.** Une personne morale de droit public peut se constituer partie civile *"en demandant à l'auteur de l'infraction la restitution des sommes qu'il leur avait demandées à verser aux fonctionnaires ou à leurs ayants droit conformément à la loi en vigueur"* (art. 7, al. 3 C.P.P.). Le texte vise l'Etat et les collectivités locales qui sont victimes d'une infraction causant un préjudice personnel et direct.

## § 2 - Les conditions requises chez le défendeur à l'action

L'action civile peut être intentée contre l'auteur ou complice de l'infraction. Elle peut également être intentée à l'encontre des héritiers (A), de la personne civilement responsable (B) ou de l'administration (C).

---

[169] SEGAUD (J.), op. cit. p. 295.

[170] Op. cit.

### *A) Les héritiers*

**157.** En cas de décès du délinquant, bien que l'action publique soit éteinte, l'action civile qui survit peut être exercée contre les héritiers. Cette solution se fonde sur l'idée selon laquelle la dette de réparation est une dette civile qui va grever le patrimoine du délinquant et fait partie du passif de la succession et non une dette pénale à caractère personnel. A partir de là, les héritiers qui recueillent l'actif de la succession sont tenus, d'un côté, d'en supporter le passif. Ils sont ainsi obligés de payer la dette de réparation. De l'autre côté, ils peuvent se prévaloir des moyens de défense et des exceptions que le défunt aurait pu soulever, comme la faute de la victime ou la prescription de l'action civile.

Cependant, l'action civile exercée contre les héritiers ne peut être intentée que devant la juridiction civile. En revanche, lorsqu'un jugement sur le fond avait été rendu par la juridiction répressive, alors que le prévenu était encore vivant, la partie civile qui avait agi au pénal contre le délinquant a le droit de faire appel contre les héritiers de celui-ci devant la juridiction répressive, en ce qui concerne ses intérêts civils.

### *B) La personne civilement responsable*

**158.** L'article 85 du D.O.C. prévoit par une formule générale : *"On est responsable non seulement du dommage que l'on cause par le fait des personnes dont on doit répondre"*. Le texte vise les personnes responsables des faits d'autrui : les père et mère, les maîtres et commettants, les artisans, les insensés et autres infirmes d'esprit et les instituteurs.

*La responsabilité du fait d'autrui peut reposer sur une présomption de faute (1) comme elle peut être une responsabilité sans présomption de faute (2). Cette responsabilité peut donner lieu à une action civile intentée soit par la voie civile, soit par la voie répressive (3).*

#### *1) La responsabilité du fait d'autrui et la présomption de faute*

**159.** La présomption de faute est une présomption simple qui est susceptible d'être détruite par la preuve contraire. L'article 85 D.O.C.

prévoit, en effet, que : *"La responsabilité ci-dessus a lieu à moins que les père et mère et artisans ne prouvent qu'ils n'ont pu empêcher le fait qui donne lieu à cette responsabilité".*

**160.** Par ailleurs, aux termes de l'article 85 du D.O.C. : *"Les artisans sont responsables du dommage causé par leurs apprentis pendant le temps qu'ils sont sous leur surveillance".* Cet artisan est tenu d'enseigner à un apprenti un métier (menuiserie, mécanique...). Il doit dès lors être sous sa surveillance, car à défaut, la responsabilité incombe à ses parents lorsqu'il s'agit d'un mineur. Seule la force majeure ou la faute de la victime peuvent constituer des motifs exonératoires de la responsabilité.

L'article 85 précise que la responsabilité du fait d'autrui est à la charge de ceux qui devaient surveiller les individus privés de discernement, même s'ils sont majeurs. Il s'agit du père, de la mère, des autres parents ou conjoints. Contrairement au cas du mineur, le champ d'application de l'article 85, en ce qui concerne les insensés, est beaucoup plus large. Sont également responsables les personnes qui se chargent de l'entretien ou de la surveillance de ces personnes, telles que le médecin, l'infirmier ou le responsable de l'établissement spécialisé.

Pour que ces personnes soient responsables, il faut que le dommage survienne pendant le temps où les faibles d'esprit perdent leur lucidité.

Par contre, les sourds-muets et les infirmes sont pleinement responsables, s'ils possèdent la faculté de discernement nécessaire (art. 97 D.O.C.).

Le défendeur peut s'exonérer en prouvant l'absence de faute. Il en est ainsi le cas s'il a exercé sur l'insensé toute la surveillance nécessaire ou s'il ignorait le caractère dangereux de la maladie, ou si le dommage est dû à une faute de la victime.

### *2) La responsabilité du fait d'autrui sans présomption de faute*

**161.** ***La responsabilité des instituteurs du fait de leurs élèves.*** Il s'agit d'une responsabilité qui n'est pas fondée sur la présomption de faute. Ce n'est pas simplement l'enseignant public ou privé, mais toute personne qui donne l'enseignement d'un art ou d'une science, à titre onéreux ou gratuit.

La responsabilité des instituteurs est fondée sur la faute prouvée. C'est donc à la victime qu'incombe la charge de la preuve conformément à l'article 85 bis du D.O.C. ainsi rédigé : *"Les instituteurs et les fonctionnaires du service de la jeunesse et des sports sont responsables du dommage causé par les enfants et jeunes gens pendant le temps qu'ils sont sous leur surveillance. Les fautes, imprudences ou négligences invoquées contre eux, comme ayant causé le fait dommageable, devront être prouvées conformément au droit commun par le demandeur à l'instance."* La surveillance se justifie pour les enfants mineurs.

L'Etat se substitue aux instituteurs des établissements publics et aux fonctionnaires de la jeunesse et des sports tant que les élèves sont sous leur surveillance effective. La victime doit intenter l'action contre l'Etat et non contre l'instituteur. Toutefois, l'Etat peut se retourner contre l'instituteur pour être remboursé des sommes versées à la victime. Celle-ci a toutes les chances d'être indemnisée tant qu'elle poursuit l'Etat dont la solvabilité est certaine.

L'action en responsabilité se prescrit par trois ans (cinq ans dans les autres cas).

**162.** ***La responsabilité des commettants du fait de leurs préposés.*** Le commettant est l'individu qui fait appel aux services d'une personne dénommée préposée pour accomplir certaines tâches et fonctions. Aux termes de l'article 85 du D.O.C. : *"Les maîtres et les commettants, du dommage causé par leurs domestiques et préposés dans les fonctions auxquelles ils les ont employés"*.

Ce texte fait peser sur le commettant une présomption de responsabilité. C'est une responsabilité de plein droit. Il est responsable, même s'il n'a pas commis de faute, en raison du fait dommageable commis par son préposé. Il ne peut se dégager en apportant la preuve contraire, notamment qu'il n'a pas pu empêcher le dommage.

La responsabilité du commettant suppose un lien de subordination entre le commettant et le préposé. Le cas typique du lien de préposition est celui du contrat de travail dans lequel le salarié a la qualité de préposé.

La mise en jeu de la responsabilité du commettant suppose en plus que soit préalablement établie la faute du préposé. Celui-ci doit avoir agi dans l'exercice de ses fonctions et être soumis au commettant par un rapport d'autorité. A défaut, la responsabilité de ce dernier n'est pas engagée.

### *3) La citation des tiers civilement responsables*

**163.** L'action civile contre les tiers civilement responsables peut être exercée soit par la voie civile devant les juridictions civiles, soit par la voie pénale, par l'action civile accessoirement à l'action publique.

Ainsi, lorsque la partie civile opte pour l'indemnisation de son préjudice par la voie pénale en se constituant partie civile et en citant les tiers civilement responsables devant le juge pénal, ceux-ci acquièrent la qualité de partie au procès pénal. Ils peuvent dès lors comparaître ou se faire représenter par un avocat, car leur responsabilité est purement civile, mais en raison de l'origine délictueuse du dommage qui l'a fait naître, elle prend une coloration pénale.

### *C) L'action civile contre l'administration*

**164.** Lorsque l'administration est tenue responsable d'un dommage causé par un fonctionnaire, est-il possible d'exercer contre lui, devant les juridictions répressives, l'action civile en réparation du dommage résultant d'une infraction commise dans l'exercice de ses fonctions, lorsque l'administration est tenue de réparer ce dommage selon les règles de la responsabilité du droit administratif ? Le principe de la séparation des autorités administrative et judiciaire ne fait-il pas obstacle à l'exercice de l'action civile contre le fonctionnaire et l'administration devant le juge répressif ?

*Pour répondre à ces questions, il apparaît nécessaire de faire la distinction entre les fautes détachables de service (1) et celles non détachables de la fonction (2).*

### *1) Une faute de service détachable de la fonction*

**165.** Est détachable de service, la faute d'un agent révélant un manquement volontaire et inexcusable à des obligations de la fonction. Aussi, le juge pénal est compétent pour statuer sur l'action civile engagée contre les agents ayant commis des faits illégaux, jetant le discrédit sur l'ensemble de la fonction publique.

### *2) Une faute de service non détachable du service*

**166.** Dans cette hypothèsé, c'est la responsabilité de l'administration et non celle du fonctionnaire qui est mise en cause. Le juge répressif, compétent pour juger l'action publique, ne peut plus statuer sur l'action civile, car la responsabilité de l'administration ne peut, en principe, être engagée et appréciée que devant les tribunaux administratifs.

Cependant, les juridictions répressives peuvent statuer sur l'action civile contre l'administration dans deux cas de figure. D'une part, elles peuvent statuer sur toute action en responsabilité tendant à la réparation des dommages causés par un véhicule quelconque. Cette action est jugée conformément aux règles de droit civil. La responsabilité de la personne morale de droit public est substituée à celle de son agent, auteur des dommages causés dans l'exercice de ses fonctions. D'autre part, toujours par dérogation au principe de la séparation des autorités administrative et judiciaire, l'administration peut aussi faire l'objet d'une demande en réparation devant les tribunaux répressifs dans le cas d'atteinte à la liberté individuelle ou d'infractions prévues par les articles 225 à 229 et 230 du Code pénal, commises par ses agents et poursuivies devant ces tribunaux.

## §. 3 - L'objet de l'action civile

*La juridiction répressive n'est pas compétente lorsqu'il s'agit d'un procès purement civil, à moins qu'il n'ait pour objet l'indemnisation au sens spécifique (A), la restitution (B) et les dépens (C).*

### *A) L'indemnisation*

**167.** L'indemnisation consiste à réparer le dommage, à effacer les effets de l'acte dommageable et à remettre la personne lésée dans l'état dans lequel elle se trouvait avant la réalisation du dommage.

Cette voie est autorisée pour le préjudice matériel et moral. Dans ce dernier cas, l'indemnisation réduit la gravité des dommages, il n'est donc pas possible d'en éliminer les effets.

La demande de dédommagement devant la juridiction répressive est soumise aux mêmes dispositions que celles qui gouvernent l'indemnisation dans le cadre de la responsabilité délictuelle. Ainsi, celle-ci ne sera accordée que si le demandeur des droits civils exprime sa volonté de réclamer une réparation. Elle doit également préciser le montant de l'indemnisation[171].

**168.** La juridiction saisie détermine le montant de l'indemnisation en fonction de la gravité du préjudice subi par la victime de l'infraction. L'estimation de la réparation est une question objective qui relève de la compétence des juges du fond et la Cour de cassation n'exerce aucun contrôle sur cette question. La Cour suprême a, en effet, précisé que : *« L'indemnisation résultant d'une infraction, qui est due à tout demandeur dans les limites de sa demande, relève du pouvoir discrétionnaire du juge pénal et le recours de l'accusé, du civilement responsable et de la compagnie d'assurance permet au juge du deuxième degré de réduire l'indemnisation accordée au titre des dommages-intérêts sans être obligé de le justifier par des raisons particulières.* [172]*»*

**169.** En cas de dommage matériel, l'indemnisation doit correspondre à ce que la personne lésée a perdu en profit ou subi en perte. Elle peut prendre la forme d'une somme d'argent versée une fois ou sous forme de rente versée de manière périodique comme un revenu stable. Le juge n'est pas compétent pour statuer sur les actions civiles avec un certain plafond. Cette affirmation accepte une nuance. En effet, la loi impose dans certains cas des limites à l'indemnisation que le juge du fond est tenu de respecter, comme les barèmes créés par le Dahir du 2 octobre 1984, selon lesquels l'indemnisation due à la personne lésée était déterminée en fonction du pourcentage d'incapacité permanente ou temporaire subie par la victime lors d'un accident de la circulation.

S'il y a plusieurs accusés, ils sont solidaires pour indemniser le préjudice, mais il faut prouver que leurs volontés étaient unies au

---

[171] La Cour suprême a précisé que : *« La plainte de la victime ne suffit pas pour engager une action publique de sa part et lui accorder une indemnisation, mais elle doit plutôt exprimer sa volonté de faire valoir ses droits civils et déterminer le montant de l'indemnisation du préjudice subi. »* Arr. du 23 juillet 1982, Recueil de la jurisprudence de la Cour suprême, n° 30, p. 80.

[172] Crim., 15 mai 1969, jurisprudence de la Cour suprême, n° 11, p. 72.

moment de l'accident et il n'est pas nécessaire qu'il y ait un accord explicite entre eux[173].

**170.** Concernant le préjudice moral, le juge prend en compte la gravité de l'infraction, son impact sur l'environnement dans lequel elle s'est réalisée. Il prend également en considération la situation économique et sociale de la victime, car l'indemnisation devant être équivalente à la douleur infligée à la personne lésée dans ses sentiments ou à l'atteinte à son honneur, ou à sa réputation.

### *B) La restitution*

**171.** La restitution consiste dans la remise à leur légitime propriétaire des objets, sommes, effets mobiliers, placés sous la main de justice à l'occasion de la poursuite d'une infraction (art. 106 C.P.). Elle revient à rendre les choses telles qu'elles étaient avant que l'infraction ne soit commise. Elle peut être demandée par la victime, voire par l'accusé. Par la suite, le tribunal peut décider de sa propre initiative la restitution des objets saisis ou le remboursement de leur prix, s'il a été décidé de les vendre par crainte de détérioration ou d'endommagement, ou en raison de l'impossibilité de les conserver.

Elle se limite aux objets sur lesquels l'infraction a eu lieu ou en a résulté, ou à tout ce qui a été saisi en relation avec l'acte en général.

Il est opportun de relever que la juridiction ordonne la restitution des choses qui ont été détournées ou saisies, sans que la réponse dépende de la demande de l'intéressé. La restitution diffère de l'indemnisation à cet égard, car celle-ci n'est accordée que sur une demande de l'intéressé.

Cependant, s'il n'est pas possible de restituer la chose que la victime a perdue, elle a le droit d'exiger le paiement de son prix et sa demande fera alors l'objet d'une action civile accessoire. Elle doit prouver l'infraction et l'attribuer à l'accusé afin d'ordonner le paiement de la valeur de la chose perdue par la partie lésée.

---

[173] Cour de cassation égyptienne, 29 mai 1967, Recueil des arrêts de cassation, n° 18, p. 721, n° 143. Cité par OTHMAN (A. A. R.), « Explication du Code de procédure pénale », éd. autorité générale égyptienne du livre, 1991, en arabe p. 143.

**172.** La restitution des objets est ordonnée par le Ministère public ou le juge d'instruction, ou par la juridiction de jugement, sauf s'ils sont nécessaires au déroulement de l'action ou s'ils sont dangereux, ou sujets à confiscation. Mais l'article 366 C.P.P. permet au juge du fond de restituer ce type d'objets à ses propriétaires, s'il existe des garanties suffisantes pour en prouver la nécessité et se prémunir contre son danger.

### *C) Les dépens*

**173.** L'option de la victime de la voie pénale pour demander la réparation des dommages nés d'une infraction nécessite le paiement des dépens[174].

Par dépens, on entend les sommes qui sont payées au Trésor public pour trancher les actions publique et civile. En principe, le Ministère public supportera les dépenses liées au procès, telles que les frais de transport des témoins et les honoraires de l'expert, s'il a déclenché l'action publique et qu'un acquittement a été prononcé ainsi qu'aucune constitution de partie civile n'a eu lieu.

Mais si l'accusé est reconnu coupable, la juridiction répressive peut, de sa propre initiative, lui condamner au paiement des dépens liés à l'action publique (art. 105 C.P.).

Dans le cas où il y a plusieurs accusés, comme auteurs ou complices, alors les frais décidés seront recouvrés auprès d'eux en les obligeant à les payer de manière solidaire (art. 109 C.P.).

La même juridiction peut condamner la personne à payer les dépenses engagées par la partie lésée, même si elle ne fait pas la demande. Mais il faut qu'une indemnisation soit accordée à la victime, peu importe après si l'action publique est éteinte pour une raison particulière, comme la prescription, l'amnistie ou la grâce Royale. Ainsi, la juridiction saisie garde sa compétence pour statuer sur l'action civile et condamner l'auteur à des dommages et intérêts ainsi qu'à des dépens[175].

---

[174] Le Code de procédure pénale aborde la question des dépens à l'article 216 pour le juge d'instruction et aux articles 246, 349, 367 et 368 pour la juridiction de jugement en cas d'acquittement ou en cas de condamnation.

[175] OTHMANE (A. A. R.), op. cit. p. 198.

Toutes les juridictions sont compétentes en la matière : tribunal de première instance ou Cour d'appel ou Cour de cassation (art. 367 C.P.P.).

**174.** Toutefois, si les demandes de la partie civile sont rejetées au motif qu'elles ne sont pas fondées, l'accusé, le civilement responsable ou l'État ne sont pas tenus au paiement des dépens, mais elles sont à la charge de la partie lésée qui succombe. Elle pourra être exemptée, si elle est de bonne foi.

Lorsque la victime n'obtient gain de cause qu'en partie de ses demandes, le tribunal détermine le montant des frais dont le condamné doit être exonéré. Ces frais peuvent être estimés sur la base d'un pourcentage indiqué dans le jugement.

## § 4 - L'extinction de l'action civile

*L'extinction de l'action civile peut d'abord résulter de l'extinction de l'action publique (A), car cette action trouve son fondement dans la perpétration d'une infraction. Mais l'action civile, qui est une action en réparation d'un dommage privé, peut aussi s'éteindre, comme toutes les actions de nature civile, par les modes ordinaires d'extinction des actions. Elle disparaît alors seule et par voie principale (B).*

### *A) L'extinction de l'action civile par voie de conséquence*

*L'action civile peut s'éteindre par la prescription (1) et la chose jugée sur l'action publique (2).*

#### *1) La prescription*

**175.** Comme l'action publique, l'action civile qui n'est pas exercée pendant un certain temps s'éteint par l'effet de la prescription. La victime ne peut plus obtenir de dommages-intérêts. Cette prescription est d'intérêt privé ; le juge ne peut pas la soulever d'office.

**176.** Il ne fait aucun doute que l'action civile survit à l'extinction de l'action publique résultant du décès du délinquant, de l'amnistie, de l'abrogation de la loi pénale, d'une condamnation pénale définitive, ou même de la prescription de l'action publique. Cela est dû à son indépendance. Mais elle ne peut être portée que devant une juridiction civile. Cette autonomie explique pourquoi l'action civile est régie, en ce qui concerne le délai de prescription, les causes d'interruption et de suspension de la prescription, uniquement par les règles du Code des obligations et contrats (art. 14 C.P.P.).

L'article 106 D.O.C. prévoit deux délais différents dont l'inobservation entraîne la prescription de l'action civile. D'une part, le délai de cinq ans commence à courir à partir du moment où la partie lésée a eu connaissance du dommage et non le jour de la perpétration de l'infraction. C'est ainsi le cas de la victime d'une escroquerie dont le délai de la prescription ne commence à courir qu'à partir de la découverte des manœuvres utilisées pour l'induire en erreur. C'est également le cas du dommage qui s'aggrave avec le temps (la fracture s'aggrave entraînant l'amputation d'une jambe), alors qu'il a un délai de cinq ans pour intenter une action civile d'indemnisation, qui ne commence à courir qu'à compter de la survenance du préjudice le plus grave. Ainsi, la partie lésée qui a obtenu des dommages et intérêts pour le préjudice le moins grave (la fracture dans notre exemple) a le droit d'être indemnisée des dommages qui pourraient apparaître dans le futur en raison de l'infraction (l'amputation de la jambe)[176].

L'autre condition prévue par la loi pour le calcul du délai de cinq ans se rapporte à la découverte des dommages. Ainsi, dans le cas où la partie lésée n'arriverait pas à l'identifier, alors le droit de se constituer partie civile n'expire qu'après vingt ans à compter du moment où le dommage s'est produit.

D'autre part, le délai de vingt ans ne commence à courir que le lendemain de la survenance du dommage, qui peut ne pas coïncider avec le jour de la commission de l'infraction, que la personne lésée en ait eu ou non connaissance. Ainsi, le délai de prescription d'une action civile intentée par une personne dont les biens ont été incendiés ou volés ne commence à courir que dès le lendemain de l'incendie ou du vol, car ce délai correspond au jour qui suit la réalisation du préjudice[177].

**177.** La prescription de l'action civile est par ailleurs d'intérêt privé (art. 372 D.O.C.), alors qu'en matière pénale, l'extinction de l'action

---

[176] AL-ALAMI (A.W.), op. cit., p. 339.

[177] Op. cit.

publique par suite de la prescription est une règle d'ordre public à laquelle le délinquant ne peut renoncer. Ainsi, le juge ne peut le soulever d'office, car il faut que les parties le demandent.

### *2) La chose jugée*

**178.** Une distinction doit être faite suivant que l'action civile a été exercée devant un tribunal répressif accessoirement à l'action publique ou séparément devant un tribunal civil.

**179.** ***Effets sur l'action civile exercée devant le juge répressif.*** Ces effets varient selon que le tribunal répressif a prononcé une condamnation pénale (ou même simplement reconnu la culpabilité tout en exemptant de peine) ou bien la juridiction répressive a relaxé ou acquitté le prévenu.

Le juge répressif qui prononce une sanction est obligé, à moins de se mettre en contradiction avec lui-même, d'accorder une réparation à la partie civile, du moment qu'il est certain que celle-ci a éprouvé un préjudice du fait de l'infraction et que la relation de cause à effet est établie.

En revanche, en cas de relaxe, la juridiction répressive est incompétente pour statuer sur l'action civile et allouer des dommages-intérêts à la partie lésée, car elle ne peut connaître de l'action civile indépendamment de l'action publique. Mais cela ne signifie pas pour autant que l'action civile est éteinte ; la victime a, en effet, toujours la possibilité d'interjeter un appel du jugement en ce qui concerne ses intérêts civils, ce qui démontre que la chose jugée au pénal n'a pas éteint l'action civile. De même, elle peut intenter son action devant la juridiction civile.

**180.** ***Effets sur l'action civile exercée devant le tribunal civil.*** En cas de condamnation pénale prononcée par un tribunal répressif, la victime de l'infraction a toujours la possibilité d'exercer l'action civile devant un tribunal civil, pour obtenir une réparation. Dans ce cas, malgré l'extinction de l'action publique par la décision pénale de condamnation, l'action civile subsiste et elle peut être jugée tant qu'elle n'est pas éteinte par la chose jugée ou par la prescription.

En cas d'exemption de peine prononcée par le tribunal répressif, le juge civil saisi de la demande en réparation peut allouer des dommages-intérêts à la victime, si celle-ci démontre l'existence d'un préjudice et d'une relation de cause à effet.

Lorsque l'action publique se trouve éteinte par l'effet d'une décision d'acquittement ou de relaxe, la règle de l'autorité de la chose jugée au criminel sur le civil n'interdit pas à la victime d'une infraction d'agir devant un tribunal civil en réparation du dommage. Seulement, le tribunal civil qui est saisi de cette action, ne peut se mettre en contradiction avec ce qui a été décidé par le juge répressif.

### B) Par voie principale

**181.** L'action civile, qui est une action en paiement de dommages-intérêts, d'origine délictuelle ou quasi délictuelle (art. 77 à 106 du D.O.C.), s'éteint aussi par les modes ordinaires d'extinction des obligations, à savoir le paiement de l'indemnité par l'auteur responsable, l'impossibilité de l'exécution, la remise de dette, la novation, la compensation, la confusion et la résiliation (art. 319 D.O.C.).

*Nous limiterons cette étude à l'extinction de l'action civile par la transaction (1), la renonciation (2), le désistement ou l'acquiescement (3) et la force jugée (4).*

#### 1) La transaction

**182.** La victime peut faire une transaction avec l'auteur de l'infraction, en ce qui concerne la réparation du dommage (art. 1105 D.O.C.), à condition que celle-ci ne soit affectée d'aucun vice du consentement, *"puisque la transaction est une convention"*[178]. La partie lésée perdra alors le droit de réclamer en justice des dommages-intérêts. Mais la transaction conclue n'empêche pas le Ministère public d'exercer l'action publique contre l'individu soupçonné de commettre une infraction. Elle ne peut pas également arrêter ou suspendre des poursuites déjà engagées par le Parquet (art. 13 C.P.P.).

#### 2) La renonciation

**183.** Comme la transaction, la renonciation constitue, elle aussi, une cause d'extinction de l'action civile par voie principale (art. 13 C.P.P.). Ainsi, la victime peut déclarer expressément qu'elle ne

---

[178] LEROY (J.), op. cit. p. 254.

réclamera pas réparation du dommage qu'elle a subi du fait de l'infraction.

Si la partie civile renonce à sa demande, cela ne l'empêche pas d'intenter ensuite une action civile devant le tribunal civil compétent. Mais il lui est interdit d'intenter, après sa renonciation, son action civile devant la juridiction répressive pour le même objet, la même cause et les mêmes parties (art. 355 et 356 C.P.P.).

Si la poursuite vise un des délits prévus à l'article 41 de la présente loi, le tribunal saisi de l'affaire, sur réquisition du Ministère public, dans le cas où la partie lésée de l'infraction renonce à sa plainte, peut suspendre les formalités de l'action publique, à moins qu'il n'ait statué par un jugement définitif (art. 372 C.P.P.).

### *3) Le désistement*

**184.** De la renonciation proprement dite, qui intervient avant la mise en mouvement de l'action publique, il faut rapprocher le désistement de la partie civile qui intervient après le déclenchement de l'action publique et qui est sans influence sur cette action. Il ne porte pas sur la plainte elle-même dont la justice reste saisie, mais seulement sur la qualité de partie au procès pénal. Il supprime le droit pour la victime d'obtenir des dommages-intérêts devant les tribunaux répressifs. En effet, malgré son désistement, la partie lésée peut toujours demander des dommages-intérêts devant le tribunal civil (art. 356 C.P.P.).

### *4) La Chose jugée*

**185.** Comme toute action en justice, l'action civile s'éteint par l'effet de la chose jugée. La victime qui a exercé son action devant un tribunal civil et a obtenu une décision définitive, que cette décision lui ait accordé ou non une réparation, ne peut plus agir en dommages-intérêts ni devant un tribunal civil ni devant un tribunal répressif.

**186.** Cette affirmation permet de faire les remarques suivantes :

D'abord, le paiement, la transaction, la renonciation, le désistement ou l'acquiescement engendrent comme conséquence la perte de la victime de son droit d'agir en justice pour demander des dommages-intérêts. L'action civile est donc éteinte. A titre d'illustration, en cas d'acquiescement de la partie civile, l'appel interjeté par le Ministère public ne porte que sur l'action publique et l'application de la peine. Il n'a pas pour effet de revivre l'action civile.

Cependant, hormis le cas de *la réparation, de la transaction ou de la renonciation,* dont la conséquence est l'extinction définitive de l'action civile, le désistement de la partie lésée doit être interprété de manière restrictive. De là, il ne vaut que pour l'instance en cours, mais il n'empêche nullement une action ultérieure de la partie civile. Il n'aurait donc pour conséquence que d'empêcher l'exercice de l'action civile devant la juridiction répressive, car celle-ci pourrait être reprise devant le tribunal civil (art. 356 C.P.P.).

Ensuite, en application du principe de l'indépendance des deux actions, les causes d'extinction qui sont propres à l'action civile n'ont d'effet que sur celle-ci. En revanche, elles n'ont aucune influence sur l'action publique (art. 13 C.P.P.).

Enfin, dans certains cas, l'action publique ne peut subsister après l'extinction de l'action civile. Il s'agit des cas où la plainte de la victime est indispensable à la mise en mouvement de l'action publique (injure ou diffamation, abandon de foyer, adultère, vols commis par des descendants au préjudice de leurs ascendants ou entre parents ou alliés jusqu'au quatrième degré). Le retrait de celle-ci entraîne donc l'extinction de l'action publique.

# TITRE 3
# L'INSTRUCTION PREPARATOIRE

**187.** L'instruction préparatoire ou information judiciaire est confiée à un magistrat de siège inamovible, nommé pour une durée de trois ans, par arrêté du ministre de la justice, prorogeable sur proposition des présidents de leurs juridictions respectives[179]. Il s'agit bien évidemment du juge d'instruction au niveau du tribunal de première instance et au niveau de la Cour d'appel[180].

Cette phase du procès pénal est purement *juridictionnelle,* car l'organe qui instruit et rassemble les preuves est chargé d'évaluer si oui ou non celles-ci sont suffisantes pour imputer la violation de la loi pénale à la personne mise en examen.

Concernant le domaine de cette procédure, elle est obligatoire :

➢ Pour les crimes commis par les mineurs (quelle que soit leur sanction) ;

➢ pour des adultes, en cas de crimes passibles de la peine capitale, de la réclusion perpétuelle et quand la peine maximale atteint 30 ans de réclusion ;

➢ dans les délits en vertu d'une disposition spéciale de la loi (art. 255-257 C.P.P.) ; il s'agit des délits et des contraventions connexes de

---

[179] Un autre arrêté met fin à cette fonction de la même manière et les intéressés réintègrent la magistrature assise, le Parquet ou l'administration centrale.

[180] L'instruction préparatoire en matière de terrorisme est confiée au juge d'instruction près la Cour d'appel de Rabat. En effet, il a une compétence générale pour mener une information sur ce type d'infraction au niveau national. Il exerce son autorité conformément au cadre général d'instruction préparatoire régi par le titre III du livre premier du Code de procédure pénale. L'article 7 de la loi n° 03-03 relative à la lutte contre le terrorisme prévoit, en effet, que : « *Nonobstant les règles de compétence prévues par le Code de procédure pénale ou par d'autres textes, la Cour d'appel de Rabat est compétente pour les poursuites, l'instruction et le jugement des actes constituant des infractions de terrorisme.*

*Ladite juridiction peut, pour des motifs de sécurité publique et exceptionnellement, tenir ses audiences dans les sièges d'une autre juridiction* ».

Le juge des mineurs et le conseiller chargé des mineurs ont été investis de l'autorité accordée aux juges d'instruction, lui permettant ainsi de mener des investigations pour déterminer les mesures visant à assurer la protection du mineur.

crime, ils peuvent être commis pour les mêmes motifs, en même temps et au même endroit.

Elle est facultative pour les infractions suivantes :

- Les crimes dont la peine est inférieure à trente ans de réclusion ;
- les délits commis par des adultes et dont la peine maximum est égale à cinq ans au moins d'emprisonnement.

*Sous le bénéfice de ces observations, il est important d'examiner les actes du juge d'instruction (chapitre 1), ensuite la clôture de l'instruction préparatoire (chapitre 2), et enfin le contrôle de l'instruction préparatoire (chapitre 3).*

## CHAPITRE 1 - LES ACTES D'INSTRUCTION

**188.** Dès l'abord, une remarque s'impose immédiatement. La compétence du juge d'instruction est *territoriale*, il est compétent en raison du lieu de l'infraction, de la résidence du suspect, de sa détention, de son arrestation. Cela étant, les opérations effectuées par le juge d'instruction peuvent être réparties selon les objectifs visés en deux catégories : la première vise à rechercher et à rassembler les preuves, la deuxième vise l'accusé pour l'empêcher de s'enfuir ou au moins de faire disparaître les preuves.

*Ces précisions données, il importe de traiter, d'abord, les opérations se rapportant à la recherche, au rassemblement des preuves (section 2), et ensuite les actes pris par le juge d'instruction contre l'accusé pour assurer qu'il reste à sa disposition (section 3). Mais une question préalable mérite d'être soulevée ; il s'agit des modes de saisine du juge d'instruction (section 1).*

### *Section 1- Les modes de saisine du juge d'instruction*

**189.** Le juge d'instruction ne peut pas se saisir lui-même, et ce, même en cas d'infraction flagrante, car la mise en mouvement de l'action publique est le premier acte de la poursuite, différent de l'instruction.

Selon l'article 84 du Code de procédure pénale, il y a deux modes de saisine du juge d'instruction, même si le réquisitoire introductif est dans tous les cas nécessaire : *selon un réquisitoire du Ministère public (§ 1), et en cas de plainte avec constitution de partie civile (§ 2).*

#### §. 1 - Selon un réquisitoire afin d'informer

*Il est important de définir le réquisitoire afin d'informer (A) et de préciser sa portée (B).*

#### *A) Définition*

**190.** Le réquisitoire introductif est l'acte par lequel le procureur du Roi ou le procureur général du Roi, chacun en ce qui le concerne, requiert du juge d'instruction d'informer sur un ou plusieurs faits susceptibles de constituer des infractions à la loi pénale. C'est un acte écrit qui doit être daté et signé à peine de nullité, tant du réquisitoire lui-même que des actes subséquents. Le principe de l'opportunité des poursuites permet au Ministère public de choisir les faits sur lesquels il entend ouvrir une information. De là, la saisine du magistrat instructeur est *objective,* car le juge est saisi *"in rem et non in personam"*, c'est-à-dire que le juge d'instruction est saisi des faits qui lui sont déférés par le Parquet. A titre d'illustration, même si un abus de confiance apparaît dans les plaintes initiales, si le Parquet s'est contenté d'ouvrir une information du chef de vol, la poursuite ne s'étend pas à l'abus de confiance. La saisine du juge, quant aux faits, est déterminée par les pièces annexées au réquisitoire.

### *B) La portée*

*La portée du réquisitoire diffère selon qu'il vise les faits (1) ou les personnes (2).*

#### *1) A l'égard des faits*

**191.** Le réquisitoire afin d'informer oblige le juge d'instruction à ouvrir une information. Il doit en conséquence statuer par *une ordonnance de règlement* sur tous les faits dont il a été saisi. Le même juge n'est pas tenu d'instruire en cas de causes affectant l'action publique elle-même ou si les faits, objet des poursuites, ne reçoivent aucune qualification pénale.

**192.** Cependant, le même juge n'est pas compétent à l'égard des faits commis après la date du réquisitoire introductif ; il lui appartient de communiquer son dossier aux fins de réquisitions supplétives. Ainsi, le procureur du Roi ou le procureur général du Roi, chacun en ce qui le concerne, requiert, au cours de l'information et après avoir reçu la communication du dossier, l'extension de cette information à des faits non visés au réquisitoire introductif. Il produit à l'égard des faits les mêmes conséquences que le réquisitoire introductif.

Ce réquisitoire est dénommé, dans la pratique, *"réquisitoire supplétif faits nouveaux"* afin de le différencier du réquisitoire dénommé *"supplétif nouvelles mesures d'instruction"* par lequel le

Ministère public sollicite du juge certains actes. Cela n'empêche pas le juge d'instruction de relever les faits nouveaux et d'effectuer des actes urgents qui sont autant de mesures conservatoires destinées à éviter que les preuves disparaissent. Le juge peut ainsi entendre un témoin, recueillir les propos d'une personne mise en examen, délivrer une commission rogatoire pour que soient consignés d'urgence des indices ou des déclarations. Il ne peut pas donc faire d'actes coercitifs (écoutes téléphoniques, mandat d'amener, saisie, garde à vue, perquisition...).

La question dès lors qui se pose est celle de savoir ce qu'est un ***"fait nouveau"***. S'il s'agit d'une nouvelle qualification d'un fait déjà visé, le réquisitoire supplétif n'est pas nécessaire. Les inculpations sont purement *indicatives* et peuvent être modifiées. De ce fait, le juge d'instruction est saisi de plein droit de toutes les circonstances aggravantes connues ou inconnues au moment de l'ouverture de l'information. Il n'est pas tenu de communiquer la procédure au procureur du Roi ou au procureur général du Roi avant de donner aux faits dont il est saisi une nouvelle qualification et de notifier une inculpation de ce chef. Ainsi, le juge d'instruction qui modifie la prévention de vol simple en vol aggravé n'est pas tenu de communiquer la procédure au Parquet pour pouvoir retenir les circonstances aggravantes de vol perpétré à l'aide d'effraction ou d'escalade.

De même, il importe peu que la partie civile ait mal qualifié l'infraction pouvant être constituée par les faits sur lesquels porte la plainte ; il appartient à la juridiction d'instruction d'examiner ces faits sous toutes les qualifications possibles. Si, au contraire, le fait est véritablement autre, le réquisitoire supplétif s'impose.

### *2) A l'égard des personnes*

**193.** A l'égard des personnes *"in personam"*, les solutions sont plus nuancées. Le réquisitoire du procureur du Roi ou du procureur général du Roi peut être pris contre personne dénommée ou non dénommée (art. 84, al. 2 C.P.P.), sans que la loi précise les critères de son choix[181]. Lorsque le réquisitoire introductif n'indique nommément

---

[181] La Cour suprême a précisé dans son arrêt du 28 octobre 1999 que : « *Le procureur général du Roi peut, par un réquisitoire afin d'informer, demander l'ouverture d'une instruction, des poursuites contre toute personne, même si elle n'est pas dénommée* ». Elle relève également que : « *Conformément au deuxième*

aucune personne, aucun suspect, le juge instruit contre X. Il peut inculper tous les auteurs et complices de l'infraction pour laquelle l'information est ouverte. Le juge d'instruction n'a pas besoin de réquisitoire supplétif. Inversement, quand le réquisitoire désigne des personnes, théoriquement, le juge peut les inculper, ainsi que tous les coauteurs et complices de la même infraction objet de l'instruction préparatoire. En réalité, il paraît difficile d'étendre l'information contre les suspects non désignés par le réquisitoire sans se référer au procureur du Roi ou au procureur général du Roi, chacun en ce qui le concerne.

## § 2 - Une plainte avec constitution de partie civile

*La constitution de partie civile (A) doit répondre à certaines conditions pour que l'action civile soit recevable (B).*

### *A) Le dépôt de la plainte avec constitution de partie civile*

**194.** Selon l'article 84, al. 5 du Code de procédure pénale, le juge d'instruction peut être saisi par une plainte de la victime accompagnée de constitution de partie civile, il est alors saisi de l'action civile et pénale[182].

Ce magistrat ordonne par la suite à la victime de consigner auprès du greffe du tribunal une somme d'argent destinée à couvrir éventuellement les frais du procès, à moins qu'elle ne bénéficie de l'aide judiciaire (art. 95) et de désigner un domicile (en pratique, le cabinet d'un avocat) où elle peut recevoir la correspondance judiciaire.

---

*alinéa de l'article 86 du Code de procédure pénale, le juge d'instruction n'a pas le droit, conformément à l'article 196 du même Code, d'ordonner le renvoi contre une personne non dénommée. La Chambre criminelle a fait une exacte application de la loi lorsqu'elle a déclaré l'irrecevabilité de l'action publique intentée contre des personnes qui ne sont pas identifiées... ».* Arr. n° 2660, doss. corr. 10989/99 jurisprudence de la Cour suprême, n° 59-60.

[182] Il convient de rappeler qu'il est alors nécessaire de distinguer la plainte simple (adressée au procureur du Roi lui-même ou à un officier de police judiciaire qui la lui transmettra), de la plainte avec constitution de partie civile, laquelle est déposée entre les mains d'un juge d'instruction. On sait qu'avec une telle plainte, l'action est mise en mouvement, tandis que sur une plainte simple, le Ministère public reste libre d'agir ou de ne pas agir. Cette comparaison est de SEGAUD (J.), op. cit. p. 381.

A défaut, elle ne peut pas opposer le défaut de notification des actes de procédure (art. 96 C.P.P.).

Si la plainte avec constitution de partie civile est déposée contre un juge, un fonctionnaire ou un agent affilié à l'autorité ou à la force publique et qu'il apparaît que l'État peut engager sa responsabilité civile du fait des agissements de son subordonné, le juge d'instruction doit en aviser l'agent judiciaire du Royaume.

**195.** Le magistrat instructeur prend ensuite une ordonnance de soit-communiqué, en vertu de laquelle il transmet le dossier au procureur du Roi ou au procureur général du Roi, chacun en ce qui le concerne, qui en vérifie l'objet et la recevabilité avant de décider le classement sans suite ou l'ouverture d'une information. Mais le réquisitoire afin d'informer n'est qu'une formalité secondaire de procédure, qui ne met pas en mouvement l'action publique, cette mise en mouvement ayant été opérée par la plainte elle-même.

En principe, il est tenu d'engager une action publique dans un tel cas. Mais il peut inclure dans ses réquisitions une demande de ne pas ouvrir une information judiciaire. Il s'agit de deux cas de figure, qui sont développés par l'article 93 du Code de procédure pénale :

➢ Si les faits ne peuvent légalement comporter une poursuite pour des causes affectant l'action publique, comme la prescription ou l'autorité de la chose jugée ;

➢ s'ils ne peuvent recevoir aucune qualification pénale ou si la nature de l'infraction n'est pas susceptible d'instruction.

Cependant, le juge d'instruction peut décider autrement, c'est-à-dire qu'il peut mener une instruction, mais il doit prendre cette décision par une ordonnance motivée.

**196.** Par ailleurs, le Ministère public peut requérir du juge d'instruction d'ouvrir une information provisoire à l'égard de toute personne que l'enquête pourrait identifier. Il s'agit de l'hypothèse où la plainte n'est pas étayée par des motifs suffisants ou si cette plainte est insuffisamment justifiée par les documents produits. Dans ce cas, le juge d'instruction peut entendre la personne ou les personnes dont les noms sont mentionnés dans la plainte en qualité de témoins. Mais la personne visée par celle-ci peut refuser d'être entendue comme témoin. Dans ce cas, le juge d'instruction l'en avertit, après lui avoir donné connaissance de la plainte. Mention en est faite au procès-verbal. Il peut dès lors l'entendre en sa qualité d'inculpé (art. 118, al. 2 C.P.P.).

**197.** La première obligation qui s'ensuit pour le magistrat instructeur consiste dans la vérification de sa compétence. S'il estime qu'elle existe, il doit procéder aux différentes opérations formulées dans le réquisitoire introductif ainsi qu'à tout acte nécessaire à la manifestation de la vérité.

Dans l'hypothèse où il estime qu'il n'est pas compétent, il ne se contente pas de refuser d'ouvrir une information, mais il doit rendre, après réquisitoire du Ministère public, une ordonnance renvoyant la partie civile devant le juge d'instruction compétent (art. 97 C.P.P.).

### B) Recevabilité de l'action civile

**198.** L'article 84 C.P.P. n'apporte aucune dérogation aux règles générales concernant les conditions de recevabilité de l'action civile, et notamment aux règles traitant la qualité pour agir et les caractères du préjudice invoqué. Ainsi, la victime doit, pour que l'action civile soit recevable, non seulement alléguer qu'elle a été lésée, mais encore que *« les circonstances sur lesquelles il s'appuie permettent au juge d'admettre comme possible l'existence du préjudice allégué et la relation de causalité directe de celui-ci avec les faits dénoncés »*[183].

## Section 2 – Les investigations du juge d'instruction

*Le juge d'instruction procède à des opérations qui visent les personnes (§. 1) et les biens (§. 2).*

### §. 1 - Les investigations visant les personnes

*Le juge d'instruction procède à l'audition des témoins (A), à l'interrogatoire du prévenu (B) et il peut élaborer un dossier sur la personnalité du suspect (C).*

---

[183] Crim., 9 févr. 1961, D. 1961. 306. - Crim. 6 oct. 1964, Bull. crim. n° 256. - Crim. 17 oct. 1967, Bull. crim. n° 251. - Crim. 16 févr. 1999, n° 98-80.537, Bull. crim. n° 17 ; Dr. pénal 1999. Comm. 84, note Robert. - Crim. 11 déc. 2002, JCP 2003. IV. 1255.

### *A) L'audition des témoins*

*Le Code de procédure pénale opère une distinction entre l'audition des témoins ordinaires (1) et ceux bénéficiant de certains privilèges au regard de leurs fonctions (2).*

#### *1) L'audition des témoins ordinaires*

**199.** L'article 117 C.P.P. permet au juge d'instruction de faire citer toute personne dont la déposition lui paraît utile à la manifestation de la vérité. Le témoin convoqué doit comparaître, prêter serment et déposer sous réserve de respecter le secret professionnel.

Si le témoin refuse de comparaître, le juge d'instruction lui adresse une deuxième convocation par une lettre recommandée avec accusé de réception ou par un agent ou un huissier de justice, ou par voie administrative. Si la personne répond, il donne son témoignage. Mais s'il refuse, le juge d'instruction, sur réquisition du Ministère public, peut lui contraindre par la force publique et risque une amende de 1.200 ou 12.000 dhs, à moins que son absence soit justifiée ; dans ce cas, et après réquisition du Ministère public, la personne est dispensée de la totalité ou d'une partie de l'amende (art. 128, al. 1 et 2 C.P.P.).

**200.** Une autre question mérite par ailleurs d'être soulevée. Il s'agit du cas d'une personne qui avait déclaré publiquement connaître les auteurs d'un crime ou d'un délit, mais qui refuse de répondre aux questions qui lui sont posées par le juge d'instruction. Dans ce cas, elle pourra être condamnée à un à trois mois d'emprisonnement et à une amende de 1200 à 10.000 dirhams ou à l'une de ces deux peines seulement.

Dans le même ordre d'idées, le législateur a traité le cas d'une personne résidant dans la circonscription du juge d'instruction et qui a reçu une convocation, mais elle se trouvait dans l'impossibilité de comparaître. Conformément à l'article 131 C.P.P., le juge d'instruction peut, lorsqu'il a été informé que le témoin n'a pas pu y répondre, se déplacer sur le lieu pour l'entendre. Mais si le témoin a menti, c'est-à-dire qu'il a inventé cette difficulté, le juge d'instruction peut le condamner à une amende de 2000 à 10.000 dirhams. Le législateur n'a pas précisé si cette condamnation est susceptible ou non de recours.

Il s'agit d'un cas qui relève du Code de l'exception, car il n'appartient pas au juge d'instruction de prononcer des sanctions. Son rôle se limite juste à mener une instruction à charge et à décharge.

Lorsque le témoin réside hors de la circonscription du juge d'instruction saisi, celui-ci donne une délégation à un autre juge d'instruction ou un officier de police judiciaire de son lieu de résidence à l'effet de l'auditionner. Les dépositions reçues dans le cadre de cette délégation sont envoyées directement et sous pli fermé au juge d'instruction saisi de l'affaire.

Le témoin doit prêter serment à moins qu'il n'en soit dispensé. C'est ainsi le cas du mineur de moins de 18 ans, des personnes condamnées à des sanctions pénales[184], des parents de l'accusé : le conjoint, les ascendants et descendants, à l'exclusion des autres, tels que les frères et beaux-parents de l'accusé[185].

---

[184] La condamnation d'un témoin à des peines n'est pas toujours considérée comme un motif de dispense de prêter serment ou comme un motif de privation de la possibilité de témoigner, car il s'agit d'une question liée au type de sanction qui lui a été infligée. Ainsi, s'il a été condamné à des sanctions criminelles, cela entraînera nécessairement l'application de sanctions accessoires à son encontre. Elles s'appliquent de plein droit sans qu'une décision judiciaire ne soit prononcée. Parmi ces sanctions, on peut mentionner la dégradation civique, qui comprend l'interdiction de témoigner devant la juridiction.

Cette affirmation mérite d'être temporisée, car l'article 123 du Code de procédure pénale permet d'auditionner les témoins condamnés à une peine criminelle sans prêter serment. Cette possibilité est également prévue à l'article 26 du Code pénal précisant que la déposition de ces personnes sert comme de simples renseignements pour la juridiction saisie.

Dans le cas où le témoin est condamné à une peine délictuelle, il peut déposer devant les juridictions, à moins qu'une décision judiciaire soit prononcée et qui lui interdise de témoigner.

[185] La Cour suprême a précisé que : *« Seuls les ascendants, les descendants et le conjoint de l'accusé sont dispensés de prêter serment en raison de la parenté. C'est pourquoi la chambre criminelle a violé les articles 323 et 324 (abrogés) en entendant comme témoin le frère de la victime après avoir été dispensé de prêter serment. »* Arr. n° 401, du 20 février 1969, jurisprudence de la Cour suprême, n° 9, p. 78 ; arr. n° 629, année, 15, chambre criminelle, du 7 mai 1970, jurisprudence de la Cour suprême n° 17, p. 70. La Haute juridiction a même décidé que la liste des témoins qui sont dispensés de prêter serment est limitative. Arr. n° 188, doss. criminel n° 44091 du 6 janvier 1975, Revue de la magistrature et du droit, n° 127 et 218.

Cependant, la réception du magistrat instructeur d'un témoignage sans serment n'entraîne pas la nullité de la procédure. Il en est de même pour les personnes qui l'ont fait, même si elles sont dispensées.

**201.** Les témoins, avant d'être entendus sur les faits, sont invités à indiquer leurs identités (nom, prénom, âge, état, profession, domicile, le cas échéant, leurs tribus et fraction d'origine, à dire s'ils sont parents ou alliés des parties et à quels degrés...). Mais ils peuvent témoigner *sous anonymat* dans n'importe quelle affaire (art. 82-6 C.P.P.) ou dans certains cas : il faut que les faits soient constitutifs d'une infraction de *corruption, de trafic d'influence, de détournement, de dilapidation, de concussion ou de blanchiment d'argent, de la traite des êtres humains ou l'un des crimes prévus à l'article 108 de la présente loi* (art. 82-7 C.P.P.), mais il faut que l'audition soit de nature de mettre gravement en danger la vie ou l'intégrité physique du témoin ou de sa famille ; que la connaissance de son identité ne soit pas par ailleurs indispensable à l'exercice des droits de la défense. Elle sera mentionnée dans un procès-verbal distinct du procès-verbal d'audition (art. 82-8 C.P.P.).

**202.** Les personnes qui déposent sont entendues séparément et hors la présence du prévenu par le juge d'instruction assisté de son greffier (art. 119, al. 1 C.P.P.). Le but étant d'éviter toute gêne aux témoins ou leurs influences mutuelles, ou d'empêcher toute coordination entre eux.

**203.** Si le témoin parle une langue ou un dialecte difficile à comprendre, le magistrat chargé de l'instruction peut être assisté d'un interprète. Pour garder la neutralité, il ne doit pas être convoqué pour témoigner dans l'affaire. Il prête le serment de traduire fidèlement, sauf s'il est inscrit sur la liste des traducteurs agréés[186].

[186] Etant donné que le législateur n'a pas précisé la formule de serment que doit prêter l'interprète non assermenté et s'est contenté de prévoir à l'article 120, alinéa 2 du Code de procédure pénale, *« à condition qu'il soit fidèlement traduit »*, le juge d'instruction peut se référer au Dahir du 06/22/2001, relatif aux traducteurs agréés près les juridictions. Son article 27 prévoit que : *« Le tribunal peut, à titre exceptionnel, se faire assister d'un traducteur non inscrit au tableau »*, et son article 24 précise la formule du serment dans les termes suivants : *« Je jure devant Dieu Le Tout Puissant de traduire loyalement et fidèlement les paroles prononcées ou*

**204.** Le témoin doit dire la vérité, car à défaut, il sera condamné pour faux témoignage, c'est-à-dire toute déclaration faite par une personne devant les juges après avoir prêté serment, dans l'intention de changer délibérément la vérité (art. 368 C.P.).

**205.** Par ailleurs, le juge d'instruction peut interpeller le témoin, le confronter avec d'autres témoins ou avec les accusés et faire, avec leur concours, toute opération ou reconstitution utile à la manifestation de la vérité (art. 125 C.P.P.). Ils sont assistés d'avocats, à moins qu'ils n'y aient renoncé expressément.

La confrontation consiste à mener un entretien entre deux ou plusieurs témoins ou accusés pour clarifier les points sur lesquels les témoins sont en désaccord. Elle sert également à évaluer la crédibilité de leur témoignage et permettre au juge d'instruction de forger sa conviction.

**206.** Les dépositions prises oralement doivent être rédigées dans un procès-verbal (article 119, al. 2 C.P.P.) et chacune de ses pages doit être paraphée par le juge, le greffier et le témoin (article 124 C.P.P.)[187]. Le Code de procédure pénale prévoit des règles particulières concernant la signature du procès-verbal par le témoin afin de s'assurer que ce dernier a bien été compris par le juge. Il est invité par le magistrat instructeur à relire sa déposition telle que transcrite et à la signer, s'il déclare persister dans ses déclarations (art. 124, al. 1er C.P.P.). Si le témoin ne sait pas lire, lecture lui en est faite par le greffier (art. 124, al. 2 C.P.P.). S'il refuse, mention est faite au procès-verbal. S'il est assisté d'un interprète, chaque page du procès-verbal est également signée par lui.

**207.** Enfin, le témoin peut, sur sa demande, recevoir une indemnité de séjour ainsi que le remboursement de ses frais de voyage. Ces

---

*échangées par des personnes ainsi que les documents qui me sont confiés à cet effet et de garder le secret professionnel. »*

[187] L'omission dans la décision attaquée de mentionner la prestation de serment des témoins ne constitue pas une violation de l'article 323 du Code de procédure pénale, pour autant que le procès-verbal de l'audience en bonne et due forme démontre que les témoins entendus ont prêté le serment légal requis par la loi. C. sup. Arr. n° 41415, doss. corr. n° 89/17921 du 8 février 1995, arrêts de la Cour suprême, n° 49-50, p. 238.

indemnités et frais sont payés immédiatement par le juge d'instruction (art. 127 C.P.P.).

### *2) L'audition des témoins privilégiés*

**208.** L'article 133 renvoyait aux articles 326 et 327 du Code de procédure pénale, en ce qui concerne les privilèges dont bénéficient certains témoins en raison de leurs fonctions. Le juge d'instruction doit, à peine de nullité, respecter la procédure avant de procéder à leurs auditions.

Ainsi, le magistrat instructeur qui désire auditionner un membre du gouvernement ou un secrétaire d'Etat, ou un secrétaire d'Etat adjoint doit obtenir au préalable l'autorisation du conseil des ministres sur rapport du ministre de la justice. Dans l'hypothèse où cette autorisation est accordée, le juge d'instruction applique les dispositions se rapportant aux formes ordinaires de la déposition.

Cependant, si la comparution n'a pas été autorisée ou n'a pas été demandée par le magistrat instructeur, il est fait application de l'article 133 du Code de procédure pénale concernant l'audition des membres du gouvernement, qui renvoie à l'article 326 du même Code traitant l'audition de ces témoins devant la juridiction. Ainsi, le juge d'instruction concerné par l'affaire charge le Premier président de sa juridiction de recevoir le témoignage, si le témoin réside dans la circonscription de cette juridiction, ou lui demande de déléguer un autre juge, si le témoin réside hors du chef-lieu du juge d'instruction.

Au cours de l'instruction, le juge d'instruction détermine, si le témoin réside hors du chef-lieu de la Cour. Le magistrat délégué par le Premier président reçoit la déposition par écrit dans la demeure de la personne concernée. Ils sont assistés par un greffier.

A cet effet, le juge d'instruction chargé de l'affaire leur adresse un état des faits, demandes et questions sur lesquels le témoignage est requis. Dès qu'il aura reçu le témoignage, le Premier président ou le juge délégué par lui le remettra immédiatement au cabinet du juge d'instruction compétent ou l'adressera fermé et cacheté. Il est communiqué sans délai au Ministère public ainsi qu'aux parties intéressées.

La déposition est lue à l'audience publique et soumise aux débats à peine de nullité.

**209.** Par ailleurs, la déposition d'un représentant d'un Etat étranger est demandée par la voie diplomatique, à savoir par le ministère des Affaires étrangères. Elle est faite par écrit. Dans l'hypothèse où la demande est acceptée, le premier président de la Cour d'appel ou le magistrat délégué reçoit cette déposition. Il fait application des dispositions portant sur les membres du gouvernement.

### *B) Les interrogatoires et confrontations*

**210.** Alors que l'audition s'applique au témoin et à la partie civile, l'interrogatoire s'applique à la personne mise en examen. Il désigne la confrontation de l'accusé faisant l'objet d'une instruction aux accusations portées contre lui.

Il prend la forme de questions et réponses conformément aux conditions fixées par la loi. En effet, il permet au juge d'instruction de poser des questions au prévenu pour avoir des éclaircissements sur les faits et les circonstances de l'infraction. Sa finalité est de parvenir à connaître la vérité pour renvoyer l'accusé devant les juridictions compétentes ou l'écarter du rang des accusés. De là, l'interrogatoire constitue une étape importante du procès et qui a amené le législateur à l'entourer de certaines règles bien précises (art. 134 à 141 C.P.P.) pour protéger l'individu contre les abus. L'inobservation de ces règles entraîne la nullité de la procédure (art. 210 C.P.P.).

*Leur portée diffère selon qu'il s'agit de l'interrogatoire de première comparution (1) ou de l'interrogatoire de fond (2).*

#### *1) L'interrogatoire de première comparution*

**211.** L'accusé comparaît pour la première fois devant le juge d'instruction pour un interrogatoire de première comparution au sens de l'article 134 du Code de procédure pénale. Il ne peut être procédé à cet interrogatoire que par le magistrat instructeur ou par un magistrat requis par commission rogatoire, à l'exclusion d'un officier de police judiciaire (art. 190, al. 2 C.P.P.).

L'utilité de cet interrogatoire est que le juge d'instruction désigne officiellement l'accusé comme auteur présumé de l'infraction objet de l'instruction[188]. Mais il est du devoir du magistrat instructeur de n'inculper une personne qu'après s'être éclairé sur le point de savoir si elle a participé à l'acte incriminé dans des conditions de nature à engager sa responsabilité pénale.

Quant au moment de la notification d'une mise en examen, ce magistrat demeure maître d'apprécier cette question après avoir, le cas échéant, procédé à toutes investigations utiles.

Le juge d'instruction peut convoquer la personne concernée. Il peut notifier cette convocation par un huissier ou un agent de la force publique.

**212.** Lors de cet interrogatoire, le juge d'instruction constate l'identité de l'accusé (nom, prénom, âge, date et lieu de naissance, situation familiale, profession, domicile, antécédents judiciaires ainsi que son numéro de carte d'identité nationale et son numéro de somme s'il est fonctionnaire). En cas de besoin, il ordonne toute mesure à même de déterminer cette identité (examen de la fiche anthropométrique, examen médical...). Ces mesures s'imposent en cas de résistance du prévenu ou de doute sur la véracité de ces affirmations ou de son identité.

Après que le magistrat instructeur a vérifié l'identité de l'accusé lors de sa première comparution, il l'informe immédiatement de son droit de choisir un avocat. S'il ne fait pas appel à un défenseur de son choix,

---

[188] En France, dans le but de renforcer la protection de la présomption d'innocence, le législateur a introduit par la loi du 30 décembre 1987 dans la procédure pénale un nouveau statut, celui de "témoin assisté", intermédiaire entre le simple témoin, dépourvu de toute assistance et le mis en examen, véritable partie à la procédure. Ce statut sera officialisé par la loi du 15 juin 2000 qui lui consacre toute une section intitulée "des auditions des témoins". Le témoin assisté reste témoin, mais a droit à un avocat. Son statut est en réalité lié à la mise en examen dont il constitue le préalable. L'attribution obligatoire de cette qualité a lieu pour toute personne nommément visée par un réquisitoire introductif et qui n'est pas mise en examen : elle doit être entendue comme témoin assisté.
L'attribution facultative aura lieu soit sur demande de l'intéressé, soit sur l'initiative du magistrat instructeur. Toute personne nommément visée par une plainte simple ou mise en cause par la victime peut être entendue comme témoin assisté.
Le second cas d'attribution facultative est celui qui résulte de l'initiative du juge d'instruction. Il s'agit de la personne mise en cause ou contre laquelle il existe des indices rendant vraisemblable sa participation comme auteur ou complice à la commission des infractions dont le juge est saisi (en l'occurrence, les indices ne sont ni graves ni concordants).

le juge d'instruction, sur la base de sa demande, lui désigne un défenseur, mention en est faite au procès-verbal, sous peine de nullité de la procédure. Il peut en changer aussi librement ; il est libre de refuser l'assistance d'un conseil.

Le magistrat instructeur fait connaître expressément à l'intéressé chacun des faits dont il est saisi et pour lesquels il est mis en examen, sans être tenu d'en préciser la qualification juridique (art. 134-3 C.P.P.). Dans la pratique, cependant, le juge d'instruction informe l'accusé des faits reprochés et de leur qualification. Il l'informe également des charges retenues contre lui, telles que le témoignage, les traces ADN trouvées sur le lieu de l'infraction, ses empreintes digitales… Il doit utiliser une expression simple, de sorte que l'accusé ne trouve pas de difficultés particulières à saisir le contenu. Le but étant de lui permettre de confronter les preuves présentées avec d'autres qui les contredisent.

Il avise le mis en cause qu'il a le droit de ne faire aucune déclaration (art. 134-4 C.P.P.) en mentionnant cet avis au procès-verbal, sous peine de nullité (art. 210 C.P.P.). Le juge d'instruction peut poser toutes les questions utiles sur l'identité de l'intéressé. L'avocat a le droit d'assister au premier interrogatoire.

Le même magistrat doit soumettre la personne gardée à vue à un examen médical. La demande est faite par l'inculpé ou son avocat, ou de sa propre initiative lorsqu'il a constaté des indices qui justifient cet examen, et il désigne à cet effet un médecin expert.

Le juge demandera à la personne mise en examen qu'elle déclare une adresse personnelle ou celle d'un tiers, avec son accord, chargé de recevoir les actes de procédure qui lui seront notifiés. Toute notification faite à l'adresse indiquée sera réputée faite à personne. La personne mise en examen devra aussi signaler tout changement d'adresse de domicile. L'intéressé doit choisir un lieu dans la circonscription du tribunal ; en pratique, il opte pour le cabinet de l'avocat qui l'assiste.

A l'issue de l'interrogatoire du prévenu, le juge d'instruction décide s'il doit être libéré, placé en détention provisoire ou placé sous contrôle judiciaire. Toutefois, en cas de demande du Ministère public dans son réquisitoire au juge d'instruction de décerner un mandat de dépôt à l'encontre de l'accusé et que celui-ci ne voit pas l'intérêt d'y procéder, il doit rendre, dans les vingt-quatre heures, une ordonnance à cet effet, qui est immédiatement notifiée au Parquet (art. 134, al. 7 C.P.P).

Le greffier assiste à cet interrogatoire. Il rédige un procès-verbal qui relate l'accomplissement de toutes les formalités légalement prévues.

Les mentions du procès-verbal constatant qu'il a été procédé conformément à ce texte font foi jusqu'à l'inscription de faux, dès lors qu'il ne résulte pas du procès-verbal lui-même que le juge a procédé par voie de questions et de réponses de nature à engager la responsabilité pénale de l'inculpé.

**213.** Ce formalisme très protecteur peut être écarté en cas d'urgence. L'article 135 du Code de procédure pénale autorise, en effet, le juge d'instruction à procéder à un interrogatoire immédiat, si l'urgence résulte soit de l'état d'un témoin en danger de mort, soit de l'existence d'indices sur le point de disparaître, soit en présence d'une infraction flagrante lorsque le procureur du Roi et le juge d'instruction sont simultanément sur les lieux et que le procureur a requis l'ouverture d'une information. Le procès-verbal doit faire mention des causes d'urgence.

### *2) L'interrogatoire au fond*

**214.** L'interrogatoire est une formalité substantielle de l'information. C'est un acte par lequel le juge d'instruction pose des questions à la personne mise en examen aux fins de découvrir la vérité. C'est également un acte d'autorité dont dispose le juge qui l'exerce comme il l'entend sous réserve de ne pas user de procédés déloyaux et notamment de contrainte physique ou morale. Il est interdit, à peine de nullité, d'entendre l'inculpé sous serment. Le juge ayant la maîtrise de la conduite de l'interrogatoire ; il peut l'interrompre quand il le juge opportun.

**215.** Selon l'article 139 C.P.P., les parties ne peuvent être entendues, interrogées ou confrontées, à moins qu'elles n'y renoncent expressément, qu'en présence de leurs avocats ou de ces derniers dûment appelés. Si la personne interrogée ou entendue est étrangère, le juge peut recourir à un interprète, choisi en général sur la liste des interprètes assermentés, car à défaut, il doit prêter serment. Dans le cas où la personne est atteinte de surdité, le juge d'instruction nomme d'office un interprète en langue de signes.

L'interprète qui déforme intentionnellement les déclarations est puni des peines de faux témoignages (art. 374 C.P.).

**216.** L'avocat de la personne mise en examen a le droit d'assister aux interrogatoires. D'où l'obligation pour le juge de le convoquer par lettre recommandée avec demande d'avis de réception, télécopie, ou verbalement avec émargement au dossier, deux jours au moins avant chaque interrogatoire[189].

L'avocat a le droit d'avoir communication des pièces du dossier un jour au moins à la veille de l'interrogatoire. Ce délai est très court et ne contribue pas à l'exercice effectif des droits de la défense. En tout cas, la procédure est mise à sa disposition quatre jours ouvrables au plus tard avant chaque interrogatoire.

La présence de l'avocat à l'interrogatoire individuel ou confronté ne signifie pas pour lui la possibilité de défendre et de plaider pour son client. Cette voie ne s'ouvre à lui que devant les juridictions de jugement. Il se contente à ce stade de la procédure d'éviter à son client les imprudences ou les atteintes à ses prérogatives ou aux garanties de la défense. C'est dans cet esprit qu'il n'est habilité à poser que des questions à son client. Il ne peut formuler ces questions que sur autorisation du juge. Ce dernier demeure, toutefois, habilité à refuser tout ce qui lui paraît nuire au bon déroulement de l'information ou à la dignité de la personne. Or, le texte fait mention que les questions refusées doivent obligatoirement figurer au procès-verbal. Le but étant que l'avocat puisse ultérieurement justifier devant la juridiction du fond certains aspects de la défense qui n'ont pas été acceptés par le juge d'instruction. Il peut également présenter quelques moyens de défense et soulever certaines observations liées à la bonne application de la loi et à l'intégrité des actes ordonnés par ce magistrat.

Puisque la présence de l'avocat lors d'un interrogatoire ou d'une confrontation vise à veiller à l'intégrité des procédures, il doit

[189] En France, le juge a l'obligation de convoquer l'avocat au plus tard cinq jours ouvrables avant l'interrogatoire. Ce dernier a le droit d'avoir communication de la procédure à tout moment durant les jours ouvrables, sous réserve des exigences du bon fonctionnement du cabinet d'instruction.

invoquer la nullité pouvant entacher la citation ou la consultation du dossier avant la clôture du procès-verbal. L'article 139 du Code de procédure pénale interdit d'invoquer ultérieurement cette exception. Le procès-verbal est considéré comme clos une fois qu'il est signé.

Le juge d'instruction peut ordonner l'interdiction pour l'accusé de contacter quiconque pendant une durée de dix jours, renouvelable une seule fois. Cette interdiction ne concerne pas le contact avec l'avocat.

Le procureur du Roi peut présenter les réquisitions, mais il n'assiste pas aux interrogatoires et confrontations de la personne mise en examen[190].

### *C) Le dossier de personnalité*

**217.** Le dossier de personnalité comprend, d'une part, l'enquête de personnalité et l'enquête sociale et, d'autre part, l'examen médical et médico-psychologique. En pratique, cependant, cette mesure n'est pas ou suffisamment appliquée, en raison du manque de cadres suffisants et qualifiés dans les domaines de la psychologie, de la sociologie criminelle, de la criminologie et d'autres sciences sociales.

### *1) L'enquête de personnalité et l'enquête sociale*

**218.** L'enquête de personnalité a pour objet de construire un portrait de l'individu et de son milieu. L'article 87, al. 1er du Code de procédure pénale précise, en effet, que : *« Le juge d'instruction procède, de manière obligatoire en matière de crime, à une enquête sur la personnalité de l'inculpé, ainsi que sur sa situation familiale et sociale. Cette enquête est facultative en matière de délit ».*

---

[190] En France, le procureur de la République peut assister aux interrogatoires et confrontations de l'accusé. Il doit être averti au plus tard l'avant-veille de l'interrogatoire quand il demande d'y assister.

Le projet de Code de procédure pénale avant la promulgation de l'actuel Code prévoit dans son article 128 que :*"Le procureur du Roi peut assister aux interrogatoires et confrontations de la personne mise en examen et l'audition de la partie civile. Quand il fait savoir au juge d'instruction de sa volonté d'y assister, le greffier doit lui adresser un avis vingt-quatre heures au moins avant l'interrogatoire".*

**219.** Cette enquête est menée par le juge d'instruction lui-même ou confiée à un officier de police judiciaire, ou à toute personne ou institution habilitée. En pratique, le magistrat instructeur procède rarement lui-même à l'enquête de personnalité, mais il délègue cette enquête à un officier de police judiciaire, conformément à ce qui est prévu par l'article 87, al. 3 du Code de procédure pénale.

Cette enquête se distingue de *l'expertise*, car elle ne revêt pas un caractère technique. Les articles 194 et suivants du Code de procédure pénale ne lui sont pas dès lors appliqués.

**220.** Le magistrat instructeur peut par ailleurs procéder à une enquête sociale. La finalité de cette enquête est de vérifier la situation matérielle, familiale et sociale de l'intéressé.

Il peut charger l'officier de police judiciaire, un service spécialisé ou une personne habilitée spécialisée en psychologie, sociologie criminelle ou criminologie, afin de vérifier la situation matérielle, familiale et sociale de la personne pour mieux connaître l'accusé et les circonstances de la commission de l'infraction.

Le résultat obtenu à la suite de ces enquêtes sert seulement comme de simples renseignements ; la juridiction de jugement n'est pas dès lors tenue de le prendre en considération dans la préparation de sa décision.

Il importe de préciser enfin que la loi a confié au juge d'instruction la mission de mener une recherche sur les mesures visant à faciliter la réinsertion sociale des prévenus. Elle exige que les conditions suivantes soient remplies :

- L'âge de l'accusé doit être inférieur à vingt ans ;
- la peine prescrite ne peut excéder cinq ans ;
- le juge n'a pas décidé de placer l'accusé en détention provisoire.

### *2) L'examen médical et l'examen médico-psychologique*

**221.** Les examens médical et médico-psychologique se distinguent de l'enquête de personnalité, bien qu'ils concernent aussi l'observation de la personne du délinquant présumé. Ils constituent des mesures d'expertise.

**222.** L'article 134, al. 5 du Code de procédure pénale permet au juge d'instruction de soumettre la personne gardée à vue à un examen médical lorsque la demande lui en est faite par l'inculpé ou par son avocat, ou de sa propre initiative, s'il a constaté des traces qui justifient cet examen. Il nomme ainsi un médecin expert. Il ne peut rejeter cette demande que par une ordonnance motivée.

Cet examen a également pour objet de voir si l'état de santé du mis en examen est compatible avec la détention.

**223.** Par ailleurs, l'examen *psychiatrique ou psychologique* est une expertise de responsabilité. Elle a pour objet de déterminer les troubles de la personnalité et leur lien avec l'infraction (question de culpabilité), l'existence éventuelle de l'état dangereux (question de dangerosité) et les chances de réadaptation de l'auteur de l'infraction. La loi rend ces examens en principe facultatifs.

**224.** Dans le même ordre d'idées, le juge d'instruction peut, après avis du Ministère public, ordonner que l'inculpé soit soumis à un traitement, s'il apparaît que l'intéressé souffre d'une intoxication chronique résultant de sa dépendance à l'alcool, à la drogue ou à d'autres substances psychotropes.

Le traitement est effectué soit au sein de l'établissement dans lequel le prévenu est détenu, soit dans un établissement spécialisé selon les conditions prévues par la loi. Pendant la période de traitement, les actes d'instruction sont suspendus. Or, le placement en détention provisoire conserve son effet.

## §. 2 - Les investigations matérielles

*Pour procéder aux investigations opportunes, le juge pourra demander une expertise (A), des descentes sur les lieux, des perquisitions (B) ou bien recourir à des interceptions téléphoniques (C).*

### *A) La place de l'expertise dans le procès pénal*

*Il apparaît nécessaire de préciser la notion d'expertise (1), d'expliquer comment procéder à la désignation d'expert (2), de mettre en lumière le déroulement de l'expertise (3).*

### *1) Définition*

**225.** La loi n° 45-00 relative aux experts judiciaires définit l'expert dans son article 2 comme *"un spécialiste qui est chargé par les juridictions d'instruire des points à caractère technique. Il lui est interdit de donner son avis sur tous points de droit. Les avis de l'expert sont reçus par les juridictions à titre de simples renseignements sans pour autant avoir un caractère obligatoire."* En pratique, cependant, les avis de l'expert s'imposent au juge, car *« l'inspection judiciaire ne suffit pas dans tous les cas pour constater le corps du délit ; cette constatation exige souvent des connaissances spéciales qui manquent au juge et qu'il supplée en appelant le concours des hommes qui les possèdent. Ces hommes, lorsqu'ils sont consultés par la justice, prennent le nom d'experts"*[191]. Ils permettent donc au juge de déléguer des actes qu'il ne peut effectuer lui-même en raison de difficultés techniques.

### *2) Désignation de l'expert*

**226.** De prime abord, il importe de préciser que pour pouvoir être expert, il faut être inscrit sur le tableau des experts judiciaires[192]. Ce spécialiste peut être auprès d'une Cour d'appel ou au niveau national. Mais après cinq années d'exercice auprès d'une Cour d'appel, l'expert peut demander à être inscrit sur le tableau national.

L'inscription au tableau se fait par arrêté du ministre de la justice sur proposition d'une commission instituée auprès de celui-ci[193]. Il est procédé à la révision des tableaux chaque année et le refus de candidature doit être motivé. Ce refus ne s'oppose pas à la présentation de candidature l'année suivante.

---

[191] HELIE (F.), « Traité de l'instruction criminelle », t. IV, n° 1889, cité par CROIZIER (J.-L.), GUERY (C.), Répertoire pénal, « Expertise », D., janv. 2010, n° 5, p. 3 et s.

[192] Pour les conditions d'accès à cette fonction, voir l'art. 3 de la loi pour les personnes physiques et l'art. 4 pour les personnes morales.

[193] La commission est présidée par un représentant du ministre de la justice, président, et comprend trois premiers présidents de Cours d'appel, trois procureurs généraux du Roi près des cours d'appel ; deux experts judiciaires de la discipline du candidat. Cette commission instruit donc les candidatures à l'expertise judiciaire, élabore et révise les tableaux des experts et exerce un pouvoir disciplinaire (art. 8 et 9).

Toutefois, le juge d'instruction peut, à titre exceptionnel, et par une décision motivée, désigner un expert non inscrit, ce n'est qu'à la condition que celui-ci prête le serment prévu par l'article 345 du Code de procédure pénale. En effet, l'absence de motivation de l'ordonnance qui désigne un expert qui n'est pas inscrit sur l'une ou l'autre des listes ou encore l'absence de prestation de serment d'un expert non inscrit sur ces listes *est une cause de nullité.*

**227.** C'est le juge d'instruction chargé du dossier qui procède à la désignation de l'expert par ordonnance. L'absence de signature de l'ordonnance prescrivant l'expertise constitue une cause de *nullité*. Comment les choses se passent-elles en pratique ?

Le juge désigne l'expert et lui définit sa mission. Il peut aussi nommer plusieurs experts. Dans ce cas, l'article 194 al. 2 du Code de procédure pénale consacre le principe de *l'unicité d'expert* en indiquant que : *"Le ou les experts procèdent à leur mission sous le contrôle du juge d'instruction ou de la juridiction de jugement saisie de l'affaire ou, le cas échéant, le magistrat désigné par la juridiction".* Les experts doivent dès lors travailler en commun, quitte à ce que l'un d'eux explique les motifs pour lesquels il ne peut pas partager les conclusions de son collègue. Le juge peut même adjoindre un spécialiste ou sapiteur à l'expert lorsque celui-ci demande au juge d'être éclairé sur une question échappant à sa spécialité.

Les parties restent, cependant, étrangères au choix par le juge du technicien, puisque l'expertise n'est pas contradictoire dans son déroulement, en ce sens que la désignation de l'expert et les questions qui lui sont posées ne sont pas directement soumises à un accord des parties. Cette affirmation mérite d'être temporisée, car une mesure d'expertise peut être ordonnée par le juge d'instruction à la demande du Ministère public, d'office ou à la demande des parties (art. 194 C.P.P.).

**228.** L'article 196-1 C.P.P. dispose que la décision ordonnant l'expertise doit être notifiée sans délai au Ministère public et aux parties, qui disposent d'un délai de trois jours pour présenter leurs observations sur le choix de l'expert et sur sa mission. Or, l'article 196 n'est pas applicable en cas d'urgence. Le juge d'instruction peut, en effet, ordonner que la mission de l'expert commence tout de suite, mais il est permis au Ministère public, aux parties et à leurs conseils de choisir dans un délai de trois jours des assistants experts qui vont aider celui-ci, mais une désignation par le juge d'instruction est obligatoire (art. 197-1 C.P.P.).

**229.** Globalement, le juge donne à l'expert une idée de l'affaire et, au cours de cette entrevue, il lui donne son point de vue. Il lui fait parvenir les scellés contenant les pièces à conviction devant être examinées (art. 202 C.P.P.). Dès lors, il ne peut déléguer cette prérogative et le juge veille personnellement au bon déroulement des opérations expertales.

### *3) Le déroulement de l'expertise*

**230.** L'expertise concourt dans diverses affaires ***à l'identification de l'auteur des faits.*** Il en est ainsi dans des situations dans lesquelles l'établissement de la matérialité des faits exige une analyse scientifique ou technique des traces, des indices et des circonstances relevés sur la scène du crime ou lors d'investigations complémentaires. Ici, apparaît toute une variété des techniques d'identification des personnes (de l'analyse graphologique à l'analyse des données biométriques les plus diverses : ADN, empreintes digitales et palmaires, en passant par l'analyse de la voix et des odeurs).

L'homme de l'art peut aussi recevoir les déclarations faites par diverses personnes en lien avec l'infraction pour laquelle il est chargé d'instruire (art. 203 C.P.P.), sans, toutefois, posséder de pouvoir de coercition pour les obliger à témoigner. Il peut même entendre l'accusé par le canal du juge d'instruction. Les déclarations sont recueillies par l'expert en présence du conseil ou ce dernier dûment convoqué.

Au surplus, l'expertise de certaines affaires ***économiques et financières*** vise à retracer, à travers des organigrammes et des états financiers complexes, les circuits empruntés par des biens ou des valeurs détournés de leur destination initiale.

Au demeurant, l'expertise pratiquée par un médecin joue un rôle important dans l'identification des éléments qui sont en mesure d'aider le juge d'instruction. Il a le droit dans tous les cas de poser des questions à la personne examinée hors de la présence du juge et des avocats (art. 203, al. 3), ceci au regard du caractère intime et technique de ce type d'acte[194].

À cet égard, le juge n'est pas lié par l'avis médical sollicité, ce qui ne l'empêche pas de discuter cet avis ou d'en requérir un autre au besoin, s'il estime les constatations de l'expertise insuffisantes, contradictoires, erronées ou non convaincantes d'après les données de la science et les règles de la logique et du bon sens.

Dans d'autres circonstances, l'expertise sert à fixer le niveau de gravité des faits. C'est le cas ***des expertises de médecine légale*** qui tendent à déterminer la cause et le niveau de l'incapacité ou de l'infirmité résultant des violences ou des blessures subies. Cette technique tend aussi à déterminer le *modus operandi*. Les conséquences liées aux conclusions de l'expert pourront conduire à la mise en examen d'un suspect ou à son renvoi devant la juridiction de jugement. Le rapport de l'expert pourra, au contraire, conclure que la mort de l'individu expertisé n'est pas liée à l'infraction reprochée au suspect.

Enfin, il importe de citer ***l'expertise psychologique ou psychiatrique ou médico-psychologique.*** Celle-ci revêt une importance particulière dans la mesure où elle évalue l'irresponsabilité pénale pour trouble mental. Cette irresponsabilité est une question de fait qui relève de l'appréciation souveraine du juge du fond. Le rôle de l'expert consiste à évaluer la responsabilité pénale de l'individu et notamment à parvenir à se prononcer sur l'abolition ou l'altération du discernement ou du contrôle de ses actes.

Ses conclusions sur l'état mental de l'intéressé ont des répercussions importantes, puisqu'en cas de reconnaissance d'un tel trouble, la personne n'est pas reconnue responsable par le juge d'instruction. Or, en cas de simple altération de discernement ou d'entrave au contrôle de ses actes, la personne reste pénalement responsable et la peine sera adaptée à son état mental.

**231.** A la fin de sa mission, l'expert rédige un rapport expliquant les opérations et investigations menées par lui et aussi le résultat de l'expertise. Il doit attester qu'il les a réalisées personnellement ou qui

---

[194] En ce sens, il convient de relever que l'expertise n'a pas à se dérouler contradictoirement ; seules ses conclusions doivent être soumises à la contradiction de l'ensemble des parties afin que les droits de la défense soient respectés.

les a supervisées. L'expert assistant qui a des réserves à faire valoir doit les consigner dans une note que l'expert commis est tenu d'annexer à son rapport avec ses remarques (art. 205 C.P.P.).

L'homme de l'art doit déposer son rapport au greffe de la juridiction qui l'a demandé contre récépissé, dans le délai fixé par le juge. Ce délai peut être prorogé par décision motivée. Le retard dans l'exécution de la mission peut conduire au remplacement de l'expert initialement désigné, voire à sa radiation de la liste des experts.

En vertu des dispositions de l'article 208 C.P.P., le juge d'instruction doit informer les parties du résultat de l'expertise conformément aux dispositions prévues par les articles 139 et 140 C.P.P. Il les convoque pour recevoir leur déclaration et fixe un délai dans lequel elles pourront présenter des observations ou réclamer un complément d'expertise, ou même une contre-expertise. Le juge doit remettre à leurs avocats une copie du rapport d'expertise.

Le rejet des demandes de nouvelle expertise, contre-expertise ou complément d'expertise donne lieu à une ordonnance motivée susceptible d'appel.

### B) Le transport sur les lieux, perquisitions et saisies

*Il importe de traiter à quoi consiste le transport sur les lieux (1) ainsi que la perquisition et la saisie (2).*

#### 1) Le transport sur les lieux

**232.** L'article 99 du Code de procédure pénale permet au juge d'instruction de se transporter sur les lieux pour y effectuer les constatations utiles ou procéder à une perquisition selon des conditions déterminées. L'appréciation de la nécessité de ce déplacement est confiée à l'autorité chargée de l'instruction.

Le mot « sur les lieux » désigne le domicile de l'accusé ou de toute personne, ou d'autres lieux où s'exerce une activité nocturne, ou tout lieu tenu par le secret professionnel. Cette notion « sur les lieux » peut également comprendre un avion marocain ou étranger s'il atterrit au Maroc ou un train ou un navire de commerce étranger qui entre dans un port maritime marocain et d'autres lieux privés, à l'exception de ceux exclus par la loi, tels que le siège des missions diplomatiques.

L'objet du transport sur les lieux est de procéder à des constatations d'indices matériels (ex. empreintes), à des reconstitutions, ou à des perquisitions et saisies.

Le juge en avise le procureur du Roi, qui a la faculté de l'accompagner. Le juge d'instruction est toujours assisté d'un greffier. Il dresse le procès-verbal de ses opérations. Or, en pratique et hormis le cas de flagrant délit[195], le déplacement du juge sur les lieux de l'infraction n'est pas automatique.

**233.** L'article 100 du Code de procédure pénale permet au magistrat instructeur d'effectuer certains actes d'instruction en dehors du ressort de la juridiction dans laquelle il exerce ses fonctions, si les nécessités de l'information l'exigent. Il est assisté d'un greffier. Il est tenu d'aviser au préalable le Parquet, qui exerce ses fonctions dans le ressort de la juridiction dans laquelle il se transporte. Celui-ci pourra accompagner le juge sur les lieux.

### *2) La perquisition*

**234.** La perquisition est l'acte par lequel un magistrat ou un officier de police judiciaire opère dans le domicile d'une personne afin de rechercher des objets, documents et pièces utiles à la manifestation de la vérité, lors d'une information judiciaire ou d'une enquête de police[196].

**235.** La question qui se pose dès lors est celle de savoir si la présence de l'avocat est obligatoire. Dès lors que la personne mise en examen n'est pas soumise à un interrogatoire, à une confrontation et qu'il n'y a pas reconstitution, la perquisition peut se faire en son absence. En conséquence, lorsque le juge envisage un transport au domicile de la personne mise en examen hors de la présence de son avocat, il doit prendre soin de ne pas lui poser des questions.

---

[195] Dans ce cas, il se déplace sur les lieux en tant qu'officier supérieur de la police judiciaire et non pas en tant que juge d'instruction.

[196] La perquisition n'est prévue par la loi que dans les enquêtes de police et dans l'instruction, mais elle peut être pratiquée pendant la phase de jugement en cas de supplément d'information comportant l'exécution d'un tel acte.

**236.** Une autre question mérite d'être soulevée portant sur la délégation de ce pouvoir par le juge d'instruction. Il peut faire procéder à la perquisition par commission rogatoire donnée à un officier de police judiciaire. C'est ainsi le cas du lieu de la perquisition se trouvant dans un autre ressort, puisque le juge d'instruction peut se transporter, si les nécessités de l'information l'exigent, sur toute l'étendue du territoire national.

**237.** Le magistrat instructeur doit par ailleurs respecter les prévisions de la loi qui se rapportent à cette question. Ainsi, au cas où la perquisition est effectuée chez l'inculpé, les formalités sont celles prévues par les articles 59, 60 et 62 du Code de procédure pénale.

Elle doit s'accomplir en présence de l'inculpé. Si celui-ci ne veut ou ne peut y assister, on lui demandera, s'il est présent, de désigner un représentant de son choix. Or, s'il est absent ou s'il refuse, le juge désignera deux témoins pris en dehors des personnes relevant de ses autorités. Ils devront signer le procès-verbal. Toutes ces formalités sont prescrites à peine de nullité.

Cette règle est assortie d'une exception. En effet, l'article 102, al. 1er du Code de procédure pénale[197] permet au juge d'instruction d'effectuer des perquisitions en dehors des heures légales, en matière de crime ou lorsqu'il s'agit de terrorisme, à condition de le faire personnellement et en présence du Ministère public. Son alinéa 2 autorise le juge d'instruction à charger, par commission rogatoire, un magistrat ou un ou plusieurs officiers de police judiciaire, de procéder à une perquisition en dehors des heures légales en présence d'un représentant du Parquet. Il doit s'agir d'une infraction de terrorisme et en cas d'extrême urgence. La décision doit être motivée.

Cependant, le texte susvisé ne prévoit pas la présence de l'accusé ou de la personne dont le domicile est perquisitionné au côté du Parquet. Cette omission porte une atteinte injustifiée aux droits de la défense.

Au cas où la perquisition est effectuée chez un tiers, la personne chez qui on perquisitionne est invitée à assister à l'opération. Si elle est absente ou si elle refuse, la perquisition doit avoir lieu en présence de deux de ses parents ou alliés présents sur les lieux, ou à défaut en présence de deux témoins, qui ne dépendent pas de l'autorité

---

[197] Complété par l'article 4 de la loi n° 03-03 relative au terrorisme, promulguée par le Dahir n° 1.03.140 du 28 mai 2003.

judiciaire ou de la police judiciaire. Ces personnes devront signer le procès-verbal.

Par ailleurs, en cas de perquisition dans les locaux occupés par une personne tenue par la loi au secret professionnel, le juge d'instruction doit prendre toutes les mesures qui sont nécessaires pour en tenir la préservation. Afin de garantir ce respect, l'intéressé risque une peine d'emprisonnement de deux mois à deux ans et une amende de 5000 à 30.000 dirhams (art. 105 C.P.P.).

Enfin, la perquisition effectuée au cabinet d'un avocat touche à la fois au secret professionnel de l'avocat lié au libre exercice de sa profession, aux droits de la défense et à l'inviolabilité du domicile. Certes, un tel acte d'instruction est licite, s'il se fonde sur la participation éventuelle de ce professionnel à une infraction. Cette opération ne peut être effectuée que par un magistrat, en présence du bâtonnier ou de son délégué. Ceux-ci ont seuls le droit de prendre connaissance des documents découverts lors de la perquisition, préalablement à leur saisie.

### *3) La saisie*

**238.** Il appartient au juge d'instruction de procéder à la saisie des objets ou documents qui lui paraissent utiles à la manifestation de la vérité. Seul ce juge ou l'officier de police judiciaire, commis par lui, a le droit d'en prendre connaissance avant de procéder à la saisie, sauf s'il s'agit d'atteinte à la sûreté intérieure ou extérieure de l'État. Dans ce cas, d'autres personnes, comme un représentant du Ministère public, peuvent les consulter.

**239.** S'il s'agit d'objets de valeur, tels que de l'argent, des lingots, des bons ou des effets de commerce et que leur conservation n'est pas nécessaire à la révélation de la vérité, le juge d'instruction peut autoriser le greffier à en faire le dépôt à la caisse de dépôt et de gestion ou à Bank Al-Maghrib.

Il n'est pas anodin de relever que la saisie des correspondances échangées entre un avocat et son client est possible, lorsqu'elles sont de nature à établir la preuve de la participation de cet avocat à une infraction. Il ne peut pas dès lors invoquer le secret professionnel pour y refuser l'accès.

**240.** Ces documents ou objets doivent être immédiatement inventoriés et placés sous scellés. Si leur inventaire sur place présente des difficultés, ils feront l'objet de scellés fermés provisoires, jusqu'au moment de leur placement sous scellés définitifs, en présence des personnes qui ont assisté à la perquisition. Ces scellés sont ensuite ouverts et les documents sont dépouillés dans le cabinet du juge d'instruction, en présence de la personne mise en examen assistée de son avocat, sauf si elle est en fuite ou dans l'impossibilité d'y assister pour n'importe quelle cause.

Si la saisie est effectuée dans un lieu autre que le domicile du prévenu, le propriétaire ou son occupant doit assister à l'opération.

Les intéressés peuvent demander des copies des documents saisis. Le juge d'instruction ordonne qu'ils leur soient remis dans les plus brefs délais et le greffier certifie leur conformité à l'original, à moins que les nécessités de l'instruction ne s'y opposent.

**241.** Le prévenu, la partie civile ou toute personne prétendant avoir des droits sur un objet saisi peuvent aussi en réclamer la restitution au juge d'instruction ou en demander le prix de la vente, dans le cas où ce juge avait ordonné sa vente par crainte d'altération, de disparition, ou dont la conservation s'avère impossible. Cette demande est communiquée au Ministère public et à toute autre partie. Ils sont tenus de donner leurs observations dans les trois jours de la communication.

Le magistrat instructeur statue par ordonnance motivée dans les huit jours sur ces demandes après avis du Parquet. Il peut décider de restituer les objets saisis dont la propriété n'est pas contestée soit d'office, soit sur réquisition du Ministère public.

**242.** Cependant, ce magistrat peut refuser la restitution, lorsque les choses saisies sont susceptibles d'être confisquées par décision de la justice ou lorsqu'elle sera de nature à faire obstacle à la manifestation de la vérité ou à la sauvegarde des droits des parties, ainsi que lorsqu'elle présente un danger pour la personne ou les biens. L'ordonnance ainsi rendue est notifiée soit au requérant, soit au Ministère public et à toute autre partie intéressée, en cas de décision de restitution. L'appel est possible par voie de requête portée devant la chambre correctionnelle. Ce recours est ouvert à toute personne ayant intérêt à s'opposer à la restitution dans un délai de dix jours.

Quant à la demande émanant d'un tiers, celui-ci adresse ses observations écrites à la chambre correctionnelle sans pouvoir consulter le dossier.

### *C) L'interception des appels téléphoniques*

**243.** Cette interception est réglementée par les articles 108 à 166 du Code de procédure pénale. Elle peut avoir lieu quand les nécessités de l'information l'exigent.

Quant à *la procédure*, la seule autorité habilitée à ordonner les écoutes est le juge d'instruction, qui peut recourir à cette mesure quand il le juge opportun (art. 108 C.P.P.). La décision prise est écrite et n'a pas de caractère juridictionnel : elle n'est donc susceptible d'aucun recours. Cette décision doit comporter tous les éléments d'identification de la liaison à intercepter, l'infraction qui motive la mesure et la durée de l'interception. Celle-ci est prise pour une durée de quatre mois. Une prorogation est possible pour la même durée et selon les mêmes formes. Ces règles sont prévues à peine de nullité (art. 109 C.P.P.).

Le procureur général du Roi en a indirectement le pouvoir dans le cadre d'une enquête. Le Parquet ne peut recourir à cette mesure que s'il a requis au préalable par écrit le Premier président de la Cour d'appel et dans le cas des infractions graves : *l'atteinte à la sûreté de l'Etat, le terrorisme, les associations de malfaiteurs, l'homicide, l'empoisonnement, l'enlèvement et la prise d'otages, la contrefaçon ou la falsification de la monnaie ou des effets de crédit public, les substances psychotropes, les armes, munitions et explosifs, la protection de la santé.*

En cas *d'urgence*, le procureur général du Roi peut, lorsque les nécessités de l'enquête exigent la rapidité et par crainte de disparition de preuves, ordonner par écrit l'interception de communication. Dans ce cas, il est tenu d'aviser immédiatement le Premier président de son ordonnance. Celui-ci *"rend, dans les vingt-quatre heures, une décision de confirmation, d'amendement ou d'infirmation".* S'il infirme l'ordonnance du procureur général du Roi, l'interception est suspendue (art. 108 C.P.P.).

**244.** Les appels sont interceptés par tout agent qualifié d'un service ou organisme placé sous l'autorité ou la tutelle du ministère chargé des communications, ou par tout agent qualifié d'un exploitant de réseau ou fournisseur de télécommunications autorisé. Les autorités, dans le cadre du Dahir du 7 août 1997[198], réglementant les postes et communications, se chargent d'installer le dispositif d'interception.

**245.** Chacune des opérations d'interception doit faire l'objet d'un procès-verbal qui mentionnera les jours et les heures de début et d'achèvement de l'opération. Il peut être recouru à l'assistance de toute personne qualifiée pour déchiffrer les symboles et les énigmes.

Il est à noter que *"les communications et les correspondances effectuées en langue étrangère sont transcrites en langue arabe avec l'assistance d'un interprète requis à cet effet. Il prête serment par écrit de traduire fidèlement et de ne pas divulguer les secrets de l'enquête et des correspondances, à moins qu'il ne soit inscrit au tableau des traducteurs assermentés auprès des juridictions"* (art. 112-2 C.P.P.).

**246.** Les enregistrements seront placés dans un récipient ou dans une enveloppe sous scellés fermés. Ceux-ci, une fois utilisés, sont détruits à la diligence du juge d'instruction ou du Parquet et à l'extinction de l'action publique, ou lorsque *"le jugement rendu dans l'affaire est passé en force de chose jugée"* (art. 113 C.P.P.).

## *Section 3 –Les mesures de contrainte*

*Avant d'étudier la détention provisoire (§. 3) et le contrôle judiciaire (§. 2), il est important de se poser la question sur les mandats de justice que le juge d'instruction peut décerner (§. 1).*

### §. 1 - Les mandats de justice

La liste des mandats figure aux articles 144, 146 et 154 du Code de procédure pénale. Ces mandats sont des ordres écrits et datés permettant la comparution ou l'arrestation de la personne visée et délivrés en principe par le juge d'instruction. Exceptionnellement, c'est le procureur du Roi qui décerne certains mandats (mandat de dépôt dans le cas de crime ou délit flagrant : art. 74 C.P.P.).

---

[198] Loi n° 24-96 relative à la poste et aux télécommunications telle qu'elle a été modifiée et complétée, promulguée par le Dahir n° 1.97.162 du 2 Rabii II 1418 (7 août 1997).

Ils sont exécutoires sur tout le territoire du Royaume, en matière de crime ou de délit et notifiés, selon les cas, par un huissier, un membre de la police judiciaire ou un agent de la force publique. Ils doivent indiquer la nature de l'infraction et les textes juridiques applicables. Ils précisent en outre l'identité de l'inculpé (nom, prénom et, le cas échéant, le numéro de la carte nationale).

*Ces ordres sont les mandats de comparution (A), d'amener (B), de dépôt (C) et d'arrêt (D).*

### *A) Mandat de comparution*

**247.** Ce mandat a pour objet de mettre en demeure la personne dont le nom figure sur le mandat de se présenter devant le juge d'instruction à la date et à l'heure indiquées. Une copie est remise à l'intéressé. C'est une sorte de convocation signifiée par huissier ou notifiée par officier ou agent de la force publique.

**248.** La personne, à qui le mandat est notifié a la faculté de ne pas déférer, il n'est donc pas possible de l'amener de force devant le juge. Mais si elle ne se présente pas, le même juge pourra décerner un mandat d'amener.

Le magistrat instructeur devra alors l'interroger immédiatement (art. 145-1 C.P.P.). L'avocat de l'inculpé a le droit d'assister à l'interrogatoire. Le prévenu pourra ressortir libre du cabinet du juge d'instruction ou bien faire l'objet d'une mise en examen et être placé sous contrôle judiciaire ou en détention provisoire.

Le mis en examen peut également être assisté d'un interprète *"lorsque l'inculpé parle une langue ou un dialecte qu'il ne comprend pas, il peut faire appel comme interprète à toute personne pouvant conférer avec l'inculpé s'il est sourd ou muet"* (art. 145-2 C.P.P.).

### *B) Mandat d'amener*

**249.** Le mandat d'amener est *« beaucoup plus énergique »*[199], puisqu'il permet d'arrêter l'individu. C'est en effet l'ordre donné à la police d'amener la personne devant le juge et de l'y contraindre, si elle s'y refuse. Si le prévenu est déjà détenu pour une autre cause, les

[199] BOULOC (B.), op. cit. p. 696.

formalités sont accomplies par le chef de l'établissement pénitentiaire (art. 146 al. 3).

**250.** Ce mandat peut, en cas d'urgence, être diffusé par tout moyen. On peut donc recourir à des moyens très rapides, comme le télégramme, la radio ou la télécopie. Dans ce cas, il faut préciser les mentions essentielles de l'original, c'est-à-dire l'identité de l'inculpé, la nature de l'inculpation, le nom et la qualité du magistrat mandant. L'original du mandat doit, dans les délais les plus rapides, être transmis à l'agent chargé d'en assurer l'exécution (art. 146 C.P.P.).

**251.** L'accusé qui est conduit devant le magistrat instructeur en exécution de ce mandat doit être interrogé en principe dès son arrivée. L'avocat a la faculté d'y assister (art. 147-1 C.P.P.). Or, si ce magistrat n'est pas disponible pour procéder à cet interrogatoire, la personne est conduite dans l'établissement pénitentiaire où elle peut être détenue plus de vingt-quatre heures avant d'être présentée devant le juge d'instruction. A défaut, le chef de l'établissement pénitentiaire doit impérativement le présenter au procureur du Roi qui requiert au juge d'instruction ou d'un autre juge de l'interroger immédiatement, sinon la personne doit être mise en liberté. S'il en était autrement, il y aurait détention arbitraire à la charge de tout magistrat ou fonctionnaire ayant ordonné ou toléré cette détention (art. 148-1 C.P.P.).

**252.** Dans le cas où la personne qui fait l'objet d'un mandat d'amener réside en dehors de la circonscription du juge qui a donné l'ordre, elle est conduite devant le procureur compétent dans le lieu de sa résidence. Ce magistrat l'interroge sur son identité et l'informe de son droit de parler ou de se taire. Si elle choisit d'être interrogée, le représentant du Ministère public en rédige un procès-verbal et l'adresse au juge d'instruction. Il lui transfère également l'intéressé.

Quand ce dernier réfute sérieusement les faits reprochés, le Ministère public l'envoie en prison et en informe immédiatement le magistrat instructeur en lui envoyant un procès-verbal complet sur ce qu'il a accompli. Seul le juge d'instruction demeure compétent pour décider des suites à donner à cette situation (art. 149, al. 3 et 5 C.P.P.).

**253.** Cependant, le texte est muet au sujet de l'inaction du juge d'instruction. Il ne précise pas, en effet, devant cette inaction, si l'individu peut être libéré ou s'il peut être conduit devant le juge, ou encore prononcer une détention provisoire par un véritable mandat de dépôt.

L'article 150 C.P.P. traite seulement la situation selon laquelle un mandat d'amener reste infructueux en raison du fait que l'individu ne peut être trouvé. Dans ce cas, l'autorité chargée de l'exécution présente le mandat au juge d'instruction avec le procès-verbal constatant les opérations de recherche et leur échec.

Quant à l'article 151 C.P.P., il met en lumière la situation de la personne qui refuse d'obéir au mandat ou qui tente de s'évader après qu'elle a montré sa collaboration. Dans ces hypothèses, elle risque d'être contrainte par la force publique.

### *C) Mandat de dépôt*

**254.** Le mandat de dépôt permet de détenir l'individu, mais il ne permet pas de le rechercher et de l'arrêter, à moins que l'intéressé réussisse à se soustraire à l'exécution du mandat après qu'il lui a été notifié (art. 152-3 C.P.P.). Il suppose, par conséquent, que l'individu qui en fait l'objet est déjà à la disposition du juge d'instruction (art. 152-2 C.P.P.)[200].

**255.** Le mandat de dépôt, opérant une mise en détention provisoire de l'individu, n'est délivré qu'après interrogatoire de la personne intéressée et si l'infraction constitue un crime ou un délit punissable d'une peine privative de liberté (art. 153-1 C.P.P.).

**256.** L'agent chargé de l'exécution de ce mandat remet la personne au chef de l'établissement pénitentiaire, lequel lui délivre une reconnaissance de cette remise (art. 153-2 C.P.P.).

---

[200] Il peut s'y trouver parce qu'il a répondu à une convocation du juge d'instruction qui lui avait été adressée ; après l'avoir entendu, si le juge d'instruction estime nécessaire sa détention et si l'infraction comporte une peine d'emprisonnement, le juge d'instruction rend une ordonnance tendant au placement. Il est possible également que l'intéressé soit venu devant le juge d'instruction à la suite d'un mandat d'amener. Il est possible enfin que l'intéressé soit déjà détenu pour une autre cause. Ainsi, le mandat de dépôt ne peut jamais être décerné avant que le juge d'instruction n'ait entendu l'intéressé.

**257.** Il est évident que le juge d'instruction n'est pas lié par les demandes du Ministère public, qu'elles visent ou non à arrêter l'accusé.

### *D) Mandat d'arrêt*

**258.** Ce mandat constitue une combinaison du mandat d'amener (puisqu'il permet la comparution forcée) et du mandat de dépôt (puisqu'il permet l'incarcération).

Il ne peut être employé que si la personne recherchée est en fuite ou si elle réside hors du territoire du Royaume (dans ce dernier cas, le mandat d'arrêt sera international). De plus, il faut que la peine encourue soit au moins *l'emprisonnement pour un délit*. Dans les autres cas, il faut commencer par lancer un mandat d'amener, quitte à provoquer un mandat de dépôt après l'arrestation de l'individu. Enfin, le juge d'instruction ne peut décerner le mandat qu'après avis du Ministère public. L'agent chargé de l'exécution du mandat doit respecter les heures légales prévues par l'article 157 C.P.P. avant de s'introduire dans le domicile, c'est-à-dire avant six heures et après vingt et une heures. En cas d'urgence, le mandat d'arrêt peut être diffusé par tous les moyens.

**259.** Dans le cas où l'inculpé est arrêté dans le ressort du juge d'instruction auteur du mandat, celui-ci est tenu de procéder à son interrogatoire dans les quarante-huit heures de la détention, à défaut la personne est remise en liberté. Or, si la personne est arrêtée hors du territoire géographique du juge auteur du mandat, elle est conduite immédiatement devant le procureur du Roi ou le procureur général du Roi, selon le domaine de compétence de chacun. Ce magistrat l'interroge sur son identité et l'informe de son droit de parler ou de se taire.

Si elle choisit d'être interrogée, le représentant du Ministère public en rédige un procès-verbal et l'adresse immédiatement au juge d'instruction. Il avise sans délai le juge d'instruction. Il lui requiert également le transfèrement de l'intéressé. Un obstacle au transfèrement immédiat de la personne doit être notifié au juge par le biais du Parquet.

Dans le cas où l'arrestation du prévenu a eu lieu postérieurement au dessaisissement du juge d'instruction de l'affaire par son renvoi aux juridictions compétentes, le Ministère public du lieu d'arrestation est tenu de l'interroger sur son identité et sur les faits après l'avoir informé qu'il a le droit de garder le silence. Il est tenu de rédiger un procès-verbal et de l'adresser dans un délai de vingt-quatre heures au Ministère public près la juridiction compétente.

Enfin, si la personne objet du mandat ne peut être trouvée, le mandat d'arrêt est notifié par l'affichage au lieu de sa dernière résidence, un procès-verbal est dès lors dressé. Il est rédigé par l'agent en présence des deux témoins voisins du prévenu. Ces derniers le signent ou apposent leurs empreintes et, en cas d'impossibilité ou s'ils refusent, l'agent doit mentionner cela dans le procès-verbal. Il doit par la suite viser son procès-verbal à l'officier de police judiciaire, territorialement compétent, et lui laisser une copie. Le mandat d'arrêt et le procès-verbal sont transmis au juge d'instruction auteur du mandat ou au Ministère public compétent.

**260.** La question qui se pose est celle de savoir si l'inobservation de ces formalités prescrites par les textes peut entraîner la nullité de la procédure. La réponse est donnée par l'article 158 du Code de procédure pénale dans les termes suivants : *"L'inobservation des formalités prescrites dans la présente section, lorsqu'elle a porté atteinte à la liberté individuelle, rend le représentant du ministère public et le juge d'instruction et, s'il y a lieu, le greffier, passibles de sanctions disciplinaires sans préjudice des dispositions pénales en matière de détention arbitraire"*.

## § 2- Le contrôle judiciaire

*Il importe de s'interroger sur la décision de placement (A) et sur sa durée (B).*

### *A) La décision de placement*

*Il est question de traiter la forme de la décision (1), les personnes auxquelles elle s'applique (2) et le contenu de la décision (3).*

#### *1) La forme de la décision*

**261.** Une remarque s'impose immédiatement. Le Code de procédure pénale ne définit pas le contrôle judiciaire, mais il s'est contenté seulement dans son article 160 de préciser qu'il s'agit d'une mesure que le juge d'instruction peut prendre à tout stade de l'instruction préparatoire.

Cette mesure peut être définie comme un moyen par lequel le juge d'instruction a le droit de soumettre l'accusé au respect d'un ensemble d'obligations qui garantissent qu'il reste à la disposition de la justice et l'empêchent de s'échapper ou de détruire des preuves. Il permet d'éviter les conséquences néfastes de la détention provisoire. La personne n'est pas dès lors incarcérée.

**262.** La décision du contrôle prend la forme d'une ordonnance prise par le juge d'instruction (art. 160 al. 2 C.P.P.), notifiée immédiatement et verbalement au prévenu et au Ministère public dans un délai de vingt-quatre heures. Elle peut faire l'objet d'un appel par la personne mise en examen et le Parquet dans la journée qui suit celle où l'ordonnance a été rendue. La chambre correctionnelle de la Cour d'appel doit statuer dans un délai de cinq jours à compter de la date de renvoi.

**263.** Il est à noter que le délai imparti pour faire appel de l'ordonnance de mise sous contrôle judiciaire ainsi que le délai imparti pour qu'une décision soit prise à son sujet par ladite chambre est un délai très court. Il ne permet pas donc d'exercer convenablement les droits de la défense.

### *2) Les personnes sujettes à la mesure*

**264.** Le juge d'instruction peut décider de placer la personne sous contrôle judiciaire aussi bien au début de l'instruction qu'au cours de celle-ci. Cette mesure ne peut être ordonnée que si la personne mise en examen encourt une peine d'emprisonnement pour délits ou une peine plus grave et non pas une amende.

### *3) Les obligations imposées à la personne*

**265.** La personne placée sous le contrôle judiciaire ne sera pas incarcérée, mais elle subira seulement certaines restrictions dans ses allées et venues et dans sa vie sociale.

Ces obligations sont déterminées par le juge d'instruction, qui en choisit librement une ou plusieurs sur la liste contenue dans l'article

161 C.P.P. dont la violation peut être sanctionnée. Il peut d'ailleurs, à tout moment, modifier en plus ou en moins les obligations individuellement imposées à l'intéressé placé sous contrôle judiciaire (art. 160-3 C.P.P.).

La loi énumère toutes les mesures possibles ; le magistrat instructeur choisira parmi ces mesures celles qui lui semblent convenir au cas qui lui est soumis :

➢ ***Liberté de déplacement :***

✓ Ne pas sortir des limites territoriales fixées par le juge d'instruction. Ce juge désigne la zone, la région ou le quartier que l'accusé ne doit pas quitter ;

✓ ne s'absenter de son domicile ou de sa résidence qu'à des conditions précisées par le magistrat ;

✓ ne pas se rendre sur certains lieux (liés à l'infraction). L'interdiction est souvent imposée par la crainte que les preuves ne soient détruites ou pour éviter d'exercer une certaine influence sur l'accusé, ou encore par la crainte qu'il soit exposé à des représailles.

➢ ***Pour protéger la société :***

✓ S'abstenir de conduire tous les véhicules ou certains véhicules, ou remettre au Greffe son permis de conduire contre récépissé. Or, le juge d'instruction peut autoriser la personne mise en examen à faire usage de son permis de conduire pour l'exercice de son activité professionnelle ;

✓ s'abstenir de recevoir ou de rencontrer certaines personnes spécialement désignées par le juge d'instruction ;

✓ ne pas se livrer à certaines activités professionnelle, sociale ou commerciale, à l'exclusion de l'exercice des mandats électifs ou d'ordre syndical, lorsque l'infraction a été commise dans l'exercice ou à l'occasion de l'exercice de ses activités, ou lorsqu'il est à redouter qu'une nouvelle infraction soit commise ayant une relation avec l'activité concernée. Le juge d'instruction en avise l'employeur, l'autorité hiérarchique dont il relève ou l'ordre professionnel auquel l'inculpé appartient, ou l'autorité compétente à exercer la profession (art. 170 C.P.P.).

Toutefois, lorsque l'activité concernée est celle d'un avocat, le procureur général du Roi, à la demande du juge d'instruction, saisit le conseil de l'ordre des avocats qui statue conformément aux dispositions des articles 65 à 69 de la loi relative à l'organisation du barreau, dans un délai de deux mois à compter de la date de renvoi ; à défaut, le juge d'instruction prend lui-même la décision.

✓ Ne pas émettre de chèques. Dans ce cas, le juge d'instruction avise l'annexe ou l'agence bancaire, la personne, l'établissement ou le service qui gère le compte bancaire de l'inculpé et Bank AL-Maghrib (art. 172 C.P.P.) ;

✓ ne pas détenir les armes et les remettre aux services de police compétents contre récépissé. Le chef de service de police ou de gendarmerie royale du lieu de résidence de l'inculpé, commis pour l'exécution, est avisé de toute mesure de contrôle judiciaire. Ils remettent à l'inculpé un récépissé en échange des armes dont ils sont dépositaires. Le juge d'instruction en est avisé (art. 171 C.P.P.).

➢ ***Mesures de contrôle de présence :***

✓ Informer le juge de tout déplacement au-delà des limites déterminées ;

✓ se présenter périodiquement aux services ou aux autorités désignées par le juge d'instruction. Ceux-ci procèdent à la transcription des dates de sa représentation dans les conditions déterminées par le juge d'instruction (art. 166 C.P.P.) ;

✓ répondre aux convocations de toute autorité ou de toute personne habilitée désignée par le juge ;

✓ soumettre l'intéressé à des mesures de contrôle portant, par exemple, sur ses activités professionnelles ou son assiduité à un enseignement. Le juge désigne à cet effet une autorité ou une personne habilitée (art. 167 C.P.P.) ;

✓ fermeture des frontières ;

✓ pour rendre la fuite de l'intéressé moins facile, on peut l'obliger à remettre au greffe ou aux services de police ou de gendarmerie royale (contre récépissé) ses pièces d'identité et notamment son passeport. Le récépissé doit indiquer la nature du document retiré et les indications y relatives, le nom, le prénom de l'inculpé, la date et le lieu de sa naissance, le numéro de sa carte d'identité. Une photographie récente de l'intéressé doit être apposée sur le récépissé qui doit mentionner qu'il est délivré à titre de justification de l'identité. Il doit le remettre une fois que le document lui est rendu (art. 168 C.P.P.).

➢ ***Des mesures d'examen ou de traitement médicaux*** :

✓ Se soumettre à des mesures d'examen ou de traitement (notamment de désintoxication). L'intéressé peut choisir le médecin compétent ou l'établissement qui assurera son traitement, à charge de faire parvenir au juge d'instruction toutes les justifications soit de l'inculpé, soit du médecin ou de l'établissement (art. 169 C.P.P.). La difficulté réside, cependant, dans l'insuffisance, en termes de moyens financiers et humains, pour répondre efficacement à ces mesures.

➢ ***Pour garantir l'indemnisation des victimes :***

✓ Justifier de la contribution aux charges familiales (dans le cas de délit d'abandon de famille, par exemple) ;

✓ obligation de constituer des sûretés personnelles ou réelles ou le dépôt d'un cautionnement dont le montant et les délais seront fixés par le juge d'instruction compte tenu notamment des ressources et des charges de la personne mise en examen. Le cautionnement est déposé à la Caisse de la juridiction où siège le juge d'instruction (art. 173 C.P.P.).

Il est à noter que l'argent servant de garantie est confisqué par l'État[201].

### *B) La durée*

**266.** L'article 160 al. 1 du Code de procédure pénale précise que les obligations du contrôle judiciaire s'imposent à la personne mise en examen pour une durée de deux mois. Une prorogation est possible pour une durée de dix mois.

Cependant, à tout moment, le juge d'instruction peut ajouter une ou plusieurs obligations auxquelles la personne mise en examen est astreinte, voire la dispenser, à titre occasionnel ou temporaire, d'observer certaines d'entre elles (art. 160 al. 3 C.P.P.) soit sur réquisitions du Ministère public, soit à la demande de l'inculpé ou de son conseil après avis du Parquet.

Cette faculté permet d'adapter le contrôle judiciaire à l'évolution de la situation de l'intéressé et de maintenir son efficacité. L'ordonnance qui modifie le contrôle est susceptible d'appel.

---

201 Les pays de *common law* en particulier font largement appel à la caution monétaire comme condition préalable à la libération.

Le juge d'instruction peut aller plus loin et prononcer, à tout moment, la mainlevée du contrôle judiciaire, qui peut être décidée :

- Soit d'office ;
- soit sur les réquisitions du Ministère public ;
- soit sur la demande de la personne mise en examen, par déclaration au greffe, après avis du Parquet.

**267.** La question se pose alors de savoir la sanction préparée dans le cas où la personne mise en examen se soustrait volontairement aux obligations du contrôle judiciaire. L'article 160-4 du Code de procédure pénale précise que le juge d'instruction, quelle que soit la durée de la peine encourue, peut décerner un mandat d'arrêt ou d'amener en vue du placement de l'intéressé en détention provisoire.

## §. 3 – La détention provisoire

*Il apparaît nécessaire de cerner la notion de la détention provisoire (A), de mettre en lumière les maux de cette mesure et les alternatives possibles pour y remédier (B) ainsi que le contrôle de la détention provisoire (C).*

### *A) Définition*

**268.** Le Code de procédure pénale définit la personne visée et non la mesure prise contre elle. Ainsi, l'article 618, al. 2 prévoit que : *« Est considérée comme provisoirement détenue, toute personne poursuivie pénalement et contre laquelle aucun jugement ayant acquis la force de la chose jugée n'est encore rendu ».* Il faut se référer dès lors à l'article 10 du projet de loi n° 10-23 relatif à l'organisation et au fonctionnement des établissements pénitentiaires pour trouver un élément de réponse à cette question. Il s'agit d'une *« mesure exceptionnelle et provisoire privative de liberté qui consiste à placer l'accusé en prison à la discrétion du pouvoir judiciaire jusqu'à ce qu'une décision soit prise à son encontre sur la base d'une ordonnance émise par le Ministère public ou le juge d'instruction. »*

Concernant la doctrine, Jean PRADEL écrivait que : "*La détention provisoire est l'incarcération d'un inculpé en maison d'arrêt pendant tout ou partie de l'instruction préparatoire jusqu'au jugement définitif sur le fond de l'affaire"*[202]. Mais il faut déduire de la durée totale de la privation de liberté, la période de détention que la personne a subie pendant l'instruction.

**269.** Il paraît opportun d'opérer une distinction entre la détention provisoire et les autres mesures privatives de liberté prises dans le cadre du procès pénal. Ainsi, elle ne doit pas être confondue avec la garde à vue. Certes, les deux mesures se convergent dans la mesure où elles sont provisoires et portent atteinte aux libertés individuelles, mais elles se divergent sur plusieurs points. Ainsi, si la garde à vue permet à un officier de police judiciaire de tenir à sa disposition, pour les besoins de l'enquête, un suspect dans les locaux de commissariat de police ou de gendarmerie royale pour une durée de 48 heures à compter à partir du moment de l'appréhension de la personne concernée, renouvelée une seule fois pour une durée de 24 heures, la détention provisoire est une mesure décidée par un juge d'instruction, un juge du fond et, dans certains cas, par le Ministère public et la chambre correctionnelle de la Cour d'appel. Sa durée est beaucoup plus longue selon qu'il s'agit d'un délit ou d'un crime (art. 176-177 C.P.P.). L'accusé qui en fait l'objet est incarcéré dans un établissement pénitentiaire dans un pavillon spécial consacré, en théorie, aux détenus provisoires situé dans la circonscription territoriale du tribunal qui a rendu l'ordonnance.

Il importe également de distinguer le mandat de dépôt et le mandat d'arrêt. Alors que le mandat d'arrêt est délivré pour l'arrestation d'une personne en fuite, le mandat de dépôt est l'ordre donné par le juge d'instruction au chef de l'établissement pénitentiaire de recevoir l'accusé et de le détenir provisoirement. Les deux mandats entraînent donc une privation de liberté et sont délivrés par le juge d'instruction par ordonnance. Mais à la différence du mandat d'arrêt, le mandat de dépôt n'est délivré qu'après interrogatoire de la personne intéressée. Il ne permet pas également de rechercher l'individu et de l'arrêter, sauf s'il a réussi à se soustraire à l'exécution du mandat après qu'il lui a été notifié. Il suppose donc que l'intéressé est déjà à la disposition du juge d'instruction. Or, le mandat d'arrêt permet l'arrestation d'une personne en fuite et la conduire à l'établissement pénitentiaire, même pour une durée très courte.

---

[202] PRADEL (J.), « L'instruction préparatoire », CUJAS, 1990, p. 587.

La personne recherchée peut être, soit remise en liberté, soit placée sous contrôle judiciaire, soit placée en détention provisoire. En effet, le Code de procédure pénale a déterminé la durée de celle-ci pouvant atteindre plusieurs mois, tandis que l'individu après son arrestation au titre d'un mandat d'arrêt doit être interrogé dans un délai n'excédant pas 48 heures de détention lorsqu'il est arrêté dans le ressort du juge d'instruction auteur du mandat. A défaut, la personne est remise en liberté.

### *B) Les maux de la détention provisoire et ses alternatives*

*La détention provisoire serait la source d'une grande partie des maux dont souffre notre système carcéral (1). Pour y remédier, il apparaît nécessaire de sensibiliser les magistrats instructeurs de l'opportunité d'appliquer les alternatives légales à la détention provisoire (2).*

#### *1) Les limites de garde-fous spécifiés par la loi*

*La détention provisoire s'oppose à certains textes relatifs aux droits de l'homme, mais il existe un certain nombre de garde-fous prévus par la loi. Ceux-ci se rapportent, d'une part, aux conditions du placement en détention provisoire (a), à la durée de ce placement (b) et à la nécessité d'y mettre un terme après la réunion de certains éléments (c).*

##### a) Les conditions du placement

**270.** L'article 159 C.P.P. précise que le contrôle judiciaire et la détention provisoire sont deux mesures exceptionnelles. Or, dans les faits, les autorités compétentes font souvent recours à cette mesure. *Mais qui peut être placé en détention provisoire ?* Seule une personne mise en examen peut être exposée à ce placement. *Quels sont les critères qui justifient cette mise en examen ? Est-ce que les personnes dont les indices permettent de les soupçonner d'avoir commis ou participé à la commission d'une infraction, sont seules concernées par cette mesure ou que la nécessité de l'instruction peut constituer le seul fondement de la privation de liberté ?*

**271.** ***La nécessaire motivation de la mesure.*** La loi ne fait aucune mention des motifs justifiant le recours à la détention provisoire. Ce silence n'a pas empêché la jurisprudence de faire application des critères permettant l'incarcération de la personne mise en cause dans le cadre d'une instruction préparatoire. Ainsi, cette mesure est possible :

- En cas d'aveu de l'accusé et en cas de flagrant délit[203] ;
- pour la nécessité de l'instruction et la protection de la sécurité des personnes[204] ;
- en cas d'absence de garanties de représentation devant le juge d'instruction et à l'audience et en cas de faits graves[205].

Pour remédier à ce problème, le projet de loi donne une liste des motifs justifiant le recours au placement en détention[206].

---

[203] Ordonnance judiciaire émanant de la Cour d'appel de Fès, le 31 mai 2010 ; doss. crim. n° 327/2610/10, non publiée. Cité par ABDEL FATTAH (I. A.-H.), « La politique criminelle en matière de détention provisoire », éd. Dar Al Salam, 2022, en arabe, p. 53. Ch. corr. C.A. de Nador, 26 avril 2017, arr. n° 131/8/2017, non publié. Cité par ABDEL FATTAH (I. A.-H.), op. cit.

[204] Ordonnance du juge d'instruction près la Cour d'appel de Casablanca, 5 octobre 2008, doss. n° 1377/5/09, non publiée. Cité par ADEL FATTAH (I. A.-H.), op. cit.

[205] Ord. C.A. de Casablanca, 26 septembre 2009, doss. n° 729/09, non publiée, cité par ADEL FATTAH (I. A.-H.), op. cit. p. 54.
*« Attendu que les actes faisant l'objet de la poursuite présentent un caractère dangereux et que les prévenus n'ont aucune garantie pour se présenter devant le juge d'instruction et à l'audience et que leur libération aurait un impact négatif sur les procédures d'instruction et de jugement.*
*Attendu que l'ordonnance du juge d'instruction n'était pas fondée et doit être annulée ».* Ord. Ch. corr. C.A. de Nador, doss. n° 118/8/2017, du 05 avril 2017, doss. n° 118/8/2017, non publiée. Cité par ABEL FATTAH (I. A.-H.), op. cit.

[206] L'article 175 du projet de loi, après avoir posé le principe selon lequel la détention provisoire est une mesure exceptionnelle, précise dans son alinéa 1er que : *« La détention provisoire ne peut être ordonnée que s'il est démontré qu'elle constitue l'unique moyen de parvenir à l'un ou plusieurs des objectifs suivants :*
*1°) La crainte d'entraver le déroulement de l'instruction ;*
*2°) mettre fin à l'infraction ou prévenir son renouvellement ;*
3°) *conserver les preuves ou les indices matériels qui sont nécessaires à la manifestation de la vérité ;*
*4°) permettre l'exécution des investigations impliquant la présence ou la participation de la personne ;*
*5°) garantir la présentation de la personne devant la justice et empêcher sa fuite ;*
6°) *empêcher une pression sur les témoins ou les victimes ainsi que sur leur famille ;*

**272.** ***L'assistance d'avocat.*** L'intéressé ne peut être entendu ou interrogé qu'en présence de son avocat ou ce dernier dûment appelé. La personne peut tout à fait renoncer à l'assistance d'un conseil.

### b) La durée

**273.** La durée de cette mesure est appréciée en fonction de la gravité des faits. Ainsi, deux cas à distinguer :

Le premier est traité par l'article 176 du Code de procédure pénale. Ce texte précise, en effet, que la durée de cette mesure, en matière *délictuelle,* ne peut excéder un mois. Elle est prorogée pour les nécessités de l'instruction deux fois. Pour cela, il faut une ordonnance motivée du juge d'instruction, sur réquisitions motivées du Ministère public.

Le deuxième est régi par l'article 177 C.P.P. Il s'agit de la personne soupçonnée d'avoir commis *un crime.* Le juge d'instruction est saisi dans le cadre d'une instruction obligatoire ou facultative. La durée de la détention provisoire est de deux mois. Encore une fois, elle peut être prorogée cinq fois pour la même période[207] par une ordonnance motivée du juge d'instruction, sur réquisitions motivées du procureur général du Roi.

### c) La fin de la mesure

*La cessation de cette mesure, c'est-à-dire la mise en liberté provisoire de l'accusé, est, en principe, facultative. Mais dans des hypothèses bien déterminées par la loi, elle devient obligatoire.*

---

*7°) empêcher une concertation frauduleuse entre la personne mise en examen et ses coauteurs ou complices ;*

*8°) protéger la personne mise en examen ;*

*9°) mettre fin au trouble provoqué par la gravité de l'infraction, les circonstances de sa commission, ou la dangerosité des moyens employés, ou l'importance du préjudice, ou la dangerosité du prévenu."*

[207] Selon le projet de loi, la prorogation de la détention n'est possible que trois fois, sauf pour les crimes énumérés par l'article 108 du projet.

### *1°) La mise en liberté provisoire facultative*

**274.** La mise en liberté provisoire facultative signifie la libération de la personne détenue provisoirement à toutes les phases du procès pénal. Elle est prise par l'autorité compétente lorsque les motifs qui justifient la détention disparaissent soit d'office, soit sur une demande présentée par les parties.

**275.** Dans la première hypothèse, le juge d'instruction peut l'ordonner d'office, mais il faut la réunion de certaines conditions, qui sont énumérées par l'article 178 C.P.P. Il s'agit de :
- l'avis du Ministère public dont les réquisitions ne lient pas le magistrat instructeur ;
- l'engagement pris par l'inculpé de se présenter à tous les actes de la procédure aussitôt qu'il en sera requis ;
- tenir informé le juge d'instruction de tous ses déplacements ou de sa résidence dans un lieu déterminé ;
- la fourniture d'une attestation d'un établissement de santé ou d'enseignement public ou privé confirmant qu'il prend en charge l'inculpé pendant la durée de cette libération ;
- s'engager à fournir un cautionnement. Il est fourni en espèces, chèque certifié par la banque, ou chèque émis par l'avocat de l'inculpé, ou titres émis ou garantis par l'Etat. Il est versé à la Caisse du greffe de la juridiction ou au receveur et à ce dernier exclusivement lorsqu'il s'agit d'un cautionnement sous forme de titres.

C'est à l'autorité qui a ordonné la libération qu'incombe la charge de faire une estimation de ce montant, compte tenu de la situation financière et familiale de l'accusé et de la gravité des faits... Il est possible que le tiers responsable s'engage à payer le montant de la somme, dans le cas où l'accusé violerait les conditions imposées.

Le but de cette garantie est d'assurer la présentation de l'inculpé à tous les actes de la procédure et pour l'exécution du jugement. De là, lorsque la liberté provisoire est subordonnée à l'obligation de fournir un cautionnement, celui-ci permet le paiement de ce qui est énoncé, dans l'ordre suivant :
- Des frais avancés par la victime ;
- des restitutions et des dommages-intérêts ou le paiement d'une pension, si l'inculpé était poursuivi pour cela ;
- des frais dépensés par celui qui a mis en mouvement l'action publique ;

- des amendes.

**276.** Concernant le deuxième cas, la mise en liberté provisoire est ordonnée sur la base d'une demande présentée par l'accusé, son avocat ou le Ministère public à toutes les phases du procès. La demande écrite doit être étayée par les motifs qui justifient la nécessité de la libération, tels que les rapports médicaux et les garanties financières et personnelles. Elle doit contenir le nom de l'accusé, la date et la signature de son auteur. Quand elle est faite verbalement, l'autorité qui la reçoit établit un procès-verbal (art. 179 C.P.P.).

### *2°) La mise en liberté provisoire de plein droit*

**277.** La détention provisoire cesse de plein droit dans le cas où le juge d'instruction ne prend pas une ordonnance de règlement dans le délai d'un mois sans le proroger ou après l'expiration du délai de prorogation prévu par la loi (art. 176 C.P.P.). Cette règle s'applique également à la situation prévue par l'article 177 C.P.P. Ces textes constituent une avancée très remarquable au plan des libertés individuelles, puisqu'ils prévoient la mise en liberté de plein droit de l'intéressé au bout du délai légal.

Il en est de même pour le cas où le juge d'instruction estime que les faits ne constituent pas une infraction ou qu'il n'existe pas des charges suffisantes contre l'inculpé (art. 216 C.P.P.), ou si les faits constituent une contravention (art. 217 C.P.P.), ou lorsque l'inculpé, conduit devant le juge d'instruction en exécution d'un mandat d'amener ou d'arrêt décerné par ce magistrat, n'est pas immédiatement interrogé (art. 147 et 156 C.P.P.).

**278.** Par ailleurs, la chambre correctionnelle de la Cour d'appel est tenue de mettre en liberté provisoire l'inculpé dans les cas suivants :

- ➢ Lorsqu'elle ne se prononce pas dans les quinze jours sur la demande de mise en liberté provisoire, après que le juge d'instruction n'a pas statué dans le délai de cinq jours sur cette demande (art. 179, al. 4 C.P.P.) ;
- ➢ lorsqu'elle ne statue pas sur l'appel des ordonnances du juge d'instruction en matière de détention provisoire dans le délai de quinze jours ;
- ➢ lorsque la chambre correctionnelle confirme une ordonnance de non-lieu (art. 243 C.P.P.) ;

➢ S'il apparaît au moment du renvoi de l'affaire devant le tribunal de première instance que l'infraction n'est pas punie d'une peine d'emprisonnement ou constitue une simple contravention.

## *2) Les alternatives à la détention provisoire*

**279.** La détention provisoire a souvent été dénoncée par les avocats et les O.N.G. des droits de l'homme, car elle conduit à des situations lourdes de conséquences. Il s'agit d'abord d'une mesure attentatoire à la liberté individuelle. Elle fait ensuite peser sur la personne mise en examen la présomption de culpabilité. Elle peut aussi avoir des répercussions négatives sur le présent et l'avenir du prévenu. En effet, celui-ci va avoir une vie difficile lors de son incarcération, entraînant une dépression. De plus, même s'il y a un non-lieu, la détention provisoire met le doute sur la personne du prévenu, car la plupart des gens n'opèrent aucune distinction entre les personnes condamnées définitivement par une peine privative de liberté et le prévenu incarcéré temporairement. Puis, lors du jugement, le juge aura tendance à appliquer une peine supérieure ou égale à la durée de la détention provisoire. Pire encore, cette mesure se révèle criminogène dans la mesure où elle met en contact des délinquants primaires, des multirécidivistes et des condamnés. Elle bafoue enfin le principe de la présomption d'innocence.

Malgré ces inconvénients, le nombre des personnes placées en détention ne cesse d'augmenter. En effet, 49 % de la population carcérale est constituée des prévenus placés en détention provisoire. En 2009, le nombre des personnes incarcérées a atteint 57 563. Ce chiffre a connu une augmentation en 2010 pour être fixé à 64 877 détenus. En 2011, il a atteint 64 833 pour passer en 2012 à 70 758. La deuxième moitié de l'année 2014 a connu une augmentation du nombre des personnes placées en détention provisoire, en contradiction avec le caractère exceptionnel de cette mesure. Cette période a enregistré un chiffre de 75 194 détenus. A la fin de l'année 2021, *« plus de 37.000 personnes sont placées en détention provisoire, sur un total de près de 89.000 prisonniers, soit 42,19% de la population carcérale »*[208]. Ce taux, s'il est *« relativement bas par rapport à celui enregistré en 2020, qui s'élevait à 45,70%, il demeure*

---

[208] https://fnh.ma/article/actualite-culturelle/detention-preventive-un-recours-trop-facilement-usite

*toutefois à un niveau bien au-dessus de la norme. Notons qu'en 2019, ce taux était nettement inférieur, soit 39%, et que la moyenne pour la période 2015-2019 est de 40,04% »*[209].

Face à cette problématique, le ministre de la justice a publié une circulaire dans laquelle il indique ce qui suit : *« J'ai tenu à plusieurs reprises à attirer votre attention sur l'augmentation constante et périodiquement observée du nombre de personnes en détention provisoire, qui a inévitablement conduit à une surpopulation insupportable au sein des établissements pénitentiaires.*

*Il est certain que le facteur le plus important qui contribue à cette situation est la volonté des magistrats du Ministère public de généraliser la procédure de présentation et d'arrestation, notamment au niveau des tribunaux de première instance, sans que cela se fonde sur une étude minutieuse des procès-verbaux et des preuves, sur une conviction claire quant à la réunion des éléments caractérisant l'infraction, et sur une bonne appréciation des justifications appelant ou non à l'arrestation, ce qui, en plus de la surpopulation carcérale, provoque des violations de la loi qui affectent les libertés individuelles.*

*Il est devenu urgent d'abandonner de telles pratiques et de revenir à l'application des dispositions de la loi dans l'esprit et la lettre, et de s'inspirer de ses objectifs, qui prenaient en compte la conciliation entre les droits des individus, d'une part, et les droits de la société et les nécessités du maintien de l'ordre public, d'autre part, en plus de souligner le caractère exceptionnel de la détention provisoire »*[210].

**280.** Mais ce type de circulaire n'est pas en mesure de remédier à ce problème, car il faut sensibiliser les magistrats instructeurs de l'opportunité d'appliquer les alternatives légales à la détention provisoire. Il s'agit essentiellement du contrôle judiciaire et de la transaction prévue par l'article 41 du Code de procédure pénale. Celle-ci peut constituer une autre alternative à l'action publique. L'article précité donne, en effet, à la victime ou au prévenu, avant la mise en mouvement de l'action publique et quand il est question d'un délit puni d'une peine d'emprisonnement inférieure ou égale à deux ans ou d'une

---

[209] Op. cit.

[210] Extrait de la circulaire n° 336 bis relative à la réduction des mesures de détention provisoire et à ne pas les généraliser. Voir aussi la circulaire du président du ministère public n° 44, du 18 novembre 2018, sur la rationalisation de la détention provisoire.

amende dont le maximum ne dépasse pas 5000 dhs, la possibilité de demander au procureur du Roi d'établir un procès-verbal mentionnant la transaction conclue entre eux. Cette mesure est destinée essentiellement à éviter l'engrenage judiciaire. C'est pourquoi le projet de loi complétant et modifiant le Code de procédure pénale a augmenté le montant de l'amende à 100. 000 dhs. Il a même attribué au juge d'instruction la compétence dans ce domaine.

Dans l'optique de renforcer ces alternatives, la Chambre des Représentants a adopté à la majorité le projet de loi n° 43.22 sur les peines alternatives ou de substitution. Celui-ci vise à lutter contre les courtes peines d'emprisonnement. Elles sont prononcées en alternative aux peines privatives de liberté, pour les délits dont la peine n'excède pas cinq ans. Elles comprennent :

➢ *La surveillance électronique,* qui est un des moyens que le juge d'instruction pourra employer dans son enquête. Signalant à tout instant la position de la personne surveillée, le port de bracelet électronique permet l'évolution en milieu libre. En tant que mesure corrective, la surveillance électronique est considérablement moins coûteuse que la prison. Elle procure aussi des gains économiques substantiels à toutes les parties, car le condamné peut généralement continuer à exercer son activité professionnelle sur son lieu de travail habituel. Son application demande toutefois des moyens technologiques considérables. Elle demande aussi des moyens humains. En effet, l'application de cette mesure demande inévitablement des personnes qualifiées qui surveillent jour et nuit les porteurs de bracelet électronique. Pire encore, le bracelet permet juste de surveiller le mis en examen, mais une fois à l'extérieur, il apparaît difficile de le localiser et, dans un laps de temps très court, le porteur pourrait commettre une nouvelle infraction (comme le trafic de drogue, le viol ou le vol...). Pour améliorer le fonctionnement du Bracelet, il faut installer un JPC qui permettra de connaître rapidement l'endroit où se trouve l'intéressé. Mais cette opération est très coûteuse.

➢ *Le travail d'intérêt général* est défini comme étant l'accomplissement d'un travail non rémunéré au profit d'une personne morale de droit public ou d'une association habilitée.

➢ *La peine de jours-amende* ou le rachat des jours de prison qui consiste pour le condamné à verser au Trésor public une contribution quotidienne pendant un certain nombre de jours. Elle est fixée entre 100 et 2000 DH par jour. Elle ne peut être prononcée à l'encontre de la personne accusée que s'il y a eu réconciliation entre les parties ou bien retrait de la plainte de la part de la victime ou de ses ayants droit, ou dans le cas où la personne a été condamnée à réparer le dommage causé par l'infraction. Pour en fixer la somme, la juridiction devra prendre en compte la situation financière de la personne concernée, ses charges, mais aussi la gravité des faits reprochés et le dommage qui en découle.

- Les peines restrictives de droits ou l'injonction de soins, ou l'obligation d'exercer une activité professionnelle.

D'autres mesures peuvent par ailleurs avoir *"un effet réflexe"* sur le problème de l'inflation carcérale. Ainsi, *le mouvement de pénalisation* dont le législateur est inscrit qui frappe même les faits les moins graves conduit à ce problème. Pour remédier à cela, il faut dépénaliser certains comportements qui sont moins graves pour la société, comme le chèque sans provision. Mais cela reste insuffisant, car il faut aussi créer les mécanismes nécessaires qui peuvent constituer des substituts à l'action publique. C'est le cas ***de la médiation pénale***. Celle-ci constitue un mode de règlement des conflits, qui consiste à la réunion de l'accusé et de la victime pour traiter de questions qui seraient autrement passibles de sanctions pénales.

### C) Le contrôle de la détention provisoire

*Le législateur a élargi le contrôle de la régularité de la détention provisoire en le confiant à certains organes judiciaires. Il s'agit du juge de l'application des peines, du Ministère public et du président de la chambre correctionnelle.*

#### 1) Le contrôle du juge d'application des peines

**281.** Le contrôle exercé par le juge d'application des peines sur la détention provisoire peut être déduit des attributions qui lui ont été confiées par le Code de procédure pénale. Ainsi, il jouit des prérogatives suivantes :

- Visiter les établissements pénitentiaires du ressort du tribunal de première instance près duquel il est désigné, au moins une fois par mois ;
- suivre l'application de la loi relative à l'organisation et au fonctionnement des établissements pénitentiaires concernant la

légalité des détentions, les droits des prisonniers et le contrôle de la régularité des actes de discipline ;

- prendre connaissance des registres d'écrou et établir un rapport sur chaque visite. Il y mentionne ses observations qu'il transmet au ministre de la justice et une copie au Ministère public ;
- tenir des fiches propres aux prisonniers aux fins de suivre leur situation, comportant des indications sur leur identité, leur numéro d'écrou, les décisions judiciaires et disciplinaires rendues à leur égard et les observations du juge ;
- présenter des propositions sur la libération conditionnelle et des grâces.

Le juge dresse un procès-verbal pour toute inspection qu'il transmet immédiatement au ministre de la justice.

### *2) Le contrôle du Ministère public*

**282.** Selon l'article 616-1 C.P.P., le procureur du Roi est tenu de vérifier la régularité des détentions et de la bonne tenue des registres d'écrou. Pour cela, il doit effectuer des visites aux détenus au moins une seule fois par mois[211].

Ce contrôle peut aussi être indirect. En effet, selon l'article 248 C.P.P., le procureur général du Roi de chaque Cour d'appel doit obligatoirement recevoir tous les trois mois un état d'avancement des cabinets d'instruction et un relevé de toutes les affaires en cours, portant mention pour chacune d'elles, de la date du dernier acte d'information exécuté. Il fournit, de manière périodique et tous les trois mois, à la présidence du Ministère public, un tableau précisant le déroulement des travaux de ces cabinets.

### *3) Le contrôle du président de la chambre correctionnelle*

**283.** Ce contrôle peut viser le cours des informations suivies dans tous les cabinets d'instruction du ressort de la Cour d'appel. Le but étant de diagnostiquer les causes de retard des procédures. A cette fin, chaque cabinet établit tous les trois mois un relevé de toutes les

---

[211] Le juge d'instruction rend également visite aux personnes en détention provisoire au moins une fois par mois (art. 54-3 C.P.P.).

affaires en cours et les actes d'information exécutés (art. 248, al. 2 C.P.P.).

Le contrôle du président porte aussi sur les procédures dans lesquelles sont impliqués des inculpés en détention provisoire. Ainsi, un état spécial de ces détenus est mis à sa disposition pour vérification (art. 248, al. 3 C.P.P.).

Cependant, le rôle du président de la chambre correctionnelle ne se limite pas à recevoir les documents dans son bureau dans la mesure où il se rend dans tout établissement pénitentiaire du ressort de la Cour d'appel une fois tous les trois mois au moins pour vérifier la situation des inculpés en détention provisoire (art. 249, al. 1er C.P.P.). Il peut ainsi provoquer toutes les explications utiles de la part du juge d'instruction (al. 2).

Si la détention lui apparaît injustifiée, il adresse au magistrat instructeur concerné les recommandations nécessaires (al. 3).

L'objectif de ce contrôle est d'examiner la régularité des procédures de détention provisoire et d'éviter au maximum l'incarcération illégale d'une personne détenue.

# CHAPITRE 2 - LA CLÔTURE DE L'INSTRUCTION

**284.** La finalité de l'instruction préparatoire est de permettre au juge d'instruction d'effectuer les recherches nécessaires et de prendre les mesures utiles à la manifestation de la vérité. Elles permettent à ce magistrat de prendre des ordonnances qui ont un caractère juridictionnel susceptible d'appel et de pourvoi en cassation.

Ainsi, quand le juge d'instruction rassemble des preuves suffisantes et éclairantes, il décide le renvoi de l'accusé devant la juridiction compétente. Or, s'il lui apparaît que les recherches effectuées ne permettent pas ce renvoi, il décide dans ce cas le non-lieu. Dans ces hypothèses, le magistrat instructeur prend des ordonnances de règlement (section 2).

Cependant, ces deux mesures sont précédées d'une ordonnance de soit-communiqué par laquelle le juge remet le dossier au Parquet en lui demandant de lui transmettre son réquisitoire définitif (section 1).

## *Section 1 - La communication du dossier au Ministère public*

**285.** L'article 214 C.P.P. traite le rapport entre le Ministère public et la juridiction d'instruction au niveau de la Cour d'appel et du tribunal de première instance, selon le domaine de compétence de la juridiction. L'établissement de ce lien vise essentiellement à permettre au Parquet d'exprimer son point de vue, en tant que représentant de la société, sur le litige dans un délai déterminé avant que le magistrat instructeur prenne une décision soit par le renvoi de l'affaire devant la juridiction de jugement compétente, en fonction de ce qu'il a décidé sur la qualification pénale des faits, soit par un non-lieu. Dans le deuxième cas, il transmet le dossier au Ministère public pour l'étudier d'une manière approfondie et prendre des réquisitions supplémentaires pour demander au magistrat instructeur d'effectuer telles ou telles démarches qu'il pense utiles à la manifestation de la vérité.

Cependant, si le procureur du Roi ou le procureur général du Roi, selon le domaine de compétence de chacun, constate que l'instruction préparatoire a bien répondu à sa finalité, il retourne le dossier au juge d'instruction avec ses réquisitions définitives sur les faits et dans lesquelles il résume son point de vue sur le renvoi de l'affaire devant la juridiction compétente ou le non-lieu. Ces réquisitions peuvent être conformes au résultat du juge d'instruction ou en contradiction avec ce que le juge est parvenu dans les opérations menées.

### *Section 2 - Les ordonnances de règlement*

**286.** Il est tout à fait normal qu'à l'issue de l'instruction, le juge qui en est chargé décide, après examen des preuves et des charges retenues contre le prévenu soit de le *renvoyer devant la juridiction de jugement compétente (§ 2),* soit de prendre *une ordonnance de non-lieu (§ 3)*. Mais il peut estimer que les faits ne relèvent pas de sa compétence et rend ainsi une ordonnance d'incompétence (§. 1).

Ces ordonnances sont portées à *la connaissance de l'accusé ou de son conseil et de la partie civile dans un délai déterminé (§ 4). La réouverture de l'instruction sur charges nouvelles est cependant possible (§ 5).*

### §. 1 – L'ordonnance d'incompétence

**287.** Si le juge d'instruction estime que les faits ne relèvent pas de sa compétence, il rend une ordonnance d'incompétence et transmet le dossier au Ministère public dans un délai de huit jours à compter de son prononcé. Les actes d'instruction effectués par le magistrat conserveront leur effet juridique, de sorte que les preuves obtenues par lui, y compris les aveux, soient considérées comme des moyens de preuve qui lient l'organe à qui est renvoyé le dossier.

Dans le même ordre d'idées, l'ordonnance de placement en détention provisoire et celle de contrôle judiciaire continuent de produire leur effet. De là, l'incompétence du juge d'instruction n'entraîne pas la mise en liberté de l'accusé ou la mainlevée du contrôle judiciaire.

**288.** Cependant, le législateur n'a pas précisé le sort du dossier transmis au Ministère public après l'émission de l'ordonnance d'incompétence. Cela n'empêche pas de dire, et à la lumière des règles générales, que le Parquet, en tant qu'organe chargé de l'exécution des décisions judiciaires rendues en matière pénale, doit transmettre le dossier à l'autorité compétente, à moins que l'ordonnance d'incompétence ne soit contestée par voie d'appel.

## §. 2 – L'ordonnance de renvoi

Le juge d'instruction est seul compétent pour décider du renvoi de l'accusé selon la gravité de l'infraction *soit devant la chambre criminelle de la Cour d'appel (A), soit devant le tribunal de première instance (B).*

### *A) Le renvoi devant la chambre criminelle*

**289.** Le juge d'instruction qualifie les faits selon les éléments qu'il a réussi à rassembler. Ainsi, s'il considère que les faits perpétrés par la personne mise en examen constituent un crime, il rend une ordonnance de renvoi de l'accusé devant la chambre criminelle de la Cour d'appel. Elle n'est susceptible que de pourvoi en cassation dans les conditions prévues aux articles 523 et 524 du Code de procédure pénale (art. 218-3 C.P.P.). Le juge d'instruction transmet le dossier au procureur général du Roi aux fins de citation conformément aux conditions prévues aux articles 419 et 420 du même Code.

L'ordonnance contient, à peine de nullité, l'exposé et la qualification légale des faits et précise l'identité de l'accusé. S'il y a lieu, elle précise les circonstances tendant à aggraver ou à atténuer la peine.

**290.** Pour ce qui est de *la détention provisoire*, si l'accusé a été placé sous ce régime, le mandat de dépôt décerné contre lui conserve sa force exécutoire. Si un mandat d'arrêt a été décerné, il conserve aussi sa force exécutoire. En revanche, les mandats d'amener ou de comparution cessent de recevoir exécution, sans préjudice pour le juge d'instruction de décerner contre l'accusé un mandat d'arrêt.

L'accusé détenu reste en détention jusqu'à son jugement par la chambre criminelle de la Cour d'appel, sous réserve de la possibilité pour cette chambre de statuer sur la mise en liberté provisoire qui peut être demandée par l'inculpé, son conseil ou le représentant du Ministère public (art. 180, al. 1er C.P.P.).

### *B) Le renvoi devant le tribunal de première instance*

**291.** Si le juge d'instruction près du tribunal de première instance estime que les faits constituent une contravention, il transmet le dossier au Ministère public et ordonne qu'il soit mis fin au contrôle judiciaire et la mise en liberté du prévenu détenu, à moins qu'il ne soit détenu pour une autre cause (art. 217, al. 1er C.P.P.).

Si les faits sont qualifiés de « délits », il transmet le dossier de l'affaire au procureur du Roi aux fins de citation dans les conditions prévues aux articles 308 et 309 C.P.P. (art. 217-4 C.P.P.). Le délai prévu à l'alinéa 1er de l'article 309 est réduit à cinq jours lorsque l'inculpé est détenu (art. 217, al. 4 C.P.P.). L'ordonnance met fin à la détention provisoire ou au contrôle judiciaire. Même si le Code de procédure pénale ne le précise pas, le maintien en détention provisoire doit être justifié par les éléments de l'espèce : empêcher les pressions sur les témoins ou les victimes, prévenir le renouvellement de l'infraction, protéger le prévenu, garantir son maintien à la disposition de la justice.

### § 3 - L'ordonnance de non-lieu

**292.** Selon l'article 216 du Code de procédure pénale, le juge d'instruction rend une ordonnance de non-lieu lorsqu'il estime que l'affaire ne peut comporter aucune suite. L'ordonnance juridictionnelle est un acte juridictionnel, elle arrête l'action publique.

**293.** Ladite ordonnance peut être motivée en droit ou en fait[212].

---

[212] Parmi les applications pratiques de l'ordonnance de non-lieu, on peut citer, par exemple, l'ordonnance rendue par le juge d'instruction d'une Cour d'appel, qui précisait ce qui suit : « *Après avoir examiné les déclarations de l'accusé, les déclarations de la victime et les témoins mentionnés ci-dessus, il n'a pas été prouvé que l'accusé est entré ou a tenté d'entrer dans la maison de la victime, car il est resté à l'extérieur de la maison près du véhicule à traction animale, et ce qui a été mentionné n'est pas considéré comme une pénétration ou tentative de pénétration au domicile de la victime, ce qui n'a d'ailleurs pas été établi en vérifiant les déclarations de l'accusé et de la victime. Le premier a tenté d'initier des relations sexuelles avec la seconde, que ce soit avec son consentement ou sans son consentement et des circonstances indépendantes de la volonté de l'accusé sont intervenues, qui ont empêché celui-ci de poursuivre son acte criminel. Ainsi, la tentative de viol et le délit de s'introduire par fraude ou à l'aide de menaces ou de violences dans le domicile de la seconde, selon les articles 114, 486 et 441 du Code pénal, ne sont pas établis et ne nécessitent pas d'engager des poursuites pour ces faits.*

*Étant donné que les actes établis contre l'accusé ont été commis dans le ressort de la juridiction et que le délai de prescription n'était pas dépassé.*

- ***Sont des motifs de droit*** : le fait que l'infraction n'est pas constituée, qu'il existe un fait justificatif, que l'action publique est éteinte ou que les faits sont amnistiés.

L'établissement d'une cause de non-imputabilité, telle la contrainte, entraîne un non-lieu au profit de l'intéressé qui en fait l'objet, mais uniquement à son égard. Une ordonnance de non-lieu motivée par la contrainte, un fait justificatif ou le décès de la personne mise en examen doit néanmoins préciser, s'il existe des charges suffisantes établissant que l'intéressé a commis les faits qui lui sont reprochés.

- ***Sont des motifs de fait*** : le non-établissement des circonstances de l'infraction, la non-identification du responsable de cette infraction et, d'une manière générale, l'absence de charges suffisantes.

Le non-lieu peut viser tous les faits et toutes les personnes (non-lieu total) ou seulement certains d'entre eux (non-lieu partiel). Le non-lieu total ne peut intervenir qu'à la fin de l'information, alors que le non-lieu partiel peut être décidé au cours de l'instruction selon l'article 219 du Code de procédure pénale.

Le magistrat instructeur statue en même temps sur la restitution des objets saisis (al. 2). Il liquide les dépens et condamne aux frais la partie civile, totalement ou partiellement. Or, la partie civile de bonne foi peut être déchargée de ces frais par décision spéciale et motivée, à moins qu'elle ne soit elle-même qui a mis en mouvement l'action publique (al. 3).

**294. *Les effets de non-lieu dépendent des motifs relevés*.** Ainsi, si l'ordonnance est motivée en droit, elle est irrévocable et a l'autorité de la chose jugée. Or, si elle est motivée en fait, elle est au contraire révocable. Elle n'a pas l'autorité de la chose jugée, de sorte qu'il peut y avoir réouverture de l'instruction sur charges nouvelles.

Le caractère définitif de l'ordonnance de non-lieu motivée en droit ne doit pas induire en confusion, car comme l'ordonnance de non-lieu motivée en fait, elle peut être frappée par un appel auprès de la

---

3 - *Nous déclarons que le crime de tentative de viol et le délit de pénétration au domicile d'autrui conformément aux articles 114, 486 et 441 du Code pénal ne sont pas établis et nous ordonnons le non-lieu... ».* Ordonnance du juge d'instruction de la Cour d'appel de El Jadida. Non publié, n° 6/09, du 18 mars 2009, n° 41/08. Cité par NAFID (Y.), « Procédure de l'instruction préparatoire - étude comparée », imprimerie Al Oumnia, Rabat, p. 195-196.

chambre correctionnelle de la Cour d'appel par les soins du Ministère public (art. 222 C.P.P.) et la partie civile (art. 224 C.P.P.).

L'ordonnance de non-lieu permet à celui qui a été visé par l'instruction et mis en examen de faire condamner, s'il y a lieu le dénonciateur pour *dénonciation calomnieuse.*

Dans le but de restaurer la présomption d'innocence qui aurait été mise à mal par une mise en examen, le juge d'instruction peut ordonner, sur la demande de la personne concernée ou avec son accord, d'office ou à la demande du Ministère public, soit la publication intégrale ou partielle de la décision de non-lieu, soit l'insertion d'un communiqué informant le public des motifs du dispositif de celle-ci dans un ou plusieurs journaux. Si le juge d'instruction refuse d'accéder à la demande de la personne concernée, il doit rendre une ordonnance motivée susceptible d'appel devant la chambre correctionnelle de la Cour d'appel conformément aux articles 222 et 223 du Code de procédure pénale.

Si la personne mise en examen était détenue, elle est remise immédiatement en liberté. Le non-lieu met également fin au contrôle judiciaire.

### §. 4 - La communication des ordonnances

**295.** L'article 220 C.P.P. traite la question de la communication des ordonnances du juge d'instruction comme une formalité substantielle, car l'information menée par ce magistrat a un caractère juridictionnel susceptible d'appel. De plus, cette communication est justifiée par la protection des droits de la défense.

Ces ordonnances doivent comporter toutes les informations nécessaires, telles que le nom de famille et le prénom de l'accusé, son âge, sa date et son lieu de naissance, la tribu à laquelle il appartient, son numéro de carte d'identité nationale, le cas échéant, et son numéro de somme s'il est un fonctionnaire public. La qualification juridique de l'acte imputé à l'accusé ainsi que les raisons justifiant la présence ou l'absence de la preuve.

## § 5 - La réouverture de l'instruction sur charges nouvelles

*Il convient d'examiner les conditions de la réouverture de l'instruction sur charges nouvelles (A) et la procédure de cette réouverture (B).*

### A) Les conditions de la réouverture

**296.** Aux termes de l'article 229 du Code de procédure pénale : *"Sont considérées comme charges nouvelles, les déclarations de témoins, pièces et procès-verbaux qui n'ayant pas pu être soumis à l'examen du juge d'instruction sont cependant de nature soit à fortifier les charges qui auraient été trouvées trop fiables, soit à donner aux faits de développements utiles à la manifestation de la vérité".* Les charges nouvelles ne sont donc pas nécessairement des faits entièrement nouveaux, elles peuvent être des aspects nouveaux des mêmes faits.

**297.** La réouverture sur charges nouvelles suppose que l'information avait été ouverte contre la personne dénommée. En cas d'information contre X, il n'est pas nécessaire qu'il ait des charges nouvelles pour rouvrir l'instruction. Une nouvelle instruction peut être ouverte contre une personne qui n'a pas été mise en examen dans la première information.

La réouverture de l'information ne peut être requise que par le Ministère public (art. 230 C.P.P). La partie civile est donc exclue.

### B) La procédure

**298.** La réouverture suppose un acte du Parquet : un réquisitoire afin de reprise. Ce réquisitoire doit faire état de charges nouvelles et ne pas se contenter de la transmission d'une nouvelle plainte.

La nouvelle information est faite par le même juge d'instruction, qui avait rendu le non-lieu et l'information reprend là où elle s'était arrêtée. Celle-ci ne constitue pas une procédure distincte de celle initialement suivie.

Il en résulte que la constitution de partie civile intervenue avant l'ordonnance de non-lieu continue de produire ses effets. La partie civile continue, en effet, d'agir en cette qualité dans la nouvelle procédure, sans avoir besoin de manifester par un nouvel acte sa volonté d'intervenir.

Pareillement, la personne mise en examen ayant subi l'interrogatoire de première comparution conserve sa qualité. Si elle avait choisi un avocat, elle doit être considérée comme toujours assistée par celui-ci.

## CHAPITRE 3 - CONTRÔLE DE L'INSTRUCTION PREPARATOIRE

Le contrôle de l'instruction effectuée est assuré par la chambre correctionnelle de la Cour d'appel. *Il convient donc de présenter la structure de cette juridiction (section 1) et le domaine d'appel du juge d'instruction (section 2).*

### *Section 1 – La Chambre correctionnelle*

*L'architecture de la chambre (§. 1) ainsi que les pouvoirs de son président (§. 2) méritent d'être développés.*

#### §. 1 – L'architecture de la chambre

*Il apparaît nécessaire de définir la composition (A) et les caractères de l'audience tenue devant la chambre correctionnelle (B).*

#### *A) La composition*

**299.** La chambre correctionnelle a été créée par l'article 10 du Dahir du 28 septembre 1974[213]. Elle remplace l'ancienne chambre de mise en accusation qui constituait un deuxième degré d'instruction selon l'article 204 de l'ancien Code de procédure pénale de 1959[214]. La particularité de l'actuelle chambre réside dans le fait qu'elle peut statuer en appel à la fois du jugement du tribunal de première instance et des ordonnances du juge d'instruction. Le Code actuel de procédure pénale réglemente son fonctionnement dans ses articles 231 et s.

**300.** La chambre correctionnelle se réunit sur convocation de son président ou à la demande du procureur général du Roi, toutes les fois

[213] Dahir portant loi n° 1-74-448 du 11 ramadan 1394 (28 septembre 1974) édictant des mesures transitoires pour l'application du Dahir portant loi n° 1-74-338 du 24 joumada II 1394 (15 Juillet 1974) fixant l'organisation judiciaire du Royaume et du décret n° 2-74-498 du 25 joumada II 1394 (16 juillet 1974) pris en application du Dahir portant loi susvisée.

[214] Dahir n° 1-58-261 du 1er chaabane 1378 (10 février 1959) formant Code de procédure pénale.

qu'il est nécessaire (art. 233 C.P.P.). Elle se compose du premier président (ou de son délégué), de deux conseillers, en présence du représentant du ministère public représenté par le procureur général du Roi ou l'un de ses substituts et du greffier.

### *B) L'audience*

**301.** La procédure est inquisitoire. Elle repose sur la rapidité, l'écrit et le secret. En effet, les débats se déroulent à huis clos. La chambre correctionnelle statue en chambre du conseil, après rapport du conseil chargé de l'affaire.

Le procureur général du Roi met le dossier en état et le soumet avec son réquisitoire à la chambre correctionnelle dans les cinq jours de sa réception du dossier (art. 234 C.P.P.). Ce dossier, comprenant les réquisitions du procureur général du Roi, est communiqué aux parties et à leurs conseils. La chambre examine des réquisitions écrites du procureur général du Roi et des mémoires des parties. Le Parquet et le greffier ne peuvent être présents aux délibérés. Or, l'arrêt est rendu en audience publique.

La chambre correctionnelle peut ordonner la comparution personnelle des parties et leur audition.

### §. 2 - Le président de la chambre

**302.** Les articles du Code de procédure pénale confèrent au Président les prérogatives d'un supérieur administratif des juges d'instruction. Dans ce but, les cabinets d'instruction établissent tous les trois mois un état complet des instructions en cours avec indication précise de la date d'accomplissement de la dernière formalité, de description spéciale des conditions de détention provisoire.

Ces états sont transmis, tous les trois mois, au président de la chambre correctionnelle et au procureur général du Roi.

Les procédures dans lesquelles sont impliqués des inculpés détenus provisoirement figurent sur un état spécial (art. 248 C.P.P.).

**303.** Le président de la chambre correctionnelle ou son délégué peut effectuer une visite tous les trois mois dans tout établissement pénitentiaire de la Cour d'appel, vérifiant ainsi la situation des détenus provisoires. Il peut provoquer toutes explications utiles de la part du juge d'instruction. Il peut aussi adresser des recommandations à ce juge, si la détention lui apparaît injustifiée (art. 249 C.P.P.).

Il dépose un rapport annuel sur le fonctionnement des cabinets d'instruction du ressort de la Cour d'appel et transmet une copie au procureur général du Roi (art. 250 C.P.P.).

## *Section 2 - Le domaine de contrôle du juge d'instruction*

Les moyens juridiques qui permettent de contrôler le cours de l'instruction par la chambre correctionnelle de la Cour d'appel sont de deux sortes, à savoir *l'appel des ordonnances du juge d'instruction (§. 1) ou au moyen d'annulation dans certains cas (§. 2).*

### §. 1 - L'appel des ordonnances du juge d'instruction

*Lorsqu'une ordonnance du juge d'instruction apparaît contestable au Ministère public, aux particuliers (accusé et la partie civile) (A), il est possible de faire appel de cette ordonnance devant la chambre correctionnelle, selon des formalités bien précises par le Code de procédure pénale (B). Cet appel produira certains effets (C).*

#### *A) Les parties ayant la possibilité de faire appel*

*L'appel appartient au Parquet (1) et aux particuliers (prévenus et parties civiles) (2).*

##### *1) Les prérogatives du Ministère public*

*Il convient d'examiner le domaine de l'appel (a) et les formalités requises (b).*

##### a) Le domaine de l'appel

**304.** La lecture de l'article 222 du Code de procédure pénale permet de relever que le législateur a accordé au Ministère public un droit d'appel général, à l'exception des ordonnances d'expertise de l'article 196 du Code de procédure pénale.

Cet appel peut être formé contre les ordonnances rendues qui contrarient ses réquisitions ou même celles qui sont conformes à ses réquisitions. Dans ce dernier cas, le législateur a trouvé opportun de donner plus de pouvoirs au Parquet, y compris la possibilité de revenir sur sa décision qu'elle a prise antérieurement, si l'intérêt de la société l'exige. L'extension à toutes les ordonnances s'explique par le fait que le Ministère public est partie principale au procès et plus particulièrement, parce qu'il est bien placé pour relever les failles d'une instruction.

**305.** Il est à noter que le droit du Ministère public ne concerne que les ordonnances de nature juridictionnelle (compétence, détention provisoire, renvoi, non-lieu). Il ne s'étend guère aux ordonnances de nature purement "administrative", c'est-à-dire aux actes d'instruction (commission rogatoire, enquête de personnalité, transport sur les lieux, mandat de comparution...). En pratique, le parquetier ne conteste que les ordonnances juridictionnelles qui contredisent ses réquisitions.

### b) Les formalités requises

**306.** D'un point de vue procédural, les formes de l'appel sont prévues aux alinéas 2, 3, 4 et 5 de l'article 222 du Code de procédure pénale. Sur le fondement de cet article, on peut faire les remarques suivantes :

- L'appel a lieu sous forme de déclaration écrite au greffe de la juridiction où siège le juge d'instruction, dans la journée qui suit celle où l'ordonnance a été rendue (art. 222-2 C.P.P.).
- Selon l'article précité, lorsque l'appel est interjeté contre une ordonnance du juge d'instruction près du tribunal de première instance (pour les délits dont l'instruction est obligatoire ou facultative), le procureur du Roi peut former une déclaration au greffe du tribunal où siège le juge d'instruction. Or, pour les crimes, c'est le procureur général du Roi près la Cour d'appel qui est compétent pour interjeter appel d'une ordonnance du juge d'instruction près de cette Cour.
- Dans tous les cas où l'appel de toute ordonnance du juge d'instruction près du tribunal de première instance est interjeté par le procureur du Roi près dudit tribunal, le juge d'instruction lui adresse le dossier de l'information ou une copie certifiée conforme, dans les vingt-quatre heures de la déclaration d'appel (art. 225-1 C.P.P.). Après la réception du dossier, le procureur général du Roi le transmet avec ses réquisitions à la chambre correctionnelle au plus tard dans les cinq

jours à compter de la date de cette réception (art. 225, al. 2 et 3 C.P.P.).

➢ Dans le cas d'appel interjeté de toute ordonnance prise lors d'une information en matière criminelle, le juge d'instruction communique le dossier ou une copie certifiée conforme au procureur général du Roi dans les vingt-quatre heures de l'appel, avec ses propres observations.

### *2) Les prérogatives des particuliers*

*L'accusé (a) et la partie lésée (b) peuvent former un appel contre les ordonnances du juge d'instruction.*

#### a) Prérogatives de l'accusé

**307.** L'accusé peut former un appel contre les ordonnances du juge d'instruction qui peuvent préjudicier à ses intérêts. Il ne peut avoir lieu qu'à l'encontre des ordonnances relatives à l'admission d'une constitution de partie civile (art. 94 C.P.P.) ; au mandat de dépôt (art. 152 C.P.P.) ; à la détention provisoire pour les délits (art. 176 C.P.P.) ou pour les crimes (art. 177 C.P.P.) et au refus de la liberté provisoire (art. 179 C.P.P.) ; au refus d'ordonner une expertise (art. 194 C.P.P.), au refus d'ordonner un complément ou une contre-expertise (art. 208 C.P.P.) ; à la restitution des objets saisis (art. 216-2 C.P.P.) ; à la liquidité des dépens (art. 216-3 C.P.P.) ; à la publication de l'ordonnance de non-lieu (art. 216-6 et 7 C.P.P.) ; à la compétence (art. 223-2 C.P.P.).

Il s'agit d'une liste limitative des ordonnances pouvant faire l'objet d'un appel. Mais il semble que les ordonnances de renvoi soient exclues de cette liste[215]. C'est une prérogative du Ministère public[216].

---

[215] *"L'ordonnance du juge d'instruction de renvoi de l'accusé à la chambre criminelle de la Cour d'appel n'est pas susceptible d'appel devant la chambre correctionnelle. L'arrêt objet du pourvoi qui a décidé la recevabilité de l'appel de l'accusé dans ce cas, encourt la cassation pour violation de la loi".* C. sup., 26 janvier 2000, arr. n° 205, rev. de la jurisprudence de la Cour suprême, n° 57 et 58, p. 491.

[216] *"Selon les articles 7 et 10 du Dahir du 8 septembre 1974 édictant des mesures transitoires et l'article 204 de l'actuel Code de procédure pénale, l'appel du Ministère public de l'ordonnance du juge d'instruction de renvoi des accusés devant la chambre criminelle est recevable. L'arrêt attaqué qui a décidé la non-recevabilité*

**308.** Sous l'angle procédural, la partie mise en cause interjette appel en déposant une déclaration écrite au greffe de la chambre correctionnelle de la Cour d'appel, dans les trois jours qui suivent sa réception de l'ordonnance du juge d'instruction.

Lorsque l'inculpé est en détention, cette déclaration est reçue au greffe de l'établissement pénitentiaire où elle est immédiatement inscrite sur un registre spécial. Le chef de l'établissement est tenu de transmettre cette déclaration, sous peine de sanctions disciplinaires, au greffe de la juridiction dans les vingt-quatre heures (art. 223-4 C.P.P.).

### b) Prérogatives de la partie civile

**309.** En application de l'article 224 du Code de procédure pénale, la partie civile peut interjeter appel des ordonnances du juge d'instruction dans les cas suivants :

- Les ordonnances de refus d'informer ;
- les ordonnances de non-lieu ;
- les ordonnances de compétence.

D'une manière générale, l'appel est interjeté dans l'hypothèse où les ordonnances susvisées préjudicient les intérêts particuliers de la victime (ex. admission d'une autre partie civile, refus d'expertise ou d'expertise complémentaire ou contre-expertise).

**310.** En revanche, la partie lésée ne peut pas former un recours contre les ordonnances qui ne visent pas ses intérêts civils. C'est ainsi le cas des ordonnances de placement en détention provisoire ou ordonnant la libération provisoire de l'accusé, ou optant pour le contrôle judiciaire.

Sur le plan procédural, l'appel de la partie civile obéit aux mêmes règles que celui de l'accusé.

## *B) Les effets de l'appel*

*L'appel interjeté contre les ordonnances du juge d'instruction peut avoir un effet suspensif (1) et un autre dévolutif (2).*

---

*encourt la cassation pour violation de la loi".* C. sup., n° 32, du 17 janvier 1999, jurisprudence de la Cour suprême, n° 53 et 54, p. 379.

### *1) L'effet suspensif*

**311.** L'effet suspensif signifie que l'ordonnance frappée d'appel ne sera exécutée qu'après que la chambre correctionnelle statue sur le recours. De là, lorsque cette ordonnance n'est pas une ordonnance de règlement, le juge d'instruction poursuit son information, à moins que la chambre correctionnelle n'en décide autrement (art. 226 C.P.P.). Ainsi, l'appel suspensif se limite à l'ordonnance de clôture.

Par ailleurs, l'article 181 du Code de procédure pénale prévoit que : *« Ni l'appel ni la procédure ultérieure n'ont aucun effet suspensif sur l'exercice de l'action, la juridiction suit son débat sur le fond ».*

Il est à noter que l'appel de la partie civile de l'ordonnance de non-lieu n'a aucun effet sur la mise en liberté immédiate et de plein droit de l'accusé.

### *2) L'effet dévolutif*

**312.** L'effet dévolutif signifie que l'affaire sera réexaminée dans son intégralité par la chambre correctionnelle. Cet effet concerne seulement les ordonnances du juge d'instruction visées par l'appel. En effet, le recours formé ne donne pas à cette chambre le pouvoir de statuer sur l'ensemble de l'affaire, mais elle statue sur le point précis pour lequel l'intéressé a interjeté appel.

En revanche, le recours contre la décision de non-lieu permet de déférer indirectement l'intégralité de l'affaire devant la chambre correctionnelle. Celle-ci est tenue de se prononcer sur la responsabilité de l'accusé et de veiller à ce que des preuves suffisantes soient recueillies pour décider le renvoi devant la juridiction compétente.

Quant aux personnes, l'effet dévolutif de l'appel est également limité dans la mesure où l'appel interjeté par certains accusés, dans le cas où ils sont plusieurs, restreint le pouvoir de la chambre correctionnelle, car elle ne peut statuer que sur le recours formé effectivement.

## § 2 - Les nullités d'instruction

Le Code de procédure pénale édicte certaines règles de forme et de fond, dont la finalité est de garantir un équilibre entre le droit à la sûreté et le droit à la sécurité. Le juge d'instruction est dès lors tenu de les respecter, sinon les actes d'instruction effectués encourent la nullité.

*Cette précision est de taille, car elle ouvre la perspective d'analyser les cas de nullité (A) et les demandes présentées par les parties (B) ou les autorités compétentes (C).*

### A) Les cas de nullité

*Il existe trois catégories de nullité : textuelle (1), substantielle (2) et virtuelle (3).*

#### 1) Les nullités textuelles

**313.** Elles sont expressément prévues par l'article 210 du Code de procédure pénale. Elles sont limitatives et visent à protéger la personne poursuivie et la victime. Il en est ainsi de la violation des articles 134 et 135 concernant l'interrogatoire de première comparution. D'abord, l'article 134 (des informations que le juge d'instruction doit donner au prévenu lors de l'interrogatoire de première comparution : choix d'un avocat, informer la personne des faits qui lui sont imputés, la liberté de ne faire aucune déclaration lors de l'interrogatoire de première comparution, ne pas mentionner cette information dans le procès-verbal...). Ensuite, l'article 135 (le fait que le juge d'instruction procède immédiatement à un interrogatoire et à des confrontations sans préciser les causes d'urgence). De l'interrogatoire sur le fond en l'absence d'avocat et sans renonciation expresse et les prévisions des articles 59, 60, 62 et 101 sur les perquisitions.

Enfin, les dispositions de l'article 139 concernant l'interrogatoire du prévenu ou l'audition de la partie civile ou leur confrontation en présence de leurs avocats, sauf s'ils y renoncent ou si l'avocat ne se présente pas malgré sa convocation au moins deux jours francs avant l'interrogatoire ou la confrontation par lettre recommandée, ainsi que le défaut de mise à sa disposition du dossier au moins un jour avant l'interrogatoire. Toutefois, la violation de ces dispositions n'entraîne pas la nullité, si le procès-verbal de l'interrogatoire ou de la confrontation fait mention de la présence de l'avocat et que celui-ci n'invoque aucune violation liée à la convocation ou à l'examen du dossier.

Il est évident que ces cas reflètent l'impératif de protéger la partie poursuivie. Ils s'expliquent essentiellement par la bonne administration de la justice.

**314.** Les cas de nullité sont déférés, conformément aux dispositions de l'article 211 du Code de procédure pénale, à la chambre correctionnelle de la cour d'appel, qui décide, si la nullité est limitée à la procédure viciée ou s'étend à la procédure ultérieure, en tout ou en partie. Le critère pour déclarer la nullité de la seconde est que celle-ci est liée à la première ou en résulte. Or, si la deuxième est indépendante de la première, il n'y a aucune justification pour déclarer la nullité.

Les actes annulés sont retirés du dossier d'information et classés au greffe de la Cour d'appel. Il est interdit d'y puiser des charges contre les parties aux débats, à peine de sanctions disciplinaires pour les magistrats et les avocats (art. 213 C.P.P.).

### *2) Les nullités substantielles*

**315.** Elles ne sont pas énumérées par l'article 210 C.P.P. On en trouve trace dans l'article 212-1 C.P.P. Celui-ci se contente d'indiquer qu'elles consistent dans la violation des droits de la défense.

**316.** Ces cas de nullité, même s'ils sont régis par l'article précité, il n'en demeure pas moins que son domaine est indéterminé. Le texte accepte, en effet, une souplesse qui permet au juge d'apprécier souverainement la nullité de l'instruction. C'est ainsi le cas de l'incompétence territoriale du juge d'instruction ou lorsqu'un renvoi a lieu sans interrogatoire sur le fond, ou lorsque les ordonnances ne sont pas notifiées aux parties intéressées.

### *3) Les nullités virtuelles*

**317.** Elles sont ainsi appelées, car la loi n'y fait aucune allusion. Elles s'appliquent aux règles qui sont prévues par le Code de procédure pénale sans faire mention de la sanction encourue en cas de leur inobservation : ne violant ni l'ordre public au sens étroit ni les droits de la défense, les nullités virtuelles visent le perfectionnement de la procédure pénale.

### *B) Les demandes de nullité*

**318.** Selon l'art. 211 C.P.P., le juge d'instruction saisit la chambre correctionnelle de la Cour d'appel, s'il lui apparaît qu'un acte de l'information est frappé de nullité, après avoir pris l'avis du Ministère public et en avoir avisé l'inculpé et la partie civile. L'alinéa 2 du même article donne au Parquet, à l'inculpé et à la partie civile la possibilité, s'il leur apparaît qu'une nullité a été commise, de requérir du juge d'instruction communication de la procédure au parquetier qui transmet à la chambre correctionnelle une requête motivée aux fins d'annulation dans les cinq jours. Celle-ci décide si l'annulation doit être limitée à l'acte vicié ou s'étendre partiellement ou totalement à la procédure ultérieure.

Le respect de ces délais s'impose sous peine de forclusion. Le juge peut alors continuer l'instruction, sauf quand elle est terminée ou quand la chambre correctionnelle en décide autrement, suivant une procédure et un formalisme.

### *C) L'autorité compétente*

*Il s'agit incontestablement de la chambre correctionnelle de la Cour d'appel (1) et éventuellement de la juridiction de jugement (2).*

#### *1) La chambre correctionnelle*

**319.** Quand il s'agit *d'une violation textuelle,* la chambre correctionnelle annule l'acte irrégulier. En effet, l'acte qui porte une violation au droit de la défense, l'annulation est d'ordre public. En revanche, quand l'annulation vise *une situation substantielle* pure, elle peut être ratifiée expressément par la partie intéressée.

**320.** *La nullité virtuelle* reste soumise à l'appréciation souveraine de son opportunité par la chambre correctionnelle. La décision d'annulation peut se limiter à l'acte contesté ou s'étendre à toute ou partie de la procédure ultérieure. L'acte annulé est retiré de la procédure.

La chambre décide la poursuite de l'instruction préparatoire en renvoyant le dossier au juge d'instruction. Elle bénéficie également du pouvoir de charger l'un de ses membres ou un autre juge d'instruction, d'un complément d'information qui peut consister dans le fait de compléter les actes qui ont déjà été pris ou d'étendre l'information à d'autres personnes.

### *2) La juridiction de jugement*

**321.** Quand le juge d'instruction, comme il est dit précédemment, décide de clôturer l'instruction, il prend une ordonnance de renvoi devant la juridiction compétente. La question qui se pose est celle de savoir si la juridiction saisie peut relever un cas de nullité.

Selon l'article 324 C.P.P. la juridiction saisie peut soulever la nullité d'un acte d'instruction à certaines conditions :

- La provocation de la nullité par les parties ;
- la nullité pouvant entacher les actes d'instruction ne peut être soulevée après l'arrêt de la chambre correctionnelle ordonnant le renvoi devant la juridiction de jugement (art. 227 C.P.P.).

# PARTIE 2
# LE JUGEMENT

**322.** La procédure de jugement consiste dans la saisine de la juridiction du fond, dont la mission est de se prononcer sur l'affaire pénale qui fait l'objet des poursuites.

Cette phase du procès pénal est cruciale pour les parties, car chacune tente de présenter son point de vue de la manière qu'elle considère comme la meilleure pour préserver ses intérêts.

Ceci dit, les juridictions de jugement sont saisies soit par une ordonnance de renvoi du juge d'instruction, dans le cas où l'instruction est obligatoire ou facultative, soit directement par le ministère public ou la partie lésée par le procédé de la citation directe.

*Pour procéder au jugement du procès pénal (titre 2), il faut que la juridiction saisie soit compétente (titre 1).*

# TITRE 1
# LA COMPETENCE

Le code de procédure pénale a confié aux seuls tribunaux de première instance et aux Cours d'appel la compétence de juger les infractions, sauf disposition contraire de la loi.

Cependant, les règles de compétence ne sont pas d'ordre public. De là, à peine de forclusion, les demandes de renvoi pour incompétence - si ce n'est en raison de la matière - les exceptions tirées de la nullité soit de la citation, soit de la procédure antérieurement suivie, les questions préjudicielles doivent être soulevées et présentées par les parties avant toute défense au fond (art. 323 C.P.P.).

*Cette précision donnée, il apparaît nécessaire de traiter les règles gouvernant la compétence (chapitre 1) et leur impact sur la répartition de compétence entre les différentes juridictions répressives (chapitre 2).*

# CHAPITRE 1 - LES REGLES DE COMPETENCE

*Les règles de compétence s'appliquent à toutes les juridictions répressives, elles sont donc générales (section 1). Or, pour une bonne administration de la justice, ces règles sont sujettes à certaines dérogations (section 2).*

## *Section 1 – Les règles générales de compétence*

*Les règles générales de compétence peuvent être divisées en deux catégories. La première porte sur la compétence internationale des juridictions répressives marocaines (§. 1) et la deuxième traite de la compétence interne de ces juridictions (§. 2).*

### §. 1 – La compétence internationale

Le Code de procédure pénale aborde la question dans ses articles 707 à 712. Deux systèmes sont prévus. *Il s'agit d'abord de la compétence personnelle (A), ensuite de la compétence réelle (B).*

#### *A) La compétence personnelle*

La loi pénale marocaine va pouvoir s'appliquer à une infraction commise à l'étranger, en fonction de la nationalité de l'auteur et de la nationalité de la victime de l'infraction. Celles-ci sont désignées respectivement *la personnalité active (1) et la personnalité passive (2).*

#### *1) La personnalité active*

**323.** Les articles 707 et 708 C.P.P. font mention de la compétence extraterritoriale de la loi marocaine et, conséquemment, des juridictions marocaines lorsque l'auteur de l'infraction est Marocain. Cette compétence est justifiée, d'une part, par les nécessités de l'entraide entre Etats et, d'autre part, par le fait que le Maroc ne souhaite pas accorder un refuge aux délinquants de nationalité marocaine sur son propre territoire une fois qu'ils ont accompli leur forfait.

Pour que ces juridictions puissent regarder les faits commis hors du sol marocain, l'auteur doit avoir commis un crime (art. 707) ou un délit (art. 708), ce qui exclut la compétence personnelle de la loi marocaine en cas de contravention.

Cette règle est assortie d'une exception. Ainsi, lorsqu'il s'agit d'un crime, une personne qui justifie avoir été définitivement jugée à l'étranger pour les mêmes faits et, en cas de condamnation, que la peine prononcée a été subie ou prescrite, ne peut à nouveau être jugée au Maroc. Mais si l'infraction est un délit, la poursuite doit être précédée d'une plainte de la victime ou de ses ayants droit, ou d'une dénonciation officielle par l'autorité du pays où les faits ont été commis.

### *2) La personnalité passive*

**324.** Le Maroc entend protéger ses ressortissants qui sont victimes d'une infraction à l'étranger. Ainsi, la loi marocaine est-elle compétente pour poursuivre ou juger des crimes, lorsque la victime est de nationalité marocaine au moment des faits, la nationalité de l'auteur des faits (marocain ou étranger) ayant peu d'importance[217].

### *B) La compétence réelle*

**325.** Le principe de territorialité interdit au Maroc de juger et punir le ressortissant d'un autre Etat qui se réfugierait dans le Royaume après avoir commis une infraction à l'étranger. Si la victime de l'infraction est le Royaume lui-même, la dérogation à la territorialité se trouve justifiée (art. 711 C.P.P.). Il faut toutefois que l'intéressé soit arrêté au Maroc ou que le gouvernement obtienne son extradition, ce qui *a priori* implique l'absence de poursuite et de jugement à l'étranger. L'article 198 du Code pénal étend l'application de ce texte,

[217] L'art. 710 C.P.P. prévoit que : *"Tout étranger qui, hors du territoire du Royaume, s'est rendu coupable d'un fait qualifié de crime par la loi marocaine, comme auteur, coauteur ou complice peut être poursuivi et jugé d'après les dispositions de la loi marocaine lorsque la victime de crime est de nationalité marocaine.*
*Toutefois, la poursuite ou le jugement de l'inculpé ne peut avoir lieu lorsqu'il justifie que le jugement a acquis la force de la chose jugée à l'étranger et, en cas de condamnation, avoir subi ou prescrit sa peine".*

puisqu'il parle des crimes et délits contre la sûreté extérieure de l'Etat marocain.

Le fondement de cette compétence repose sur l'idée selon laquelle l'infraction en cause lèse l'ordre public marocain de manière tellement grave qu'elle est réputée commise sur son territoire. Il est vrai que les valeurs protégées sont, d'une part, les intérêts fondamentaux de l'Etat marocain (infractions réprimées par les art. 163 et s. C.P., crimes et délits commis contre les agents et locaux diplomatiques et consulaires marocains) et, d'autre part, les intérêts supérieurs de l'Etat marocain (falsification et contrefaçon de la monnaie et du sceau de l'Etat de l'art. 334 et s. C.P.). La répression de ces infractions peut être assurée sans exigence d'une plainte ou d'une dénonciation préalable, comme c'est le cas en matière de compétence personnelle.

## §. 2 – La compétence nationale

*La compétence des juridictions répressives est gouvernée par certains principes (A), qui sont ou non d'ordre public (B).*

### A) Les principes gouvernant la compétence

*Ces principes se rapportent aux critères adoptés par le législateur pour répartir la compétence entre les différentes juridictions (1). Mais la mise en œuvre de ces critères peut susciter quelques difficultés (2).*

#### 1) Les critères de répartition de compétence

Il y a trois critères qui conduisent à la saisine de la juridiction compétente :

- Le premier se fonde sur la nature de l'infraction et, conséquemment, il a pour objet de déterminer la compétence matérielle.
- Le deuxième critère est tiré des caractéristiques de la personne, c'est ce qu'on appelle « la compétence personnelle ».
- Le troisième est lié à la localisation géographique de l'infraction, ce qui est communément appelé « la compétence territoriale des juridictions ».

### a) La compétence matérielle

**326.** La compétence matérielle est le critère qui permet de répartir les compétences entre les juridictions de jugement et celles d'instruction en se fondant sur la qualification de l'infraction retenue avant la décision de renvoi. Ainsi, le législateur a déterminé la compétence de chaque juridiction en fonction de la gravité des infractions. Mais il faut prendre en considération les circonstances aggravantes qui ont vocation à changer la qualification de l'infraction de délit en crime. Sauf à noter que les circonstances atténuantes et la récidive n'ont pas vocation à changer la nature de l'infraction.

Il est à noter par ailleurs que la loi confie à une juridiction la compétence pour statuer sur certains types d'infractions. Il en est ainsi le cas de la loi 03-03 relative à la lutte contre le terrorisme. Son article 7 prévoit, en effet, que : *« Nonobstant les règles de compétence prévues par le Code de procédure pénale ou par d'autres textes, la Cour d'appel de Rabat est compétente pour les poursuites, l'instruction et le jugement des actes constituant des infractions de terrorisme. »*

### b) La compétence personnelle

**327.** On part du postulat que les conditions particulières des accusés ne sont pas prises en compte pour déterminer la compétence des juridictions. Cette affirmation mérite d'être nuancée. En effet, le législateur a trouvé opportun de répartir les affaires pénales sur les juridictions en se fondant sur la qualité, le statut ou l'âge de la personne mise en cause. C'est ainsi le cas des mineurs, des ministres, des militaires et des fonctionnaires.

### c) La compétence territoriale

**328.** Pour la détermination de ce type de compétence, trois critères sont généralement retenus : le lieu de commission de l'infraction (1°), la résidence de la personne impliquée dans l'infraction ou de l'un de ses coauteurs ou complices (2°) et le lieu de l'arrestation des personnes poursuivies (3°).

### *1°) Le lieu de commission de l'infraction*

**329.** On part du postulat que la juridiction compétente est celle du lieu de l'infraction, car c'est l'endroit où l'ordre public a été troublé. C'est aussi le lieu où le rassemblement des preuves sera le plus facile.

Le choix du législateur de cette solution comme critère de compétence a plusieurs avantages, notamment : un accès facile et rapide aux preuves et la garantie qu'elles ne sont pas falsifiées. De plus, il permet un accès rapide aux témoins dans le cas où ils sont convoqués par la juridiction pour déposer. Enfin, l'infraction commise dans n'importe quelle ville provoque la terreur et l'anxiété dans la société et trouble la paix, ce qui nécessite que l'accusé soit jugé à l'endroit où l'acte a été commis.

### *2°) Le lieu de résidence de l'accusé*

**330.** C'est le deuxième critère adopté par le législateur, à savoir le lieu où l'accusé a sa principale résidence. Or, à l'inverse du Code de procédure civile, le Code de procédure pénale ne définit pas cette notion. En effet, l'article 520 du Code de procédure civile prévoit que : *« La résidence est le lieu où la personne se trouve effectivement à un moment déterminé. »* Ainsi, le lieu de résidence comprend le domicile, qui est le lieu où la personne a son habitation habituelle, ainsi que le lieu de résidence temporaire qu'une personne visite à certaines heures ou y réside par intermittence, comme les vacances et les jours fériés.

Le lieu de résidence de la personne poursuivie est ainsi préféré dans le cadre de la procédure pénale, car il comporte certains avantages. En effet, il permet une bonne connaissance de la personnalité du délinquant, ainsi que de son environnement familial et social. Il peut également s'agir du seul critère qui permet de déterminer la compétence de la juridiction quand la localisation du lieu de l'infraction paraît difficile à fixer.

En cas de pluralité de lieux de résidence, chacune des juridictions, dont le ressort est le lieu de résidence de l'accusé, sera compétente pour connaître de l'action publique.

**331.** Il n'est pas anodin de relever par ailleurs que le lieu de résidence de l'accusé est pris en compte à partir du déclenchement de l'action publique. En effet, lorsque l'inculpé change le lieu de sa résidence situé en dehors de la circonscription territoriale de la juridiction de jugement ou d'instruction où les poursuites ont été engagées, elle demeure spatialement compétente pour connaître l'action publique.

Mais la question se pose de savoir si la solution est la même dans le cas où la personne mise en cause change le lieu de résidence au cours de l'enquête préliminaire et avant qu'une décision de poursuite ne soit prise à son encontre par la saisine de la juridiction de jugement ou d'instruction, que l'ancien lieu de résidence relève de sa compétence.

La doctrine[218] est presque unanime à défendre la thèse selon laquelle l'ancien lieu de résidence du suspect connu quand l'enquête préliminaire a démarré, c'est-à-dire avant l'engagement des poursuites devant les juridictions de jugement ou d'instruction, ne permet pas d'attribuer la compétence à ces juridictions. Cela s'explique par le fait que l'intéressé a seulement le statut de suspect et que la loi précise que la juridiction territorialement compétente est celle de la résidence de l'inculpé.

### *3°) Le lieu d'arrestation*

**332.** Le lieu d'arrestation est possible à défaut de l'un ou l'autre des critères précédents. Il peut opter pour ce critère dans la situation où la personne détenue risque de nouvelles poursuites pour une autre cause. Il évite également les frais, *« les difficultés et les risques liés à la nécessité de multiples transferts »*[219]. Enfin, le législateur a explicitement attribué la compétence à la juridiction dans le ressort de laquelle l'accusé a été arrêté.

En guise de conclusion, le droit marocain n'a pas privilégié un critère au détriment d'un autre, mais il a fait preuve en la matière *« d'un éclectisme impressionnant »*[220], car il a fait en sorte que les

---

[218] NAJIB HOUSNI (M.), « Explication du Code de procédure pénale », en arabe, éd. maison Renaissance arabe, 1995, p. 281. IDRISSI AL MACHICHI ALAMI (M.), op. cit. p. 153, AYAT (M.), « Etude de la procédure pénale marocaine », éd. Babel, 1991, T. 2, p. 215. Cité par AL ALAMI (A. W.), « Explication de la nouvelle loi relative à la procédure pénale », éd. imprimerie Najah El Jadida, 2009, T. 2, p. 223-224.
[219] RASSAT (M. -L.), op. cit. p. 129.
[220] Op. cit.

critères mentionnés ci-dessus soient placés au même rang. De là, la détermination de la compétence territoriale de chacune des juridictions répressives s'opère, selon les circonstances, sur la base soit du lieu de commission de l'infraction, soit de la résidence de l'inculpé, soit du lieu d'arrestation. La seule limite à cette liberté est d'améliorer le déroulement de la justice pénale par la simplification au niveau du recueil des preuves et par l'évitement des frais inutiles engagés pour l'exécution de plusieurs commissions rogatoires ou pour les multiples transferts des inculpés et des témoins.

### *2) Les difficultés de mise en oeuvre*

L'attribution des compétences aux juridictions connaît certaines difficultés se rapportant :

- *à l'étendue territoriale de la compétence des juridictions répressives (a) ;*
- *aux conflits de compétence (b) ;*
- *à la requalification des infractions et son impact sur la compétence (c).*

### a) L'étendue territoriale de la compétence

**333.** On part du postulat que les juridictions répressives sont compétentes pour juger tous les individus, quelle que soit leur nationalité, dès lors qu'ils ont commis sur ce territoire une infraction que la loi édicte (art. 704 C.P.P.).

Le principe de territorialité prend donc en considération le lieu de commission de l'infraction, c'est-à-dire l'endroit où l'ordre public a été troublé ; il respecte la souveraineté nationale[221].

Dans certains cas, une partie seulement des agissements s'est déroulée au Maroc. Pour savoir si une infraction tombe ou non sous le coup de la loi marocaine, il est nécessaire de déterminer le moment de réalisation de cette infraction. La difficulté se présente surtout pour les infractions qui, pour des raisons tenant à leur définition juridique ou pour des raisons factuelles, s'étendent dans le temps. Ainsi, pour les infractions instantanées, il n'est pas difficile de déterminer le moment de réalisation de l'infraction, définie comme une infraction qui se consomme en un trait de temps, comme un vol ou un meurtre. La loi

[221] Danjaume-Racchini (G.), « Guide du droit pénal », Ellipses, 2007.

applicable sera, en principe, celle du lieu de l'infraction, en l'occurrence la loi marocaine, et, conséquemment, les juridictions marocaines sont compétentes.

Cependant, la détermination de la compétence de ces juridictions pour certains types d'infractions n'est pas une chose aisée. C'est ainsi le cas de *l'infraction continue* : les juridictions marocaines sont compétentes lorsque l'infraction a produit aussi ses effets sur le sol marocain. A titre d'exemple, le recel et la séquestration commis tour à tour au Maroc et à l'étranger, les juridictions marocaines sont compétentes dans ce cas. C'est aussi le cas *des infractions d'habitude* : les juridictions marocaines sont compétentes dès lors qu'un seul des faits a été commis au Maroc. Pour l'infraction complexe, comme l'escroquerie[222], qui est constituée par l'addition des manœuvres frauduleuses, les juridictions marocaines sont compétentes dès lors que l'un des faits matériels constitutifs d'une infraction complexe a été commis au Maroc.

En outre, l'acte de complicité commis à l'étranger par un marocain ou un étranger relève de la compétence de la juridiction marocaine, si l'infraction principale est perpétrée au Maroc (art. 704, al. 3 C.P.P.). Cette solution repose sur la notion d'assimilation du complice à un auteur et la dépendance de l'acte accessoire à l'infraction principale ; *a contrario,* l'infraction principale perpétrée à l'étranger pour des actes de complicité accomplis au Maroc devrait déboucher sur l'application de la loi étrangère.

**334.** Le domaine géographique du principe de territorialité de la loi pénale marocaine est par ailleurs conçu de manière extensive, car le Code pénal assimile dans son article 11 les navires et aéronefs marocains au territoire marocain. Or, cette assimilation pose certaines difficultés dans le cas où une infraction est commise à leur bord. Il apparaît dès lors nécessaire de faire la distinction suivante :

Lorsque le navire ou l'aéronef est immatriculé au Maroc, les juridictions marocaines sont compétentes pour juger les crimes et délits commis en haute mer ou dans des eaux territoriales étrangères à bord d'un navire marocain. La nationalité de l'auteur est sans importance (art. 705 C.P.P.). Ces juridictions sont également compétentes pour juger les crimes et délits perpétrés à bord d'un

222 Remise des fonds escroqués effectuée au Maroc.

aéronef, quelle que soit la nationalité de l'auteur de l'infraction (art. 706 C.P.P.).

En outre, elles sont compétentes pour connaître des crimes ou délits commis dans un port marocain à bord d'un navire marchand étranger. La loi marocaine ignore dès lors les lois des pays d'appartenance de ces navires.

Enfin, elles sont compétentes pour connaître des crimes ou délits commis à bord des aéronefs étrangers, si l'auteur ou la victime est de nationalité marocaine ou si l'appareil atterrit au Maroc après le crime ou le délit.

### b) Les conflits de compétence

**335.** Ces conflits concernent deux juridictions de l'ordre judiciaire, par exemple entre deux tribunaux de première instance, deux juges d'instruction, ou même entre une juridiction de l'ordre judiciaire et une juridiction de l'ordre administratif. Si les deux juridictions prétendent l'une et l'autre connaître de la même affaire, le conflit est *positif*. L'un de ses inconvénients apparents est la possibilité de rendre deux décisions judiciaires contradictoires concernant la même affaire, ce qui peut nuire à la réputation de la justice pénale[223]. Or, si elles se déclarent toutes les deux incompétentes, le conflit est *négatif*[224]. L'un de ses inconvénients les plus marquants est le retard dans le règlement des litiges en raison du vide créé par le conflit négatif entre deux juridictions qui ont déclaré conjointement leur incompétence pour connaître du litige, ce qui constitue une forme de déni de justice.

---

[223] L'arrêt de la Cour d'appel d'El Jadida, dossier n° 88-02, du 24/10/2004, publié dans la Revue Al-Milaf, n° 5, p. 324, précise que : « *Les mêmes faits sont présentés devant la Chambre correctionnelle du tribunal de première instance et devant le juge d'instruction de la cour d'appel, créant un cas de conflit de compétence dont la décision est réservée à la chambre correctionnelle de la cour d'appel.* »
Parmi les attendus de l'arrêt : « *Attendu que le fait de dire que la demande de l'intimé était prématurée, comme l'affirme la défense des accusés, parce que le tribunal de première instance n'a pas encore dit son mot sur l'affaire, c'est une déclaration qui contredit les textes juridiques liés au conflit de juridiction, car il s'agit de laisser deux organes différents examiner les mêmes faits en même temps, ce qui peut entraver la bonne administration de la justice à la suite de décisions disparates et contradictoires qui ne profiteront pas aux parties. D'autant que cela les mettra dans une situation juridique anormale qui nécessite d'y trouver une solution rapide* ». Arr. cité par AL ALAMI (A.), op. cit. p. 267.

[224] BOULOC (B.), op. cit. n° 645.

Pour limiter les conséquences néfastes de cette situation, le législateur est intervenu pour imposer le règlement des conflits entre juridictions (art. 261 C.P.P.).

*Cette précision donnée, on abordera les conditions de conflits de compétence (1°) et la procédure de règlement de juge (2°).*

### *1°) Les conditions de mise en œuvre*

**336.** Selon l'article 261 C.P.P., les conditions qui gouvernent les conflits de compétence sont au nombre de trois.

D'abord, le conflit doit porter sur deux décisions judiciaires. A titre d'illustration, le tribunal administratif se déclare incompétent pour connaître d'une affaire qui lui est soumise, au motif qu'elle relève de la compétence d'une juridiction de l'ordre judiciaire (du tribunal de première instance). Or, une juridiction répressive saisie d'une infraction peut se déclarer à son tour incompétente. La juridiction d'instruction peut également, par ordonnance, saisir la chambre criminelle de la Cour d'appel estimant que les faits sont qualifiés de crime. Or, celle-ci peut se déclarer incompétente, car elle peut requalifier les faits de crime en délit.

Cependant, le conflit de compétence ne peut être évoqué lorsque les décisions contradictoires étaient différentes dans la mesure où l'une d'elles était de nature judiciaire et l'autre n'avait pas cette nature, même si elle émane du ministère public en tant qu'organe judiciaire. C'est ainsi le cas du Parquet qui décide la citation directe devant la juridiction du fond ou la saisine du juge d'instruction. Or, ces derniers se déclarent incompétents pour connaître l'action publique. Il ne s'agit pas d'un cas de conflit de compétence prévu par l'article 261 du Code de procédure pénale, car les deux décisions rendues sont différentes, même si elles émanent de deux instances judiciaires.

**337.** Ensuite, les deux décisions judiciaires contradictoires sont en réalité liées à la compétence. De là, pour être confronté à un problème de conflit de compétence, il ne suffit pas que les décisions de compétence ou d'incompétence de juger ou d'instruire soient de l'émanation d'une autorité judiciaire, mais il faut que les motifs adoptés soient contradictoires. C'est ainsi le cas lorsque le tribunal de première instance se déclare incompétent, en raison de la nature de l'infraction, qui constitue un crime. Or, la chambre criminelle à laquelle l'affaire est renvoyée refuse de juger, car elle considère que celle-ci relève de la compétence d'une juridiction de l'ordre administratif.

Il en est de même pour le cas où deux juges d'instruction près de Cours d'appel différentes se déclarent incompétents pour procéder aux actes d'information. A titre d'illustration, un juge d'instruction près de la Cour d'appel de Marrakech se déclare incompétent par une ordonnance en ce sens. Il estime que le juge d'instruction près la Cour d'appel de Fès est compétent, car c'est le lieu dans lequel les faits se sont déroulés et réside l'inculpé. Mais ce dernier refuse d'instruire l'affaire, en raison de son incompétence *ratione loci :* l'infraction a été commise à Marrakech[225]. Enfin, une juridiction de droit commun, pourvue d'une compétence générale, et une autre spécialisée rendant une décision d'incompétence. Or, chacune des deux juridictions attribue la compétence à l'autre pour connaître de l'action publique.

**338.** La dernière hypothèse se rapporte aux deux décisions judiciaires contradictoires portant sur la compétence qui n'exige le recours à la procédure de règlement de conflit que lorsqu'elles acquièrent l'autorité de la chose jugée.

### *2°) La procédure de règlement*

**339.** Les conflits de compétence se règlent par la procédure du règlement des juges (art. 261 à 263 C.P.P.). Ils sont résolus par la juridiction supérieure commune aux deux juridictions concernées.

C'est ainsi que le conflit entre deux tribunaux de première instance, deux Cours d'appel, ou deux juges d'instruction du ressort de la même Cour d'appel est réglé par la chambre correctionnelle d'appel. Mais s'il s'agit d'un conflit entre deux tribunaux ressortissant à deux Cours d'appel différentes ou entre une juridiction de droit commun et une juridiction d'exception (par exemple le tribunal de première instance et le tribunal militaire), ou même entre deux juridictions de niveau différent (d'une part, tribunal de première instance ou juge d'instruction et, d'autre part, une Cour d'appel), le conflit est tranché

[225] Cet exemple est emprunté du professeur AL ALAMI (A.), op. cit. p. 270.

par la chambre criminelle de la Cour de cassation, *"seul supérieur hiérarchique commun"*[226].

**340.** La procédure de règlement de juges est mise en œuvre par une demande du Ministère public ou des parties. Cette demande prend la forme d'un mémoire déposé au greffe de la juridiction appelée à statuer sur le règlement de juges. Il est notifié à toutes les parties dans un délai de cinq jours à compter du jour de son dépôt, qui ont un délai de dix jours pour déposer leurs mémoires en réponse au greffe. La Cour statue dans un délai de deux mois à compter de la date de notification des mémoires à la partie.

Il est à noter que le dépôt de la requête n'a pas d'effet suspensif, à moins qu'il n'en soit autrement ordonné par la juridiction appelée à statuer sur les règlements de juges.

La décision de la juridiction ayant statué sur les règlements de juges ne peut faire l'objet ni d'opposition ni d'appel.

### c) L'effet réflexe de la requalification sur la compétence

**341.** Le Ministère public saisi le juge d'instruction par un réquisitoire afin d'informer sur des faits qualifiés de crime. Or, l'instruction menée par ce magistrat a permis de constater que les faits ne constituent pas un crime, mais seulement un délit ou une contravention, qui sont exclus de la liste permettant l'ouverture d'une information judiciaire. Il en est de même pour la juridiction de jugement qui dispose, après examen de l'affaire, du pouvoir de requalifier les faits, qui font l'objet de sa saisine par l'autorité de renvoi (Ministère public, juge d'instruction). Cette question peut avoir une répercussion sur sa compétence pour juger l'affaire (juridiction de droit commun ou d'exception) ou sur son degré dans la hiérarchie de l'ordre des juridictions (tribunal de première instance, Cour d'appel).

## *B) La nature des règles de compétence*

*Il importe de distinguer la compétence matérielle et personnelle avec la compétence géographique.*

---

[226] Op. cit. Traduction d'arabe en français.

### *1) Les règles de compétence matérielle et personnelle*

**342.** L'observation des règles de compétence matérielle par les juridictions est une question d'ordre public. Les juges doivent soulever d'office la nullité en cas de violation de ces règles. Elle peut également être soulevée à tout moment, même pour la première fois devant la Cour de cassation. La Haute juridiction va dans ce sens, car elle précise que : *« L'exception d'incompétence, car l'acte constitue un crime lié à l'ordre public, peut être invoquée pour la première fois par le Ministère public devant la Cour d'appel, s'il a fait appel du jugement de première instance.* [227]*»*

### *2) Les règles de compétence géographique ou ratione loci*

**343.** La détermination de la nature des règles de compétence spatiale est discutée par deux courants de doctrine. Le premier pense que les règles de compétence géographique sont d'ordre public, eu égard au fait que le législateur considère que ces règles contribuent au bon fonctionnement de la justice pénale. A titre d'illustration, leur application facilite le déroulement de l'instruction en déterminant le lieu de l'infraction et d'arrestation de l'accusé comme critère de compétence.

Le deuxième[228] considère qu'il est nécessaire d'appliquer à la lettre l'article 323 du Code de procédure pénale. De là, il défend l'idée selon laquelle les règles de compétence territoriale ne sont pas d'ordre public, de sorte que sa violation n'entraîne pas une nullité absolue, comme celle qui résulte de la violation des règles de compétence matérielle ou personnelle. L'exception de nullité doit dès lors être présentée avant toute défense au fond. La Cour suprême va dans ce sens, car elle a précisé que : *« L'exception de compétence doit être présentée avant toute défense au fond. De là, elle ne peut être soulevée pour la première fois devant la Cour suprême*[229] *».*

C'est l'opinion qui paraît la plus appropriée, car même si la violation des règles de compétence spatiale entraîne une nullité, celle-ci visera à protéger les intérêts des parties et non l'ordre public. Il en

---

[227] Arr. n° 707 du 29 avril 1964, rev. droit et justice, n° 70-71, p. 161. Cité par AL ALAMI (A.), op. cit. p. 228.

[228] AL KHAMLICHI (A.), op. cit. p. 50.

[229] Arr. n° 374, du 17 juin 1964, rev. justice et droit, n° 70 et 71, p. 6453.

résulte que cette nullité doit être présentée au juge du fond avant toute défense au fond.

## *Section 2 – Les dérogations aux règles de compétence*

*Les règles de compétence connaissent des dérogations prévues par la loi pour la bonne administration de la justice. Elles concernent la compétence matérielle (§. 1) et la compétence territoriale des juridictions répressives (§. 2).*

### § 1 - Les dérogations à la compétence matérielle

*Elles se rapportent à la plénitude de juridiction de la chambre criminelle de la Cour d'appel (A), au privilège de juridiction dont bénéficient certaines personnes (B) et elles prennent essentiellement la forme de prorogations de compétence (C).*

#### *A) La plénitude de compétence de la chambre criminelle*

**344.** L'article 418 du Code de procédure pénale précise que la chambre criminelle de la Cour d'appel statue en premier ressort. Elle ne peut se déclarer incompétente, sauf dans les affaires qui relèvent de la compétence d'une juridiction spécialisée. Cela signifie que la décision de renvoi à la chambre criminelle en première instance, quelle que soit l'autorité de renvoi (Ministère public, juge d'instruction, chambre correctionnelle de la Cour d'appel qui annule l'ordonnance de non-lieu du juge d'instruction), octroie la compétence à cette chambre, même si la décision contrarie les règles de compétence.

#### *B) Les privilèges de juridiction*

**345.** Lorsque le fait est imputé à un conseiller de Sa Majesté le Roi, un membre du gouvernement, secrétaire d'Etat, secrétaire d'Etat adjoint, un magistrat de la Cour de cassation ou de la Cour des comptes, un membre de la Cour constitutionnelle, wali, gouverneur, premier président d'une Cour d'appel ordinaire ou spécialisée, procureur général du Roi près la Cour d'appel, la chambre criminelle de la Cour de cassation, sur réquisitions du procureur général du Roi près ladite Cour, ordonne s'il y a lieu que l'affaire soit instruite par un ou plusieurs de ses membres.

L'instruction terminée, le ou les magistrats instructeurs rendent, suivant les cas, une ordonnance de non-lieu ou de renvoi devant la chambre criminelle de la Cour de cassation. Elle statue sur l'affaire. Son arrêt est susceptible d'appel dans un délai de huit jours. Les chambres réunies de la Cour de cassation statuent sur l'appel à l'exclusion de la chambre criminelle qui a statué sur l'affaire.

**346.** Par ailleurs, les faits imputés à un magistrat de la Cour d'appel, au président du tribunal de première instance ordinaire ou spécialisé, au procureur du Roi près dudit tribunal, à un magistrat d'une Cour régionale des comptes, le procureur général du Roi près la Cour de cassation saisit la chambre criminelle de ladite Cour par réquisition qui ordonne s'il y a lieu d'informer ; dans l'affirmative, elle désigne une Cour d'appel hors de la circonscription dans laquelle l'intéressé exerce ses fonctions.

Le Premier président de la Cour d'appel commet à cet effet un juge d'instruction ou un conseiller pour instruire les faits, objet des poursuites.

Le juge d'instruction ou le conseiller chargé de l'information, lorsque celle-ci est terminée, communique le dossier au procureur général du Roi près la Cour d'appel pour ses réquisitions.

S'il s'agit d'un crime, le juge d'instruction ou le conseiller chargé de l'information rend une ordonnance de renvoi de l'affaire devant la chambre criminelle de la Cour d'appel. Or, s'il s'agit d'un délit, il rend une ordonnance de renvoi de l'affaire devant la chambre correctionnelle d'appel.

**347.** En outre, l'infraction commise par un magistrat du tribunal de première instance, ordinaire ou d'exception, le procureur général du Roi près la Cour d'appel saisit, par réquisitions, le Premier président de la Cour d'appel, lequel décide s'il y a lieu d'informer, et dans l'affirmative, commet un juge d'instruction ou un conseiller près ladite Cour pour instruire les faits, objet des poursuites.

**348.** Le dernier cas est différent des autres, car le privilège de juridiction n'apparaît que pour les infractions commises dans le cadre de l'exercice des fonctions. Il concerne une catégorie spécifique de personnes. Il s'agit du pacha, du premier Khalifa de gouverneur, du chef de cercle, du caïd, ou d'un officier de police judiciaire autre que les magistrats visés à l'article 264 du Code de procédure pénale. Le Premier président de la Cour d'appel, saisi par le procureur général du Roi, ordonne s'il y a lieu d'informer, et dans l'affirmative, commet un conseiller chargé de l'information près ladite Cour.

S'il s'agit d'un crime, le conseiller chargé de l'information rend une ordonnance de renvoi devant la chambre criminelle, mais s'il s'agit d'un délit, il renvoie l'affaire devant un tribunal de première instance hors de la circonscription dans laquelle le prévenu exerce ses fonctions.

Toutefois, lorsque l'officier de police judiciaire est habilité à exercer ses fonctions sur tout le territoire du Royaume, la Cour de cassation est compétente dans les formes prévues à l'article 265 du Code de procédure pénale.

### *C) La prorogation de compétence*

Il peut arriver qu'une juridiction de jugement étende sa compétence pour statuer sur une infraction dont elle aurait été déclarée incompétente selon les règles de compétence de droit commun.

*Il s'agit essentiellement des infractions connexes, des troubles à l'audience et enfin cette compétence s'étend aux questions incidentes qui sont soulevées dans l'examen de l'action publique.*

#### *1) Le lien de connexité ou d'indivisibilité*

*La connexité prend deux formes : la connexité simple (a) et l'indivisibilité (b). Elles ont un impact sur les règles de compétence (c).*

#### a) La connexité simple

**349.** L'article 257 C.P.P. prévoit quatre cas de connexité. Ainsi, les infractions sont connexes dans les cas suivants :

➢ Lorsqu'elles ont été commises en même temps par plusieurs personnes réunies. A titre d'illustration, si plusieurs personnes se trouvaient par hasard dans un restaurant et qu'une querelle éclate entre elles et les policiers. Certains policiers sont blessés, alors tout le monde est traduit devant une juridiction pour être jugé pour le crime de désobéissance et pour coups et blessures (délit). C'est aussi le cas des vols, fracas et pillages commis par plusieurs personnes lors d'émeutes dans les magasins.

- Lorsqu'elles ont été commises par différentes personnes, même en différents temps et en divers lieux, par la suite d'un concert formé à l'avance entre elles. Ainsi, si plusieurs salariés commettent le vol de plusieurs ordinateurs de l'entreprise et ils les ont incendiés. Puis, ils ont donné, concernant l'incendie, un faux témoignage devant les juridictions. Ils seront jugés pour toutes les infractions commises devant une seule juridiction, car elles sont connexes. Le lien de connexité est le vol des ordinateurs de l'entreprise.
- Lorsque les coupables ont commis des infractions pour se procurer les moyens de commettre d'autres ou pour en consommer l'exécution, ou pour en assurer l'impunité. La loi ne tenait pas compte de l'unité de temps ou de lieu et elle ne prévoyait pas que l'auteur de ces actes soit une ou plusieurs personnes. C'est ainsi le cas d'une bande criminelle pour braquer une banque, puis partager le butin et répartir les rôles entre ses membres afin que chacun d'eux accomplisse les actes criminels qui lui sont assignés en exécution de l'accord.
- Lorsque des choses enlevées ou détournées à l'aide d'un crime ou d'un délit ont été, en tout ou en partie, recelées. C'est ainsi le cas du vol de scellés afin de faciliter le vol.

**350.** Il est à noter que la doctrine et la jurisprudence s'accordent pour considérer que la liste des cas de connexité énumérés ci-dessus n'est pas limitative. Cette technique permet de joindre plusieurs infractions pour les soumettre à une seule juridiction. Le but étant d'éviter les décisions contradictoires et de parvenir à une bonne administration de la justice. Cette jonction contribue, en effet, à l'appréhension des circonstances qui les entourent de manière globale afin de pouvoir appliquer les règles d'individualisation et de personnalité des peines. A cela, il faut ajouter que cette mesure peut être regardée comme une garantie de la validité, de la rapidité et de l'économie des procédures.

### b) L'indivisibilité

**351.** L'indivisibilité supposait « un rapport mutuel de dépendance » entre les infractions et un rattachement par *« un lien tellement intime* *que l'existence des unes ne se comprendrait pas sans l'existence des autres »*[230].

Selon l'article 256 C.P.P., l'indivisibilité se réalise dans deux cas de figure :

Le premier se rapporte à un auteur qui commet plusieurs infractions dans un seul but. Par exemple, une personne qui contrefait un document afin de commettre une escroquerie. Il s'agit de deux actes commis par une seule personne dans le but d'avoir la remise de l'argent par la victime. Sont également indivisibles, les faits *« d'homicide involontaire consécutif à l'absence d'un service de réanimation et de publicité mensongère invoquant la présence d'un appareil de réanimation* [231] *»*.

Il en résulte que l'indivisibilité se réalise dans le cas d'infraction continue, d'infraction d'habitude, d'infraction successive, comme le vol commis à plusieurs étapes. De même, ce cas se produit en cas d'une infraction et ses circonstances aggravantes, comme le vol avec effraction.

Le deuxième concerne la pluralité d'auteurs et l'unité de l'acte. Ainsi, l'indivisibilité se réalise lorsque plusieurs personnes se mettent d'accord pour commettre une infraction, ce qui nécessite de les soumettre à une seule juridiction. Peu importe le rôle attribué à chacun, car il peut être complice ou coauteur. L'unité de lieu ou de temps n'a pas également de l'importance.

Cependant, si la loi prévoit la nécessité d'une séparation, alors elle doit être appliquée. Par exemple, si l'infraction implique des mineurs soumis au tribunal pour enfants et des adultes soumis aux juridictions de droit commun, alors la séparation entre les accusés est obligatoire.

### c) Les effets sur la prorogation de compétence

**352.** A partir des formes de jonction de procédure, on peut affirmer que le fait de joindre plusieurs infractions pour les soumettre à une seule juridiction ne s'impose pas de la même manière. L'indivisibilité entraîne obligatoirement la jonction des procédures devant un seul et

---

[230] Crim, 1er juin 2022, n° 21-81.644. Cité par CHRISTODOULOU (H.), « Analyse critique des notions de connexité et d'indivisibilité en procédure pénale », éd. Toulouse Capitole publications, 31 mars 2023, p. 4. https://hal.science/hal-04053906/document

[231] Op. cit.

même tribunal. Or, la jonction des procédures est simplement facultative en cas de connexité.

**353.** Par ailleurs, le lien de connexité ou d'indivisibilité ne pose pas de problèmes d'application lorsque les infractions réunies sont de la même nature (crime ou délit). La situation est différente, lorsque les infractions constitutives de connexité ou d'indivisibilité sont différentes, d'où l'intérêt d'opérer la distinction suivante :

- *"En cas de pluralité d'infractions réunies à cause de leur indivisibilité, la compétence de statuer revient à la juridiction compétente qui statue sur l'infraction la plus grave"* (art. 255-1 C.P.P.). Ainsi, le lien d'indivisibilité entre deux infractions de nature différente (un crime et un délit), la compétence relève de la chambre criminelle de la Cour d'appel, qui regarde les deux infractions.
- *"La même règle est applicable de manière facultative lorsqu'il s'agit des infractions liées entre elles par une relation de connexité"* (al. 2). C'est ainsi le cas du délit qui est connexe au crime. Dans cette hypothèse, il est possible d'opérer la divisibilité des deux infractions. Le Ministère public ou l'autorité compétente du renvoi prend la décision soit la saisine séparée du tribunal de première instance pour le délit et la chambre criminelle de la Cour d'appel pour le crime, soit de réunir les deux infractions et les soumettre à l'examen d'une seule juridiction, à savoir la chambre criminelle de la Cour d'appel.

### *2) Des troubles à l'audience*

**354.** La loi marocaine établit des règles de compétence exceptionnelles pour juger les infractions commises à l'audience d'une juridiction. Elle vise à garantir l'efficacité de la juridiction saisie, en lui permettant de statuer immédiatement sur certaines infractions et d'ordonner l'arrestation des auteurs[232].

Il ressort des articles 357 à 361 que l'expression "infraction commise à l'audience" correspond aux seules infractions de droit commun commises à l'audience d'un tribunal ou d'une Cour par l'une des personnes présente à l'audience. Ainsi, si les faits perpétrés pendant l'audience reçoivent la qualification de contravention, le tribunal ou la Cour dresse un procès-verbal, entend le prévenu et les

[232] Houmed (A.W.), « Précis de procédure pénale marocaine », publication et distribution de la librairie Toumy, en arabe, p. 160.

témoins et applique, sans désemparer, les peines prévues par la loi. Or, s'ils sont qualifiés de délits, il est fait application des mêmes formalités prévues à l'article 361 se rapportant au crime. L'article précité octroie à la juridiction saisie le pouvoir d'ordonner l'arrestation de l'auteur, puis de procéder à son interrogatoire dont elle dresse un procès-verbal et enfin de le conduire devant le procureur général du Roi auquel elle transmet les pièces.

**355.** Cette restriction est une application du principe de la séparation de « l'autorité de poursuite et de jugement », qui est sérieusement compromis lorsque la compétence est étendue aux juridictions de connaître les infractions commises à l'audience. De même, l'octroi à ces juridictions du pouvoir de juger les infractions les plus graves, crimes et délits, porte une atteinte grave à la neutralité des magistrats chargés de connaître l'affaire, car ils vont avoir une double casquette : partie et juge. Enfin, cette extension peut porter atteinte au principe du double degré de juridiction, car elle va priver l'accusé de son droit de former recours contre la décision de condamnation[233].

### *3) Les questions préjudicielles*

**356.** Il peut arriver que les moyens de défense soient soulevés devant la juridiction répressive, alors qu'elle juge une action publique. Ces moyens portent sur des questions qui ne relèvent pas initialement de sa compétence, mais la décision sur l'action publique dépend de la solution de la question qui lui est soumise. La question se pose alors de savoir si la juridiction saisie doit surseoir à statuer jusqu'à ce que la juridiction civile ou administrative compétente pour la question préjudicielle ait statué sur cette question ou qu'elle est compétente pour examiner un moyen de défense soulevé par une partie lors de l'audience.

La lecture de l'article 258 C.P.P. permet de constater qu'il comprend un principe et une exception.

D'abord, le principe est que la juridiction répressive, chargée de statuer sur l'action publique, est compétente pour connaître une question de défense (qu'elle soit de forme ou de fond) soulevée par une partie lors de l'audience. Cette dérogation aux règles de compétence se justifie par une bonne administration de la justice.

[233] Al ALAMI (A. W.), op. cit. p. 252.

Ensuite, le même texte énumère des cas qui constituent des exceptions au principe« *le juge de l'action est juge de l'exception ».* La doctrine les surnomme *« questions préjudicielles ».* Il s'agit des questions de défense qui nécessitent une instruction précise et approfondie, dont le juge pénal n'a ni le temps ni la compétence pour statuer. Le législateur a dès lors trouvé opportun de donner la possibilité à celui qui a intérêt de demander le renvoi à la juridiction civile ou administrative.

Les exceptions préjudicielles, ou questions préjudicielles au jugement, imposent simplement de surseoir à statuer jusqu'à ce que la juridiction civile ou administrative compétente pour la question préjudicielle ait statué sur cette question.

Pour que le sursis s'impose au juge, il faut que :

- La question préjudicielle ait été invoquée par le prévenu avant toute défense au fond ;
- la juridiction compétente en cette matière n'ait jamais été saisie;
- elle soit fondée sur des titres ou des faits de nature à faire disparaître l'infraction.

**357.** Ces exceptions concernent exclusivement la propriété immobilière et les droits réels immobiliers ainsi que certaines questions d'état civil (la nationalité). Ainsi, la personne qui est poursuivie pour avoir dépossédé autrui d'une propriété immobilière et qui soulève l'exception selon laquelle elle est la propriétaire du bien objet du litige ou elle est titulaire d'un autre droit réel, comme le droit d'usufruit ou d'habitation, ou autre. C'est aussi le cas de la personne poursuivie pour vol de récoltes qu'une autre personne prétend être la propriétaire (art. 518 et 519 C.P.) et qui soulève l'exception devant la juridiction saisie, prétendant être la vraie propriétaire de ces récoltes.

A partir de ces exemples, on peut affirmer que les exceptions préjudicielles imposent à la juridiction répressive de surseoir à statuer pour attendre la solution de la juridiction civile compétente.

**358.** Toutefois, les exceptions ayant pour objet le statut personnel et familial ne sont pas considérées par la loi comme des exceptions préjudicielles. Ainsi, lorsqu'une personne est poursuivie pour viol, mais elle soulève l'exception consistant à dire que les rapports sexuels étaient avant l'expiration du délai de viduité dans le cadre d'un divorce révocable, la juridiction répressive est compétente pour trouver la solution. Elle est aussi compétente dans le cas des exceptions portant sur la filiation ou le lien de parenté. La femme qui commet un vol et prétend que le bien soustrait est la propriété de son conjoint ou de sa fille, la juridiction répressive examinera l'exception de maternité et de lien de mariage et, le cas échéant, elle décidera l'exemption de la peine[234].

## § 2 - Les dérogations à la compétence territoriale

Ces dérogations concernent deux cas de figure. *D'une part, le renvoi à une autre juridiction et, d'autre part, la prorogation de compétence.*

### *A) La technique de renvoi*

Cette hypothèse trouve à s'appliquer dans le cas *de la suspicion légitime de la juridiction en question (1), des renvois pour cause d'intérêt public (2) et des renvois pour cause de cassation de la décision (3).*

#### *1) Des renvois pour cause de suspicion légitime*

**359.** Le législateur est intervenu pour mettre en place un mécanisme qui protège la justice contre tout soupçon de partialité. Il s'agit de l'article 270 C.P.P. qui traite de la possibilité du renvoi en cas de doute sur l'intégrité d'un organe judiciaire chargé de jugement ou d'instruction. Or, le texte ne fait aucune mention du Ministère public, car il ne rend pas de décisions judiciaires exécutoires comme les organes de jugement ou d'instruction. À cela s'ajoute le fait que le Ministère public est une partie qui ne peut être dessaisie pour cause de suspicion légitime.

#### *2) Des renvois pour cause d'intérêt public*

**360.** La procédure de renvoi s'applique également dans le cas d'intérêt public prévu par l'article 272-1 du Code de procédure pénale

[234] AL ALAMI (A.W.), "Explication de la nouvelle loi relative à la procédure pénale", T. II, op. cit., p. 258.

ainsi rédigé : *"La chambre criminelle de la Cour de cassation peut seulement à la requête du procureur général du Roi près la Cour de cassation, ordonner le renvoi pour cause de sécurité publique."*

Le même article étend, dans son alinéa 2, l'application de la technique de renvoi pour la bonne administration de la justice. Dans ce cas, *"la même chambre peut également, sur réquisitions du procureur général près la Cour de cassation ou du procureur général du Roi près la Cour d'appel concernée soit d'office, soit sur requête des parties, ordonner le renvoi pour l'intérêt d'une bonne administration de la justice ..."*

La différence entre le premier et le deuxième cas est qu'au nom d'une bonne administration de la justice, le renvoi est prononcé sur réquisitions du procureur général près la Cour de cassation ou du procureur général du Roi près la Cour d'appel. Ils agissent soit d'office, soit sur une demande des parties. Or, dans le cas de renvoi pour la sécurité publique, la requête ne peut être déposée que par le procureur général du Roi près la Cour de cassation.

Cependant, l'alinéa 2 précise que le recours au renvoi pour parvenir à une bonne administration de la justice ne doit pas nuire à la révélation de la vérité ou porter atteinte aux droits de la défense.

### *3) Des renvois dans le cadre d'un pourvoi en cassation*

**361.** La Cour de cassation peut décider le renvoi à une autre juridiction dans le cadre d'un pourvoi interjeté par l'une des parties (art. 550 C.P.P.). En effet, il est possible de contourner les règles de compétence, notamment territoriale, lorsque la Cour de cassation annule une décision judiciaire. Si la Haute juridiction estime qu'il n'est pas possible de renvoyer les parties et les procès devant la même composition de la juridiction, elle pourra décider le renvoi devant la même juridiction, mais autrement composée. Exceptionnellement, elle peut renvoyer devant une autre juridiction de même nature et degré que celle ayant rendu la décision attaquée.

## *B) La prorogation de compétence*

**362.** Comme dans le cas de la prorogation de compétence matérielle, le juge pénal saisi d'une affaire peut connaître une prorogation de compétence territoriale. Cette hypothèse trouve à s'appliquer dans le cas de connexité ou d'indivisibilité.

Il peut y avoir ainsi unité de dessein, c'est-à-dire l'unité de pensée criminelle : c’est par exemple le cas d’infractions commises en des lieux différents par des personnes différentes, mais à la suite d'un concert et d'un projet communs[235]. Il y aura, dans le cas d'infractions connexes ou indivisibles, une jonction des procédures au profit de la juridiction la plus appropriée pour une bonne administration de la justice (par exemple celle qui détient les preuves).

[235] L’exemple est de LEROY (J.), op. cit. p. 147.

## Chapitre 2 - La répartition de compétence

*Les autorités de jugement se répartissent entre autorités de jugement de droit commun (section 2) et juridictions spécialisées (section 3). Mais dans certaines hypothèses, les juges ne peuvent pas siéger, parce qu'on les soupçonne d'être dépourvus de neutralité (section 1).*

### *Section 1 – Les motifs affectant la neutralité du juge*

*Ces motifs se rapportent à la récusation des magistrats (§ 1) et à la prise à partie (§. 2).*

#### §. 1 - De la récusation des magistrats

La récusation des magistrats est l'incident soulevé par une partie qui suspecte un juge de partialité envers l'un des plaideurs sans contester la compétence d'une juridiction. *Elle ne peut la soulever que dans des cas énumérés par la loi (A) et selon une procédure spécifique (B).*

##### *A) Les cas de récusation*

**363.** Les cas de récusation sont énumérés par l'article 273 du Code de procédure pénale comme suit :

- Quand le juge a ou quand son conjoint a un intérêt personnel direct ou indirect à la contestation ;
- quand il y a parenté ou alliance entre le magistrat ou son conjoint et l'une des parties jusqu'au degré de cousin germain inclusivement ;
- quand il y a procès en cours ou quand il y a eu procès terminé depuis moins de deux ans entre l'une des parties et le magistrat ou son conjoint, ou leurs ascendants et descendants ;
- quand le magistrat est créancier ou débiteur de l'une des parties ;
- quand il a précédemment donné conseil, plaidé ou postulé sur le différend ou en a connu comme arbitre ; s'il a déposé comme témoin ;
- quand il a dû agir comme représentant légal de l'une des parties ;
- s'il existe un lien de subordination entre le juge ou son conjoint et l'une des parties ou son conjoint ;

- quand il y a entre le magistrat et une des parties une amitié ou une inimitié notoire ;
- si le magistrat est l'auteur de la plainte.

Il en ressort donc que la récusation suppose la preuve d'éléments objectifs *(le juge est parent ou allié de l'une des parties, il a un intérêt personnel à l'affaire...)*. La personne mise en cause, le civilement responsable et la partie civile ont la possibilité de recourir à cette procédure (art. 276 C.P.P.).

**364.** Confronté à cette problématique, le juge *« est tenu d'en faire une déclaration au premier président de la Cour de cassation ou au premier président de la Cour d'appel dans les formes prescrites à l'article 278 ci-après »* (art. 275 C.P.P.).

La récusation n'est par ailleurs recevable que si elle est demandée avant la clôture des débats devant le juge concerné (art. 277 C.P.P.).

### *B) La procédure*

**365.** La demande est formée suivant les règles qui gouvernent les requêtes introductives d'instance. Ainsi, la requête est formulée par écrit. Elle contient le moyen de récusation invoqué et les justificatifs correspondants. Elle est signée par le requérant ou par son avocat.

Elle est présentée au premier président de la Cour d'appel dans le ressort de laquelle siège le juge concerné et au Premier président de la Cour de cassation lorsqu'elle concerne un magistrat de ladite Cour.

**366.** Toutefois, le dépôt de la requête aux fins de récusation n'a pas *d'effet suspensif*. Elle ne dessaisit pas, en effet, le juge dont la récusation est demandée. Or, le Premier président peut, après avis du procureur général du Roi, ordonner qu'il soit sursis soit à la continuation de l'information ou des débats, soit au prononcé du jugement.

**367.** Le Premier président peut provoquer les explications du juge ou des juges dont la récusation est demandée et s'il l'estime nécessaire, les explications complémentaires du requérant. Par la suite, il statue sur la requête après avis du procureur général du Roi.

L'ordonnance admettant la récusation n'est pas motivée. Elle ne peut faire l'objet d'aucune voie de recours. Elle entraîne dessaisissement immédiat du juge ou des juges récusés. Or, *"l'ordonnance rejetant la demande de récusation est motivée. Elle peut faire l'objet d'un recours devant la Cour de cassation, mais l'exercice de ce recours ne fait obstacle ni à la continuation de la procédure ni au jugement"* (art. 282 C.P.P.).

**368.** Le demandeur en récusation qui succombe dans sa demande est condamné à une amende qui ne peut excéder 2500 dirhams, sans préjudice des sanctions qu'il peut encourir, le cas échéant, pour outrage à magistrat, si la nature des faits prétendus porte atteinte à l'honneur et à la réputation du magistrat (art. 285 C.P.P.).

### § 2 - De la prise à partie des juges

*Il apparaît nécessaire de traiter les hypothèses de la prise à partie (A) ainsi que la procédure (B).*

#### *A) Les hypothèses de la prise à partie*

**369.** La "prise à partie" est la procédure introduite par un justiciable contre un magistrat auquel il reproche la commission de dol, d'une fraude, d'une concussion ou d'une faute lourde, et notamment d'avoir commis un déni de justice. Le Code de procédure pénale ne consacre aucune disposition portant sur la prise à partie des magistrats, mais cette notion est traitée par le Code de procédure civile. Son article 391 prévoit, en effet, que : *"Les magistrats peuvent être pris à partie dans les cas suivants :*

*1° S'il y a eu dol, fraude, concussion qu'on pourrait imputer soit à un magistrat du siège dans le cours de l'instruction ou lors du jugement, soit à un magistrat du Ministère public dans l'exercice de ses fonctions ;*

*2° si la prise à partie est expressément prévue par une disposition législative ;*

*3° si une disposition législative déclare des juges responsables, à peine de dommages-intérêts* [236] *;*

*4° s'il y a déni de justice »,* c'est-à-dire s'il ne rend pas une décision.

L'article 399-2 complète l'article 391 ; il prévoit, en effet, que : *"En outre, le juge doit s'abstenir de la connaissance du procès ayant donné lieu à la prise à partie et même jusqu'au jugement définitif de cette prise à partie, de la connaissance de toutes les causes que le demandeur ou ses parents en ligne directe ou son conjoint peuvent avoir devant la juridiction, le tout à peine de nullité des jugements qui interviendraient."*

**370.** Il n'est pas anodin de préciser par ailleurs que la récusation se différencie de la prise à partie. Ainsi, à la différence de la première, dont la procédure est régie par les articles 394 à 401 du Code de procédure civile, un magistrat du siège peut être pris à partie dans le cours de l'instruction ou lors du jugement, un magistrat du ministère public dans l'exercice de ses fonctions.

### *B) La procédure*

**371.** La procédure de prise à partie est prévue par l'article 395 du Code de procédure civile et s. Ainsi, une requête est présentée par la partie ou par son mandataire au Premier président de la Cour de cassation qui contient les faits reprochés et les pièces justificatives. Le Premier président désigne une chambre qui va statuer sur l'admission de la requête.

Si cette procédure est admise, elle est communiquée au magistrat concerné qui doit fournir tous les moyens de défense dans les huit jours de cette communication (art. 399-2 C.P.C.).

L'affaire est examinée par les chambres réunies de la Cour, à l'exclusion de la chambre qui a statué sur l'admission de la requête de prise à partie (art. 400 C.P.C.).

L'audience est tenue selon un calendrier précis et les parties se défendent elles-mêmes et peuvent se faire assister ou représenter par un avocat. La Cour statue après avis du Ministère public.

---

[236] Comparer avec l'article 81 du Code des obligations et des contrats :*"Le magistrat qui forfait aux devoirs de sa charge en répond civilement envers la partie lésée, dans les cas où il y a lieu de prise à partie contre lui"*.

**372.** L'Etat est civilement responsable des condamnations en dommages-intérêts prononcées en raison des faits contre les juges (avec recours contre eux).

Le demandeur qui succombe dans sa demande est condamné à une amende qui ne peut excéder 3000 dhs et, s'il y a lieu, à l'action du magistrat en réparation et en dommages-intérêts, sans préjudice des sanctions qu'il peut encourir, le cas échéant, pour diffamation.

## *Section 2 – Les juridictions de droit commun*

Ces juridictions sont classées selon une pyramide, qui reflète la hiérarchie judiciaire. Ainsi, elles sont classées comme suit :

- *Les tribunaux de première instance ;*
- *les Cours d'appel ;*
- *et la Cour de cassation.*

*Mais il importe de traiter la justice de proximité, qui constitue une des sections du tribunal de première instance indépendamment de ce dernier, eu égard à son importance.*

### §. 1 - La justice de proximité

*Il apparaît nécessaire de traiter la compétence (A) ainsi que la procédure devant cette juridiction (B).*

#### *A) La compétence*

**373.** Au sein des tribunaux de première instance, le ou les juges de proximité[237] sont désignés par l'assemblée générale (art. 3). Le président du tribunal de première instance peut désigner un juge pour suppléer le juge de proximité, en cas de son absence ou d'empêchement juridique (art. 4).

[237] La juridiction de proximité est créée par la loi n° 42-10. Elle est promulguée par le Dahir n° 1.11.151 du 16 Ramadan 1432 (17 août 2011). Modifiée par :
- la loi n° 15.10 promulguée par le Dahir n° 16.15.10 du 29 Rabaii 1436 (19 février 2015), B.O. n° 6344 du 28 joumada I 1436 (19 mars 2015), p. 1751 ;
- la loi n° 12.09 promulguée par la Dahir n° 21.12.1 du 13 Ramadan 1433 (2 août 2012), B.O. n° 6078 du 11 choual 1433 (30 août 2012), p. 4632.

Le juge de proximité est compétent pour connaître des contraventions punies d'une amende de 200 à 1200 dhs prévues aux articles 15 à 18 de la loi n° 42-10.

Quant à la compétence territoriale de la juridiction de proximité, elle est celle du tribunal de première instance auquel il est rattaché et celle installée dans le ressort du centre du juge résident (communes rurales).

### *B) La procédure*

**374.** L'audience du juge de proximité est à juge unique au siège du tribunal de première instance ou au siège du centre de juge résident, assisté d'un greffier et en absence du Ministère public (art. 2). Des audiences foraines peuvent être tenues dans l'une des collectivités situées dans le ressort territorial de la section des juridictions de proximité en vue de connaître des affaires relevant de leur compétence.

**375.** ***Procédure gratuite.*** Le plaignant n'est pas obligé de passer par un avocat et donc de payer les honoraires relatifs à ce service ni de s'acquitter des taxes et redevances que tout justiciable est amené à payer au régisseur de la caisse du tribunal avant d'engager une action en justice. La procédure est donc *gratuite.*

L'action publique est mise en mouvement par le Ministère public, qui transmet au juge de proximité les procès-verbaux dressés par la police judiciaire ou par les agents chargés à cet effet. Si ce juge se déclare incompétent pour statuer sur l'action publique, il renvoie immédiatement l'affaire devant le Parquet.

**376.** ***Audience.*** Les audiences des sections des juridictions de proximité sont tenues par un juge unique, avec l'assistance du greffier et en présence d'un représentant du Ministère public. Mais la présentation de ses conclusions écrites remplace la nécessité de sa présence à l'audience lorsque cela est nécessaire. La procédure est orale et est exonérée des frais de justice.

Les jugements sont rendus au nom de Sa Majesté le Roi. Ils sont consignés sur un registre spécial et revêtus de la formule exécutoire.

Ils doivent être rédigés avant leur prononcé. Une copie de ces jugements est délivrée aux intéressés, dans un délai de dix jours à compter de la date du prononcé.

**377. *Recours.*** Le jugement du juge de proximité n'est pas susceptible d'aucune voie de recours ordinaire ou extraordinaire, sous réserve des dispositions de l'article 7 de la loi ainsi rédigé : *"(...) Le juge informe les parties de leur droit à un recours en annulation dans les conditions et les délais prescrits aux articles 8 et 9 ci-dessous. Ceci ne vaut notification que si une copie du jugement est délivrée lors de l'audience et si signature en est faite."*

Sur les délais, l'article 8 prévoit que : *"La partie lésée peut intenter un recours en annulation du jugement devant le président du tribunal de première instance dans un délai de huit jours à compter de la date de notification du jugement."*

Quant à l'article 9, il présente des hypothèses de recours en annulation :

- Si le juge de proximité n'a pas respecté sa compétence *rationae personae* ;
- s'il n'a pas effectué la tentative de conciliation prévue à l'article 12 ci-dessous ;
- s'il a été statué sur une chose non demandée ou adjugé plus qu'il n'a été demandé ou s'il a été omis de statuer sur un chef de demande ;
- s'il a statué alors que l'une des parties l'avait récusé à bon droit;
- s'il a statué sans s'être assuré au préalable de l'identité des parties ;
- s'il a condamné le défendeur sans avoir la preuve qu'il avait reçu la notification ou la convocation ;
- si dans une même décision, il y a des dispositions contraires ;
- si dans le cours de l'instruction de l'affaire, il y a eu dol.

Le président statue sur la demande dans un délai de quinze jours suivant la date de son dépôt, hors la présence des parties, sauf s'il juge nécessaire la convocation de l'une des parties pour présenter des éclaircissements ; dans tous les cas, il statue dans le délai d'un mois. Ce jugement n'est susceptible d'aucune voie de recours.

**378. *Les demandes civiles.*** Les juridictions de proximité peuvent statuer sur les demandes civiles en réparation de préjudice, dans le cadre des actions publiques accessoires, et ce, dans la limite de la valeur du litige qui ne doit pas être supérieure à 5000 dhs (art. 19).

**379.** ***Notification et exécution.*** En vertu de l'article 21 de la loi n° 42-10 : *"L'autorité administrative locale est chargée de la notification et de l'exécution des jugements des sections des juridictions de proximité.*

*Toutefois, des huissiers de justice peuvent être chargés, à la demande du bénéficiaire, de la notification et de l'exécution de ces jugements."*

## §. 2 - Les tribunaux de première instance

*Il importe de traiter l'organisation de cette juridiction (A) et sa compétence (B).*

### *A) La structure*

**380.** Cette juridiction comprend :

- ***Les magistrats du siège,*** qui ont pour mission de juger le président, un ou plusieurs vice-présidents, un certain nombre de juges.
- ***Les magistrats du Ministère public ou du Parquet,*** qui représentent, auprès du tribunal, la société tout entière, en assurant la défense de l'intérêt général. Il s'agit du procureur du Roi et de ses adjoints : les substituts.
- ***Le personnel administratif,*** qui est constitué par les Greffiers et les membres du secrétariat du parquet.

**381.** ***Composition.*** Le tribunal de première instance siège à juge unique avec l'assistance d'un greffier. La présence du représentant du ministère public est obligatoire à l'audience. Il siège, avec un collège composé de trois juges, dont le président, assisté du secrétariat-greffe, dans les affaires dans lesquelles il est décidé de poursuivre une personne en état d'arrestation, même si d'autres sont poursuivies en état de liberté. Il garde sa compétence même si la juridiction accepte de lui accorder la liberté provisoire[238].

---

[238] Art. 51 de la loi n° 38-15 promulguée par le Dahir n° 1.22.38 du 30 Kaada 1443 (30 juin 2022), relative à l'organisation judiciaire au Royaume.

### *B) La compétence*

**382.** Le tribunal de première instance est *la juridiction de droit commun* ayant la plénitude de compétence. Il connaît de toutes les affaires : civile, de la famille, commerciale, administrative et sociale, sauf si un texte a donné compétence à une juridiction spécialisée. Il statue soit en premier et dernier ressort, soit à charge d'appel, sous réserve de la compétence spéciale attribuée aux sections de la justice de proximité.

En matière pénale, l'article 373 du Code de procédure pénale donne la compétence audit tribunal pour connaître des contraventions et des délits.

## §. 3- Les Cours d'appel

*La structure (A) et la compétence (B) des Cours d'appel méritent d'être analysées.*

### *A) Organisation*

**383.** ***Les magistrats du siège.*** Le Premier président qui contrôle tous les magistrats du siège de la Cour à laquelle il appartient ainsi que tous les magistrats des tribunaux de première instance de son ressort. Les conseillers qui ont pour rôle de rendre la justice.

**384.** ***Composition.*** La Cour d'appel siège en formation collégiale de trois magistrats assistés d'un greffier. Or, la chambre criminelle d'appel siège, en raison de la gravité des affaires qui lui sont confiées, avec cinq conseillers dont un président (c'est également le cas lorsqu'il s'agit des recours contre les décisions rendues par le conseil de l'ordre des avocats[239].) Elle comprend également un greffe et un secrétariat du Parquet général.

Le ministère public est représenté par un procureur général du Roi assisté des substituts généraux.

La présence du magistrat du parquet est *obligatoire* à l'audience pénale.

---

[239] Art. 95, loi n° 28-08 du 20 oct. 2008 relative à la profession d'avocat.

**385.** Cette Cour est marquée par une grande spécialisation à la fois des magistrats (magistrats chargés de l'instruction, magistrats des mineurs...) et des chambres qui la composent (chambre d'appel de statut personnel et successoral, chambre criminelle, chambre correctionnelle...). Toutefois, toute chambre peut valablement instruire et juger, quelle qu'en soit la nature, les affaires soumises à ces Cours.

Les Cours d'appel, dont les ressorts sont fixés et délimités par décret, comprennent des sections des crimes financiers. Ces sections comprennent des chambres d'instruction, des chambres pénales, des chambres pénales d'appel, un Parquet général, un secrétariat-greffe et un secrétariat du Parquet général.

### *B) Les attributions*

**386.** La Cour d'appel a une compétence exclusive en matière de crime et de crime financier. Elle constitue bien un second degré de juridiction : elle examine une seconde fois les affaires déjà jugées en premier ressort par les tribunaux de première instance.

## §. 4 - La Cour de cassation

C'est une juridiction qui se trouve au sommet de la hiérarchie judiciaire. Elle est créée par le Dahir du 27 septembre 1957. Actuellement, son organisation et sa compétence sont déterminées par le Dahir du 30 juin 2022, fixant l'organisation judiciaire du Royaume (art. 84 à 97), le Code de procédure civile (art. 353 et s.) ainsi que certaines dispositions du Code de procédure pénale (art. 518 et s.) et du Code de justice militaire. Un Dahir du 25 octobre 2011 vient de consacrer la nouvelle dénomination : Cour de cassation.

*Ceci dit, il apparaît nécessaire de traiter la composition (A) ainsi que la compétence (B) de la Haute juridiction.*

### *A) La composition*

**387.** La Cour de cassation comprend :

***Les magistrats du siège.*** Il s'agit du Premier président, des présidents de chambre et des conseillers.

***Le Ministère public*** est représenté par le procureur général du Roi, qui est assisté par les avocats généraux. Un greffe et un secrétariat du Parquet général.

**388.** La Haute juridiction est composée de six chambres, depuis l'avènement de la loi n° 53-95 du 12 février 1997 instituant des juridictions de commerce : une chambre civile qu'on appelle la première chambre, une chambre de statut personnel et successoral, une chambre commerciale, une chambre administrative, une chambre sociale et une chambre criminelle.

Chacune de ces chambres peut être divisée en sections (c'est ainsi que la chambre civile a été divisée en neuf sections, dont les principales attributions sont fixées comme suit : immatriculation foncière (section 1), obligations et contrats (section 2), loyers (section 3), matière commerciale (section 4). Or, le législateur précise que toute chambre peut valablement instruire et juger, quelle qu'en soit la nature des affaires soumises à la Cour de cassation. C'est donc une spécialisation ayant une portée bien relative.

**389.** La Cour de cassation est *une juridiction collégiale.* En règle générale, les audiences sont tenues et les arrêts rendus par cinq magistrats. Dans certains cas, cette collégialité peut être renforcée davantage.

Il importe de noter que la présence du Ministère public est obligatoire dans toutes les audiences.

### *B) Les attributions*

**390.** Le pourvoi en cassation a pour objet de faire corriger par une juridiction supérieure les erreurs de droit qui ont pu être commises par les premiers juges. Il diffère profondément de l'appel en ce sens que la Cour de cassation n'a pas le pouvoir d'examiner les faits qui ont servi de base à la condamnation, elle n'a pas le droit d'ordonner de nouvelles mesures d'instruction, d'entendre de nouveaux témoins [...]. Elle doit simplement vérifier si le jugement attaqué est conforme à la loi.

### *Section 3- Les juridictions spécialisées*

*Ces juridictions comprennent le tribunal militaire permanent (§. 1) et les juridictions militaires en temps de guerre (§. 2).*

#### §. 1 - Le tribunal militaire permanent

**391. *Organisation.*** En temps de paix, la justice militaire est confiée à une juridiction unique, qui siège normalement à Rabat, mais qui peut se constituer ailleurs. Il s'agit du tribunal permanent des forces armées royales (F.A.R.)[240]. S'il est composé essentiellement de juges militaires, choisis en fonction du grade de l'accusé et selon la gravité de l'infraction commise, la présidence est confiée à un juge civil. C'est une garantie appréciable, destinée à mieux sauvegarder les droits des justiciables.

**392. *Compétence.*** La compétence de cette juridiction est de juger les infractions spécifiques commises par les militaires et les cadres de l'armée : désertion, rébellion...

Sa compétence peut également s'étendre aux civils qui ont commis:

- Un crime au préjudice des membres des forces armées royales (F.A.R.) ;
- ou une infraction contre la sûreté extérieure de l'Etat : espionnage, trahison...

#### §. 2 - Les juridictions militaires en temps de guerre

**393.** A la différence du tribunal militaire permanent qui est une juridiction unique, les tribunaux militaires du temps de guerre sont multiples.

**394. *Compétence.*** Ces juridictions sont compétentes pour juger les militaires jusqu'au grade de lieutenant-colonel inclus.

**395. *Composition.*** La composition est la même que celle du tribunal militaire permanent, mais avec cette particularité que la

---

240 Dahir n° 1.56.270 portant sur le code de la justice militaire, tel qu'il a été modifié et complété.

présidence est assurée non par un juge civil, mais par un officier de l'armée. Cela s'explique par l'état exceptionnel de guerre qui entraîne une restriction à l'exercice des droits de la défense qui seront de plus en plus bafoués.

**396.** ***La loi n° 108-13*[241].** Cette loi opère un sursaut qualitatif de la justice militaire en mettant en place un double degré de juridiction militaire : en première instance et en appel. Ainsi, le tribunal militaire comprend la chambre correctionnelle militaire de première instance, qui statue en première instance sur les délits et les contraventions soumis au tribunal militaire. La chambre criminelle militaire de première instance, qui statue en première instance sur les crimes soumis au tribunal militaire. Mieux encore, les décisions de cette juridiction sont susceptibles d'un pourvoi en cassation.

Ne relèvent pas de la compétence de cette juridiction, les infractions de droit commun commises par les militaires en tant qu'auteurs, coauteurs ou complices d'une infraction (art. 4).

---

[241] Dahir n° 1-14-187 du 17 safar 1436 (10 déc. 2014) portant promulgation de la loi n° 108-13 relative à la justice militaire.

# TITRE 2
# LA PROCEDURE DE JUGEMENT

**397.** La phase de jugement est l'une des garanties les plus importantes pour rétablir l'ordre déjà rompu par l'infraction. Elle vise essentiellement à découvrir la vérité en prouvant les éléments de l'infraction et en l'attribuant à une personne déterminée sans sacrifier les droits de l'accusé tout au long du procès pénal. Pour parvenir à cette fin, la procédure de jugement se fonde sur les principes directeurs du procès pénal dès la saisine de la juridiction compétente jusqu'à la décision définitive.

*Ce titre traitera les règles de procédure applicables à chaque juridiction (chapitre 1) et aux voies de recours (chapitre 2).*

## Chapitre 1 - Les règles de procédure spéciales

*Nous envisagerons, successivement, la procédure :*
*- devant le tribunal de première instance (section 1) ;*
*- devant la chambre correctionnelle de la Cour d'appel (section 2);*
*- devant la chambre criminelle de la Cour d'appel (section 3).*

### *Section 1 - La procédure devant le tribunal de première instance*

*Il existe une procédure ordinaire (§. 1), celle attachée à la flagrance (§. 2) et une dite sommaire (§. 3).*

#### §. 1 - La procédure ordinaire

*Nous envisagerons successivement :*
*- La compétence du président de l'audience (A) ;*
*- les juges des juridictions collégiales (B) ;*
*- les débats (C) ;*
*- et le jugement (D).*

##### *A) Le président de l'audience*

**398.** L'audience est présidée par un seul magistrat qui siège et délibère seul. Or, les membres d'une collégialité sont appelés à statuer et à délibérer dans une cause particulière.

Cette précision donnée, il paraît important de présenter, à travers quelques cas prévus par la loi, la compétence du président de l'audience.

**399.** ***La police de l'audience de jugement***. Le président a la police de l'audience (art. 298 C.P.P.). Il peut dès lors expulser, sans préjudice des poursuites prévues aux articles 359 à 361 du Code de procédure pénale, toute personne qui provoque un trouble à l'audience ou excite au tumulte de quelque manière que ce soit.

Il dirige également l'examen de l'affaire et les débats. Il doit, sous réserve des droits de la défense, rejeter tout ce qui tend à prolonger inutilement les audiences. Il en décide des suspensions.

De plus, il rend une décision ordonnant le huis clos, lorsqu'il estime que la publicité des débats peut porter atteinte à la sécurité ou aux bonnes mœurs (art. 302-1 C.P.P.). La même règle s'applique au prononcé de jugement statuant sur un incident au cours de l'instruction ou des débats (art. 302-2 C.P.P.).

En outre, le juge unique peut ordonner la lecture des procès-verbaux de constat, de la perquisition ou de saisie, des rapports d'experts ainsi que de tous les documents utiles à la manifestation de la vérité (art. 321 C.P.P.).

Enfin, il peut, lors de l'interrogatoire du prévenu, ordonner la lecture des interrogatoires auxquels il a été procédé au cours de l'instruction, et même lorsqu'il s'agit d'infractions connexes à l'infraction objet de jugement.

**400.** ***Comparution du prévenu.*** Le président ordonne la comparution du prévenu. Si ce dernier parle une langue, un dialecte ou un idiome difficilement intelligible pour les juges, les parties ou les témoins, ou s'il est nécessaire de traduire une pièce versée aux débats, le président nomme d'office, à peine de nullité, un interprète. Les dispositions de l'article 120 sont applicables à ce dernier (art. 318 C.P.P.).

**401.** ***Les questions posées à l'audience.*** On part du postulat que le deuxième alinéa de l'article 322 du Code de procédure pénale attribue à la formation collégiale la compétence de statuer sur tout litige incident né du refus du président de poser une question, qu'une partie désire poser au prévenu. Par déduction, l'article 51 de la nouvelle loi sur l'organisation judiciaire du Royaume, qui traite le déroulement de l'audience au niveau du tribunal de première instance à juge unique, étend cette compétence attribuée au collège des juges à un seul juge, qui est le président de l'audience.

**402.** ***Les moyens d'interception, de diffusion et d'enregistrement.*** Le président peut, après avis du Ministère public, autoriser l'utilisation d'appareils photographiques, d'enregistrement, de diffusion, d'interception, ou de différents appareils de communication dans les salles d'audience ou dans tout autre lieu où se tient une instruction judiciaire. La violation de ces dispositions est punie d'une amende de 5000 à 50.000 dhs et de la confiscation, le cas échéant, des appareils et des bandes (art. 303-1 C.P.P.).

**403.** ***Les demandes de report.*** En vertu de l'article 299 du Code de procédure pénale, le président est compétent pour statuer sur les demandes de remise de l'affaire à une date ultérieure.

Si toutes les parties sont présentes ou représentées, il peut, sans qu'il y ait lieu à la délivrance de nouvelles citations, reporter l'affaire à une date déterminée qu'il leur fixe immédiatement.

En cas de nécessité, il peut reporter l'affaire à une date indéterminée, mais en ce cas les parties doivent être à nouveau citées à comparaître.

**404.** ***Les demandes de renvoi pour incompétence.*** Le juge unique qui siège seul au tribunal de première instance est compétent pour statuer (immédiatement ou exceptionnellement jusqu'à la décision sur le fond) sur les demandes de renvoi pour incompétence, si ce n'est en raison de la matière, les exceptions tirées de la nullité soit de la citation, soit de la procédure suivie ou antérieurement engagée, ou les questions préjudicielles (art. 323, al. 1 et 2 C.P.P.).

### *B) Les juridictions collégiales*

Le collège intervient dans les cas suivants :

**405.** Le collège statue sur les demandes de report de l'affaire à une date ultérieure (art. 299 C.P.P.). Or, lorsque l'état de santé du prévenu ou en présence des motifs dangereux rendent impossible le report de l'affaire, la juridiction, par une décision spéciale et motivée, charge l'un de ses membres, assisté d'un greffier, de procéder à l'interrogatoire du prévenu dans le lieu où il se trouve (art. 312-4 C.P.P.).

**406.** Par ailleurs, la juridiction collégiale tranche sur tout incident né du refus du président de poser une question que l'une des parties insiste de la poser au prévenu (art. 322-2 C.P.P.).

**407.** En outre, le collège ordonne le huis clos, lorsqu'il estime que la publicité des débats peut porter atteinte à la sécurité ou aux mœurs. Cette mesure ainsi ordonnée s'applique au prononcé de tout jugement statuant sur un incident au cours de l'instruction ou des débats (art. 302 C.P.P.).

Enfin, il est compétent pour statuer sur les demandes de renvoi pour incompétence, les exceptions tirées de la nullité soit de la citation, soit de la procédure antérieurement suivie (art. 323 C.P.P.).

### *C) Les débats*

**408.** Les débats, qui sont dirigés par le président de la juridiction de jugement, comprennent deux parties :

- L'instruction définitive ;
- le réquisitoire et les plaidoiries.

Les débats rappellent les éléments figurant d'ores et déjà au dossier, en y ajoutant la note résultant de l'oralité et complètent au besoin ces éléments par d'autres qu'il apparaît possible de réunir pour aider à la manifestation de la vérité. Les divers éléments sont par la suite discutés par chacune des parties. Elle fait connaître les conclusions qu'elle en tire et fixe la position définitive qu'elle adopte sur tous les aspects du procès pénal.

#### *1) L'instruction définitive*

*L'examen de l'interrogatoire du prévenu (a), l'audition des témoins et des experts (b) et la présentation des pièces à conviction (c) constituent les moyens, qui sont à la disposition du juge.*

#### a) L'interrogatoire du prévenu

**409.** Le président commence par s'assurer de l'identité exacte du prévenu. Puis, il vérifie la présence à l'audience des parties (parties civiles, personnes civilement responsables) ainsi que celle des témoins. Le recours au service d'un interprète est nécessaire lorsque le prévenu ou l'un des témoins ne comprend pas ou ne parle pas suffisamment la langue arabe ou la langue française ou est un sourd-muet. L'interprète doit prêter serment, à peine de nullité de la procédure ultérieure.

**410.** Le président du tribunal procède à l'interrogatoire du prévenu. Il devra, après les premières déclarations de l'accusé, savoir aller plus loin en obtenant par des questions d'autres révélations capitales pour le procès. Le Ministère public, les parties ou leurs conseils, les juges des juridictions collégiales peuvent, par l'intermédiaire du président ou après avoir requis son autorisation, poser des questions au prévenu (art. 322 C.P.P.).

### b) Audition des témoins

**411.** Le président procède à la convocation des témoins pour déposer. Ils doivent avoir été cités soit par lettre recommandée avec accusé de réception, soit par un huissier de justice, soit par un agent des notifications, soit par voie administrative, soit d'office par la juridiction, soit à la requête du Ministère public, de la personne poursuivie, du civilement responsable ou de la partie civile.

À l'appel de la cause, les témoins doivent se retirer dans une salle qui leur est réservée. Ils sont entendus séparément après l'interrogatoire du prévenu. Mais avant de déposer, le témoin prête, à peine de nullité, le serment. Or, les mineurs de moins de 18 ans, les ascendants, descendants et conjoint du prévenu, sont dispensés de serment et sont entendus à titre de simples renseignements.

**412.** La question qui se pose est alors de savoir les conséquences de la prestation de serment par une personne qui en est dispensée ou dépourvue de capacité ou interdite de témoigner. Ce cas ne constitue pas une cause de nullité, à moins que le Ministère public ou l'une des parties ne s'y oppose. Le juge ne peut pas donc la soulever d'office, car il ne s'agit pas d'une règle d'ordre public.

**413.** Pour faciliter la contestation de la déposition des témoins, le président leur demande de faire connaître leur identité exacte, s'ils sont parents ou alliés d'une des parties ou au service de l'une d'elles ; il peut en outre leur faire préciser quelles relations ils ont ou ont eu avec les parties en cause (art. 330-2 C.P.P.). Il leur demande enfin s'ils sont frappés d'une incapacité de témoigner (al. 3).

**414.** Des règles spéciales sont prévues pour l'audition comme témoin d'un membre du gouvernement. La comparution de celui-ci doit être précédée d'une autorisation du conseil des ministres sur rapport du ministre de la justice (art. 326 C.P.P.). Si la comparution n'a pas été demandée ou n'a pas été autorisée, la déposition est reçue par écrit, dans la demeure du témoin, par le premier président de la

Cour d'appel ou, si le témoin réside hors du chef-lieu de la Cour, par un magistrat délégué par le premier président.

À cet effet, il sera adressé au magistrat un exposé des faits ainsi qu'une liste des demandes et questions sur lesquelles le témoignage est requis. La déposition ainsi reçue est transmise immédiatement au greffe ou envoyée close et cachetée à celui de la juridiction requérante et communiquée sans délai au Ministère public ainsi qu'aux parties intéressées.

**415.** Le témoin doit prêter serment. Il s'expose aux peines du faux témoignage. Les personnes liées par le secret peuvent être entendues dans les conditions fixées par la loi (art. 434 C.P.P.).

Les témoins déposent successivement et séparément, ceux cités par les parties poursuivantes étant entendus, en principe, les premiers.

**416.** Ils déposent oralement et ne peuvent s'aider de notes qu'exceptionnellement et après autorisation du président (art. 337-1 C.P.P.). Cependant, des questions peuvent leur être posées à l'issue de leur déposition par le président (al. 2). Le Ministère public et les parties peuvent poser des questions aux témoins et aux personnes appelées à la barre, en demandant l'autorisation du président.

Les témoins peuvent également être confrontés entre eux (art. 342 C.P.P.) ou avec le prévenu (art. 347-1 C.P.P.).

### c) Audition des experts

**417.** Ils sont entendus comme des témoins. En ce cas, les règles posées par les articles 194 suivants du Code de procédure pénale sont applicables, qu'il s'agisse du choix des experts, de leur nombre. Les experts non assermentés prêtent serment d'apporter leur concours à la justice en leur honneur et leur conscience. Ils sont entendus en audience et exposent les résultats de leurs opérations techniques auxquelles ils ont procédé. Ils peuvent consulter leur rapport et ses annexes au cours de leur audition. La décision doit mentionner, à peine de nullité, que les experts entendus ont prêté le serment exigé par la loi.

**418.** Après leur audition, des questions rentrant dans le cadre de la mission qui leur a été confiée peuvent leur être posées par le président ainsi que par le Ministère public et les avocats des parties, selon les modalités de l'article 345-3 du Code de procédure pénale. Après leur exposé, les experts assistent aux débats, à moins que le président ne les autorise à se retirer du déroulement de l'expertise, du rapport et de ses conséquences.

Leur présence est d'autant plus utile que s'il se trouve qu'un témoin ou une personne entendue à titre de renseignement, contredit à l'audience les conclusions de l'expertise ou apporte au point de vue technique des nouvelles indications, le président demande aux experts, au Ministère public et aux parties de présenter leurs observations sur cet incident. Puis, par décision motivée, la juridiction de jugement déclare soit qu'il sera passé outre aux débats, soit que l'affaire sera renvoyée à une date ultérieure, et dans ce dernier cas, elle prescrit toute mesure qu'elle juge utile pour compléter l'expertise contestée (art. 346 C.P.P.).

**419.** Dans le cours ou à la suite des dépositions, le président agissant soit d'office, soit sur la demande du Ministère public ou des parties, présente à la personne poursuivie ou aux témoins les pièces à conviction, lesquelles peuvent donner lieu à une discussion contradictoire. Cette présentation permet au tribunal de poser la question au prévenu pour savoir son lien avec l'infraction. C'est ainsi le cas de l'arme de crime, sa possession d'objets qui sont le produit d'une infraction.

### *2) La discussion de l'affaire*

**420.** Lorsque l'instruction définitive est terminée, la parole est donnée en premier lieu au conseil de la partie civile. Celui-ci développe les conclusions qu'il dépose devant le tribunal, et qui précisent la nature et le montant de la réparation civile.

Puis, le parquet prononce son réquisitoire par la lecture de son acte de mise en cause et réclame l'application de la loi. Ensuite, l'avocat de la défense prend la parole pour plaider. Si la partie civile ou le Ministère public souhaitent répliquer, la parole leur est donnée. Mais en tout état de cause, l'accusé ou son avocat ont toujours la parole, les derniers. Enfin, le civilement responsable peut intervenir lorsqu’il est appelé à la cause.

Il paraît opportun de préciser que le moyen de défense doit être présenté à l'audience soit par un mémoire écrit remis au président, soit en demandant au greffier de constater par procès-verbal qu'il a été présenté oralement et non par écrit. A défaut, le tribunal n'est pas obligé de répondre à la demande présentée par l'avocat comme moyen de défense[242].

**421.** Dans chaque audience, le greffier dresse un procès-verbal qui résume l'essentiel des débats, notamment les réponses des mis en cause et des dépositions, relate, succinctement, les incidents de procédure auxquels auraient donné lieu les débats et mentionne les demandes, ainsi que la suite qui leur a été réservée. Ce procès-verbal est signé par le président et le greffier.

**422.** Les débats sont clos à la fin de l'audience. Cependant, ils peuvent s'étaler sur plusieurs audiences. Le président ordonne dans ce cas des suspensions. La clôture des débats n'est pas prononcée expressément ; elle résulte du prononcé de la décision.

### *D) Le jugement*

**423.** En principe, le jugement correctionnel est rendu immédiatement après la clôture des débats. Exceptionnellement, le Président fixe une date postérieure à la clôture pour pouvoir instruire l'affaire. Celui-ci ou l'un des juges, en cas de collégialité, procède à la lecture du jugement en public. La juridiction ne peut fonder sa décision que sur des preuves versées aux débats et discutées oralement et contradictoirement devant elle.

**424.** Lorsque le président considère que l'infraction est caractérisée, il rend une décision dont la peine correspond à la gravité des faits, à moins qu'il trouve opportun de prononcer une dispense de peine prévue à l'article 49 du Code pénal. Il statue, le cas échéant, sur l'action civile (art. 387 C.P.P.).

---

[242] Les tribunaux ne sont pas tenus de répondre aux moyens de défense présentés par les parties au cours de la procédure, à moins que ces moyens n'aient été présentés dans la forme requise par la loi, c'est-à-dire au moyen d'une requête soit par écrit, soit par une demande spécifiquement formulée dans le procès-verbal de l'audience. C. sup., 17 oct. 1968, arr., n° 3, jurisprudence de la Cour suprême, n°4, p. 95. Cité par AL ALAMI (A.W.), op. cit. p. 312.

Cependant, le tribunal peut décider la relaxe, dans le cas où les faits reprochés ne constituent pas une infraction ou qu'ils ne sont pas imputables à l'inculpé. Il se déclare également incompétent pour statuer sur l'action civile (art. 389-1 C.P.P.).

Il décide l'irresponsabilité pénale, lorsque le prévenu souffre de trouble psychique ayant aboli son discernement (art. 134 C.P.). Dans ce cas, il peut statuer sur les demandes de réparation civile et sur diverses mesures de sûreté[243].

**425.** Lorsque le jugement ne peut être prononcé immédiatement, l'affaire est mise en délibéré pour un délai n'excédant pas quinze jours. Le président doit en ce cas indiquer la date de l'audience au cours de laquelle le jugement sera rendu. Il en avise les parties (art. 363-2 C.P.P.). La délibération doit être secrète "sur le siège" ou en chambre du conseil. Le jugement est lu en public par le président. La décision est écrite et motivée.

### §. 2 - La procédure de flagrance

**426.** L'article 385 du Code de procédure pénale détaille les dispositions spéciales applicables à cette procédure. Le texte fait référence à l'article 74.

L'intéressé est averti par le président de l'audience, après la vérification de son identité et avant de passer à l'instruction de l'affaire et aux débats, qu'il a le droit de demander un délai pour préparer sa défense et de choisir un avocat pour l'assister s'il le désire, à moins que la présence de l'avocat soit obligatoire. Dans ce cas, le président procède à la désignation d'un défenseur, même si l'accusé refuse cette assistance.

Le tribunal doit alors lui accorder un délai qui ne doit pas être inférieur à trois jours. Dans ce cas, il est remis de plein droit en liberté provisoire sur sa demande, sinon la procédure que le tribunal engagera ultérieurement et la décision qui sera rendue encourra la nullité.

Mention de l'avertissement donné et de la réponse du prévenu en est faite au jugement.

**427.** Concernant les témoins, le législateur a pris en considération l'urgence qui caractérise la flagrance, et qui consiste à agir rapidement

[243] VERNEY (E.), op. cit. n° 450.

pour recueillir les éléments de preuve. Cela se manifeste par la convocation orale des témoins à l'audience. Or, dans la procédure ordinaire, cette convocation doit se faire par lettre recommandée avec accusé de réception, ou par un huissier de justice, ou par la voie administrative.

## §. 3 - L'ordonnance juridictionnelle en matière des délits

**428.** Selon l'article 383 C.P.P., l'ordonnance juridictionnelle doit répondre à certaines conditions :

D'abord, l'infraction soumise au tribunal de première instance doit être qualifiée de délits de police sanctionnés par une simple peine d'amende dont le maximum ne peut excéder 5000 dhs. L'ordonnance juridictionnelle ne concerne donc pas les délits punis d'une peine privative de liberté.

Ensuite, aucune partie civile ne doit manifester pour demander une réparation du préjudice causé par l'infraction.

Puis, le tribunal ne peut rendre une ordonnance que sur réquisitions écrites du Ministère public. La loi lui a reconnu ce droit, car il décide de l'opportunité des poursuites. De là, il peut trouver opportun de ne pas faire des réquisitions dans ce sens, s'il estime que la procédure accélérée est celle qui paraît la plus adaptée pour dissuader l'accusé, qui a commis un délit de police sanctionné uniquement d'une peine d'amende.

Enfin, le délit doit être constaté par un procès-verbal ou un rapport, pour éviter toute contestation du prévenu sur la véracité des faits. Il ne peut parvenir à écarter le procès-verbal que par l'établissement de faux.

**429.** L'ordonnance juridictionnelle n'acquiert la force exécutoire qu'après notification au prévenu et au civilement responsable. A défaut, la personne est jugée par défaut et peut faire une opposition dans un délai de dix jours à partir de sa notification.

Si l'opposition n'est pas formée par la personne contre laquelle l'ordonnance judiciaire a été rendue, elle devient définitive. Le greffier en remet alors une copie au ministère des finances pour qu'il entreprenne son exécution sur le condamné et, le cas échéant, sur la personne civilement responsable.

### *Section 2 - La procédure devant la chambre criminelle*

*Nous envisagerons, successivement, la procédure ordinaire devant celle-ci (§. 1) et la procédure par contumace (§. 2).*

#### §. 1 - Les règles de procédure ordinaires

**430.** La chambre criminelle partage les règles de procédure applicables aux autres juridictions. Cependant, certaines particularités sont propres à la chambre, justifiées par la gravité des peines prononcées.

**431.** ***La convocation.*** Pour permettre à l'accusé de préparer sa défense, la citation de comparaître doit être remise à l'accusé, au civilement responsable et à la partie civile selon la forme prescrite par l'article 308 C.P.P. Il doit y avoir entre la notification de la citation et le jour fixé pour la comparution un délai d'au moins huit jours, à peine de nullité de la citation et du jugement.

**432.** ***Assistance d'avocat.*** Pour respecter les droits de la défense, la présence de l'avocat à l'audience de la chambre criminelle pour assister l'accusé est obligatoire (art. 316 C.P.P.). Pour garantir ce droit, le président doit, après avoir demandé l'identité de l'accusé, s'assurer de la présence du conseil. En cas d'absence, il pourvoit d'office à son remplacement.

**433.** ***Conseillers suppléants.*** Les débats devant la même chambre peuvent être longs en termes de délai et il n'est pas sûr que les conseillers désignés n'aient pas des empêchements (en termes de maladie, de décès...) pour assister à toutes les audiences de la Cour. Dans ce cas, l'article 417 du Code de procédure pénale accorde à ladite chambre la possibilité de faire adjoindre, en plus de ses membres, un ou plusieurs conseillers désignés par le premier président de la Cour d'appel. Mais il ne peut faire partie de ses membres, le magistrat qui a accompli les actes de poursuite ou d'instruction de l'affaire, ou ayant participé à son jugement.

**434.** ***Déroulement de l'audience.*** Le président peut, au cours des débats, appeler les témoins, le cas échéant, par le recours à un mandat d'amener. Le Greffier donne lecture de la liste des témoins.

Le président est investi d'un pouvoir discrétionnaire, en vertu duquel il peut, en son honneur et conscience, prendre toutes les décisions et ordonner toutes les mesures utiles à la manifestation de la vérité[244] (art. 422-2 C.P.P.). Il peut entendre toutes les personnes dont le témoignage est de nature à éclairer le débat[245], demander la production de toutes les nouvelles pièces, à condition de respecter le principe du contradictoire.

Toutefois, si le Ministère public, la défense de l'accusé, la partie civile ou le civilement responsable s'oppose à ce que les témoins ainsi appelés prêtent serment, leurs déclarations ne seront reçues qu'à titre de simples renseignements (art. 424 C.P.P.).

Par ailleurs, dans le cas où un témoin convoqué régulièrement ne comparaît pas, et que sa déposition paraît indispensable, la juridiction peut, sur les réquisitions du Ministère public ou même d'office, ordonner que ce témoin soit immédiatement amené par la force publique pour être entendu ou reporter l'affaire à la prochaine audience. Mais les nouveaux frais de notification, de déplacement des témoins et autres qui seront nécessaires pour faire juger l'affaire sont, hors le cas d'excuse reconnue légitime, mis à la charge du témoin défaillant, lequel y est contraint, même par la contrainte par corps dont la durée est fixée, sur les réquisitions du Ministère public, par la décision en vertu de laquelle l'affaire est reportée (art. 339-2 C.P.P.).

Les frais de convocation et le paiement des indemnités des témoins sont à la charge de l'accusé, s'il demande leur audition. Toutefois, le Ministère public peut convoquer à sa requête des témoins qui lui sont désignés par un accusé indigent, dans les cas où il estime que leur déclaration est utile à la manifestation de la vérité (art. 347 C.P.P.).

---

[244] La prohibition peut prendre deux formes : la première porte sur le fait de prendre une décision ou d'ordonner une mesure qui relève de la compétence de la formation collégiale. La seconde se produit lorsque le président prend une décision qui viole un texte juridique explicite. C'est ainsi le cas lorsqu'il permet, au cours de l'étude ou de la discussion de l'affaire, d'utiliser un acte que la chambre correctionnelle a annulé (art. 213 C.P.P.).

[245] Projet de loi 15-01 porte une modification de la loi 22-01 en ajoutant l'article 423 bis, qui prévoit que : *« La chambre criminelle peut utiliser la technique de communication à distance pour auditionner l'accusé ou la victime, ou le témoin, ou l'expert, ou la partie civile, conformément aux articles 374-4 à 374-7 de ladite loi ».*

La parole est donnée à l'avocat de la partie civile ; puis, le Parquet présente ses réquisitions ; enfin, l'avocat de la défense prend la parole pour plaider. Si la partie civile ou le Ministère public souhaitent répliquer, la parole leur est donnée. Mais en tout état de cause, l'accusé ou son avocat ont toujours la parole, les derniers (art. 427 C.P.P.).

**435.** ***Clôture des débats.*** Le président prononce la clôture des débats (art. 427 C.P.P.). Il fait retirer l'accusé de la salle d'audience et il déclare l'audience suspendue. Il invite les magistrats conseillers à se rendre avec lui à la salle des délibérations.

**436.** ***Les délibérations et la décision de la Cour.*** Le président et les conseillers délibèrent seuls. Selon l'article 429 du Code de procédure pénale : *« Les membres de la chambre ne peuvent quitter la salle des délibérations que pour venir rendre leur arrêt en audience publique »*. L'accès à la salle n'est possible que sur autorisation du président.

En cas d'empêchement de l'un des conseillers de participer aux délibérations et si des conseillers suppléants n'étaient pas désignés, l'affaire doit être reportée. Dans ce cas, les débats seront repris en leur entier. Le Greffier dresse un procès-verbal sur cet incident.

Les délibérations portent successivement sur la culpabilité, puis sur la peine, en tenant compte des circonstances aggravantes et, s'il y a lieu, des faits d'excuses légales.

Si la culpabilité de l'accusé est retenue, le président doit faire statuer à la Cour sur l'existence ou le défaut des circonstances atténuantes (art. 430-3 C.P.P.).

La chambre criminelle peut, en cas de condamnation à une peine de réclusion criminelle, statuer sur l'octroi du sursis à l'exécution de la peine et sur l'application des peines accessoires ou des mesures de sûreté.

Le vote se fait à la majorité sur chaque point et séparément.

La délibération terminée, la Cour reprend place dans la salle d'audience, en présence du Ministère public et avec l'assistance du greffier.

Le président fait comparaître l'accusé et vérifie que les conditions de publicité sont remplies. Il prononce l'arrêt portant condamnation, absolution ou acquittement, ou ordonne que l'affaire soit reportée à une date ultérieure, ou pour complément d'information et prononce, le cas échéant, le nom du conseiller désigné par la chambre qui procède à l'information.

La chambre criminelle peut, en cas de condamnation à une peine privative de liberté, ordonner l'arrestation immédiate du condamné qui comparaît librement à l'audience (art. 431 C.P.P.). En revanche, l'accusé acquitté, absous ou en cas d'extinction de l'action publique, ou de condamnation à une peine privative de liberté avec sursis, ou à une amende seulement, est immédiatement mis en liberté, à moins qu'il ne soit détenu pour une autre cause ou la mainlevée des mesures de contrôle judiciaire.

La chambre criminelle ordonne, s'il y a lieu, que l'accusé soit mis en liberté provisoire avec ou sans cautionnement, soit mis fin aux mesures de contrôle judiciaire de tout ou partie.

Après le prononcé de l'arrêt, le président avertit l'accusé qu'il dispose d'un délai de dix jours francs pour interjeter appel.

**437.** ***Procès-verbal de l'audience.*** Dans chaque affaire, le greffier dresse un procès-verbal qui résume l'essentiel des réponses de l'accusé et des dépositions, relate succinctement les incidents auxquels auraient donné lieu les débats et mentionne les demandes de donner acte, les plaidoiries et les moyens de défense soulevés par les parties ou leurs conseils, ainsi que la suite qui leur a été réservée. Ce procès-verbal mentionne également le dispositif des décisions rendues par la juridiction. Il est signé par le président et le greffier (art. 442 C.P.P.).

## §. 2 - La procédure par contumace

**438.** La procédure de jugement par contumace commence par une ordonnance rendue par le président de la chambre criminelle ou le conseiller par lui délégué qui somme l'accusé absent de se présenter dans un délai de dix jours, à l'expiration duquel l'accusé qui n'obtempère peut être déclaré « rebelle à la loi », et peut être privé de ses droits civiques et subit une mise sous séquestre de ses biens. Cette solution se caractérise dès lors par une sorte de rigueur dont la justification est le danger que représente l'accusé qui, en agissant de la manière mentionnée ci-dessus, établit une présomption selon laquelle il est présumé avoir commis le crime.

Cependant, pour éviter l'effet de surprise, l'ordonnance de la contumace est affichée à la porte du dernier domicile de l'accusé et, si ce domicile est inconnu, à la porte du prétoire de la juridiction (il s'agit de la chambre criminelle de la Cour d'appel qui a rendu l'ordonnance). Une expédition est également adressée au directeur des domaines du dernier domicile de l'accusé et, si ce domicile est inconnu, au directeur des domaines du lieu où siège la juridiction (art. 444 C.P.P.).

Un avis est également diffusé à trois reprises, dans le délai de huit jours, par le moyen de la radiodiffusion nationale dans les termes suivants : *"Il y a ordonnance de contumace émanant de la chambre criminelle de... contre le nommé X... (identité), dont le dernier domicile était..., accusé de...*

*Le signalement de l'accusé X... est le suivant...*

*Il est enjoint à X... de se présenter immédiatement à toute autorité judiciaire ou de police.*

*Toute personne connaissant le lieu où il se trouve est tenue de l'indiquer aux mêmes autorités"* (art. 445 C.P.P.).

**439.** A l'expiration d'un délai de huit jours qui suit l'avis, la chambre criminelle peut juger le contumax dont les intérêts ne peuvent être défendus par un avocat. L'audience est bien publique, mais les débats sont donc menés de façon non contradictoire. Or, si l'accusé est dans l'impossibilité absolue de se présenter, son avocat, ses parents ou ses amis peuvent exposer à la Cour les raisons de son absence. Si la Cour admet l'excuse invoquée, elle ordonnera qu'il soit sursis au jugement de l'accusé et, s'il y a lieu, au séquestre de ses biens pendant le délai qu'elle fixe (art. 447 C.P.P.).

Mais si aucune excuse n'est invoquée ou acceptée, le greffier donne à l'audience lecture de l'arrêt de renvoi et de l'ordonnance de contumace.

Après cette lecture, la Cour entend la partie civile, s'il en existe, et les réquisitions du Ministère public. Lorsque la procédure est régulière, la chambre criminelle statue sur l'accusation et, s'il y a lieu, sur les intérêts civils[246].

**440.** ***Publication.*** Le jugement de condamnation sera inséré, dans le plus bref délai, au Bulletin officiel à la diligence du Ministère public. Il est en outre affiché et communiqué à la direction des

[246] A condition que la procédure soit régulière. Or, si l'une des formalités prescrites aux articles 443 et 444 a été omise, la Cour déclare nulle la procédure de contumace et ordonne qu'elle soit recommencée à partir de la formalité omise.

domaines. A partir de l'accomplissement de ces mesures, le condamné est frappé de toutes les déchéances prévues par la loi (art. 450 C.P.P.), à moins que la peine ne soit prescrite (art. 649 C.P.P.).

**441. *Recours.*** Le recours contre l'arrêt de contumace n'est rendu possible qu'à la condition d'être exercé par le Ministère public ou la partie civile (art. 451 C.P.P.).

**442. *Purge de contumace.*** Si le contumax est arrêté ou s'est constitué prisonnier avant l'expiration du délai de prescription de la peine, s'opère la purge de la contumace qui anéantit l'arrêt précédemment rendu et conduit à un nouveau jugement selon les formes ordinaires (art. 453 C.P.P.). Un complément d'information peut paraître nécessaire dans les conditions prévues à l'article 439 du Code de procédure pénale. Dans ce cas, le jugement et les procédures faites depuis l'ordonnance de contumace, notamment ses biens qui sont séquestrés, sont anéantis de plein droit.

La chambre criminelle, qui connaîtra l'affaire selon la procédure ordinaire, ne sera pas liée par le jugement par contumace anéanti. Cela indique, d'une part, que la Chambre criminelle peut prononcer l'acquittement ou l'absolution sur la base des éléments de preuve présentés à l'audience - spécifiquement le témoignage et les documents fournis par l'accusé – Dans ce cas, le contumax est condamné aux frais occasionnés par la contumace, à moins qu'il n'en soit dispensé par ladite chambre. Elle peut également décider, en raison des soupçons qui auraient pu être attachés à la personne condamnée par contumace, l'affichage de l'arrêt dans les mêmes conditions qui ont suivi la condamnation par contumace (art. 454 C.P.P.). D'autre part, la chambre criminelle peut, dans le cas où elle condamne l'accusé présent, lui infliger à nouveau une peine plus sévère que l'arrêt rendu antérieurement par contumace.

## Chapitre 2 - Les voies de recours

Le Code de procédure pénale octroie à la personne condamnée le droit de faire réexaminer la décision rendue par une autre juridiction. Mais les moyens de recours ne produisent pas les mêmes effets. Ainsi, il existe des voies de recours qui permettent de réexaminer en fait et en droit le dossier. D'autres permettent seulement de rectifier les erreurs de droit commises au moment du jugement, telles que le pourvoi en cassation[247].

*Une distinction classique oppose dès lors les voies de recours ordinaires (section 1) aux voies de recours extraordinaires (section 2).*

### *Section 1 - Les voies de recours ordinaires*

*Une décision de justice peut être critiquée par deux voies de recours, à savoir l'opposition (§. 1) et l'appel (§. 2).*

#### §. 1 - L'opposition

L'opposition est une voie de recours ordinaire qui permet de réexaminer l'affaire à nouveau devant la même juridiction qui a rendu la décision objet de l'opposition.

*Cette précision donnée, nous envisagerons, successivement, les conditions (A) et les effets de l'opposition (B).*

---

[247] Le recours contre les décisions des juridictions n'est possible que selon les modalités prévues par la loi, qui sont d'ordre public. L'ancien Code de procédure pénale a déterminé les voies de recours qui peuvent être réparties en deux catégories : les voies de recours ordinaires (l'opposition et l'appel) et celles extraordinaires (le pourvoi en cassation et la révision). L'utilisation d'une voie de recours prévue par le Code de procédure civile comme le pourvoi en rétractation est interdite. Arr. n° 1-3 de la Cour de cassation, toutes les chambres réunies, du 02/01/2002, en matière correctionnelle, n° 12543-00. Publié à la Revue de la justice, Cour sup., deux chambres ou toutes les chambres réunies. Partie 2, p. 128, et la partie 3, p. 116.

### A) Les conditions de l'opposition

*Cette voie de recours demande la réunion des conditions de fond (1) et de forme (2).*

#### 1) Les conditions de fond

**443. *Les décisions susceptibles d'opposition.*** L'opposition peut être formée contre une ordonnance juridictionnelle en matière de délit (art. 383 C.P.P.), contre un jugement rendu en matière correctionnelle comme en matière contraventionnelle, mais pas pour les arrêts de la chambre criminelle de la Cour d'appel, à l'égard desquels s'applique la purge de contumace.

Cette voie de recours est formée contre une décision rendue par défaut. La simple absence du prévenu ne suffit pas à caractériser le défaut. Le jugement est, en effet, contradictoire ou réputé tel, ce qui exclut l'opposition dans les cas suivants :

- Lorsque le prévenu a été cité à personne ou même ne l'a pas été, mais qu'il a eu connaissance de la citation, et que son excuse n'a pas été reconnue valable (art. 393 C.P.P.) ;
- s'il a demandé à être jugé en son absence et représenté par son avocat et que le tribunal n'a pas estimé que sa comparution était nécessaire ;
- lorsque le prévenu régulièrement cité à personne qui ne comparait pas sans justifier d'un motif légitime de non-comparution peut être jugé par un jugement réputé contradictoire ;
- lorsque, après un jugement préparatoire, rejetant contradictoirement ses demandes sur un incident, le prévenu déclare faire défaut avant l'audition du Ministère public, le jugement rendu sur le fond est contradictoire ;
- lorsque le prévenu a été présent au début de l'audience, car il n'est alors plus recevable à déclarer ensuite qu'il fait défaut ;
- lorsque, en raison de son état de santé, il est entendu à son domicile ou dans la prison où il est détenu.

Il ressort de cette présentation que si la citation n'a pas été délivrée à la personne du prévenu et s'il n'est pas établi qu'il en ait eu connaissance, la décision en cas de non-comparution du prévenu peut être rendue par défaut.

**444.** ***Les personnes pouvant former opposition.*** Le prévenu peut former une opposition contre la décision dans ses deux volets : pénal et civil. Le civilement responsable et la partie civile peuvent également faire opposition, mais uniquement pour défendre leurs intérêts civils.

Toutefois, le prévenu et le civilement responsable sont seuls admis à faire opposition aux seuls délits punis d'une amende seulement n'excédant pas 5000 dhs et constatés par un procès-verbal ou rapport (art. 383 C.P.P.).

Quant au Ministère public, il n'est pas concerné par cette voie de recours, car en raison de son indivisibilité, il est nécessairement représenté à l'audience.

Il est à noter que la loi lui permettait, à titre d'exception, de faire opposition à la décision rendue par défaut contre une personne suite à sa désobéissance à la loi de conscription dans les conditions prévues à l'article 180 du Code de justice militaire.

### *2) Les conditions de forme*

**445.** ***L'acte d'opposition.*** L'opposition au jugement par défaut peut être faite par déclaration du condamné ou par son avocat au greffe. Cette déclaration n'est pas nécessairement écrite, mais elle peut être orale.

Par ailleurs, l'article 393 du Code de procédure pénale porte la réponse à une question qui préoccupait auparavant tant le Ministère public que la juridiction. Son opportunité se laisse mesurer par le fait que les solutions apportées par la jurisprudence de l'époque étaient divergentes. Il s'agit ici du refus du greffier d'enregistrer certaines oppositions formées, qui les considèrent comme illégaux. Ainsi, l'alinéa 3 de l'article 393 prévoit que : *« Si le greffier refuse de recevoir la déclaration, le conflit peut être porté devant le président. Dans ce cas, les dispositions des alinéas 2, 3 et 4 de l'article 401 ci-après sont applicables ».* L'article 401 du même Code dispose que : *"En cas de contestation sur la nature du jugement, la partie à laquelle un refus est opposé par le greffier est admise, dans les vingt-quatre heures, sur requête, à solliciter du président de la juridiction qu'il fasse injonction au greffier de recevoir sa déclaration d'appel. Le greffier est tenu d'obtempérer à cette injonction..."*

Le deuxième alinéa du même article précise que l'intéressé qui veut faire enregistrer son opposition doit justifier de sa notification du jugement. Toutefois, s'il renonce à ce droit, le greffier lui délivre immédiatement une nouvelle citation et les autres parties sont citées à comparaître à l'audience (art. 394, al. 3 C.P.P.). Cela montre que le législateur a voulu éviter, avec cette condition, l'accumulation des dossiers, qui sont sujets à l'opposition, et se prononcer en même temps sur ces dossiers, dans un court délai, immédiatement après l'opposition[248].

**446. *Le délai d'opposition.*** Si la signification du jugement a été faite à la personne du prévenu, l'opposition doit être formée, à partir de cette signification, dans un délai de dix jours.

Conformément à l'article 750 du Code de procédure pénale, les délais d'opposition sont des délais francs, ne comportent ni le jour initial ni celui de l'échéance. De là, cette voie de recours contre les ordonnances judiciaires et le jugement par défaut peut être exercée dans un délai de dix jours, à compter du jour suivant leur notification, dans les formes prévues par la loi. Elle ne peut également avoir un effet après l'expiration du jour suivant la notification.

Pour que le délai commence à courir, la signification doit être faite selon la forme prévue par la loi aux articles 391 du Code de procédure pénale (pour les jugements rendus par défaut, pour délits et contraventions), et 308 du Code de procédure pénale (pour les ordonnances judiciaires, par renvoi explicite à celles-ci de l'article 383 du Code de procédure pénale). Les textes précités exigent la notification du jugement ou de l'ordonnance à la partie absente selon les modalités prévues aux articles 37, 38 et 39 du Code de procédure civile. Cette notification doit préciser par ailleurs que le délai d'opposition est de dix jours.

Toutefois, les articles 391 et 308 du Code de procédure pénale ne prévoient pas de nullité en cas de défaut de notification du droit de faire opposition dans le délai mentionné au-dessus. La doctrine[249] considère que la violation de cette formalité entraîne la nullité de la signification du jugement par défaut ou de l'ordonnance judiciaire et,

---

[248] Ministère de la justice, « Explication du Code de procédure pénale », T. 2, les formalités de jugement et les voies de recours, publications de l'association de diffusion d'informations juridiques et judiciaires, série des explications et des preuves, n° 7, 5ème éd., 2006, p. 277.
[249] Al KHAMLICHI (A.), op. cit. p. 250. Cité par AL ALAMI (A.W.), op. cit. p. 81.

conséquemment, aucun délai ne commence à courir pour le calcul du délai d'opposition.

Cette lacune de la loi conduit à déduire que si un jugement de condamnation est prononcé et s'il ne résulte pas de l'avis constatant la remise de la lettre recommandée ou du récépissé ou encore d'un quelconque acte d'exécution que le prévenu a eu connaissance de la signification, l'opposition tant en ce qui concerne les intérêts civils que la condamnation pénale reste recevable jusqu'à l'expiration des délais de prescription de la peine.

### *B) Les effets*

La déclaration de faire une opposition contre un jugement produit deux effets qui dépendent de la comparution ou non de l'intéressé après avoir reçu une deuxième convocation.

#### *1) La comparution de l'opposant*

**447.** L'opposition formée par le prévenu dans le délai par une déclaration qui répond aux formalités prescrites par la loi. De même, l'intéressé comparaît à la date fixée par la nouvelle citation. Ces deux conditions entraînent l'anéantissement du jugement par défaut (art. 394 C.P.P.). La réouverture du débat permet à l'opposant d'exprimer son point de vue sur toutes les formalités accomplies avant le jugement rendu par défaut (les procès-verbaux, l'expertise…). Celui-ci est alors non avenu dans toutes ses dispositions.

Cependant, l'un des principes gouvernant la procédure pénale est que l'opposant ne peut subir aucun préjudice du fait de son opposition. Par conséquent, le tribunal ne peut pas augmenter la peine infligée à l'accusé, que ce soit en termes de nature ou de durée, ni augmenter le montant de l'indemnisation, ni annuler le sursis à exécution, ni déclarer son incompétence matérielle après avoir requalifié les faits de délits en crime.

**448.** Concernant la partie civile, elle n'a pas le droit de faire opposition, à moins que ses droits ne soient affectés par le jugement rendu par défaut. Or, si l'action publique a été discutée et aucune demande de réparation n'a été présentée, elle ne peut pas former une opposition[250].

### *2) Le défaut de comparution de l'intéressé*

**449.** Le défaut de comparution de l'opposant après une nouvelle citation entraîne l'annulation de l'opposition qu'il avait formulée, de sorte qu'elle sera considérée comme s'il ne l'avait jamais présentée. Le tribunal, qui a rendu le jugement contesté par cette voie, s'abstient de le corriger, quels que soient les défauts qu'il comporte, du fait qu'il ne dispose plus de compétence pour le rectifier.

Il n'est pas dès lors possible de former une nouvelle opposition et le premier jugement doit être exécuté (art. 394, al. 5 C.P.P.), conformément au principe selon lequel : « opposition sur opposition ne vaut ». Mais le condamné a la possibilité d'interjeter appel ou de former un pourvoi en cassation.

**450.** Pour que l'opposition soit déclarée non avenue, l'opposant doit connaître la date fixée pour l'examen de l'opposition. Il doit dès lors se présenter à la première audience. Or, s'il est absent et que le tribunal ne décide pas d'annuler cette opposition ou s'il décide de reporter son examen, pour quelle que raison que ce soit, en l'absence de l'opposant, il doit lui signifier ce report en personne ou à son domicile. Il en est de même pour le cas où l'audience est reportée pour des raisons proprement administratives. L'opposant doit ainsi être informé de la date fixée pour la discussion de l'affaire.

Une autre hypothèse mérite d'être soulevée. Il s'agit du cas de l'opposant qui comparaît à la première audience prévue pour l'examen de l'opposition, puis il s'absente aux autres audiences prévues pour le débat ; le tribunal pourra examiner l'affaire.

La question alors se pose de savoir si l'intéressé doit comparaître en personne pour éviter l'annulation de l'opposition ou s'il lui suffit de se faire représenter par un avocat. La Cour suprême dans son arrêt de 1987 a précisé que selon le dernier alinéa de l'ancien article 374 du Code de procédure pénale (actuel article 394 C.P.P.), *« le rôle de la*

---

[250] C. sup. n° 94, 1981, doss. Corr., n° 34/39, rev. de la Cour sup., n° 29, p. 194. Cité par le ministère de la justice, « Explications du Code de procédure pénale », op. cit. p. 278.

*défense et sa présence à l'audience nécessitent que le tribunal entende sa voix et statue sur ses demandes, surtout s'il donne au tribunal une justification de l'absence de son client »*[251].

## §. 2 - L'appel

*Comme pour l'opposition, il convient de connaître les conditions de l'appel (A) avant d'en mesurer les effets (B). Tout cela va nous conduire à connaître la solution de l'appel (C).*

### *A) Conditions de recevabilité*

*Outre les ordonnances juridictionnelles du juge d'instruction, dont l'appel relève de la compétence de la chambre correctionnelle de la Cour d'appel, peuvent faire l'objet d'un appel devant la chambre correctionnelle d'appel, dans certaines conditions déterminées, les décisions rendues en premier ressort par les tribunaux de première instance (1). En matière de crime, désormais, un recours est possible devant la chambre criminelle d'appel (2).*

#### *1) La chambre correctionnelle d'appel*

**451.** ***Les jugements susceptibles d'appel.*** Les jugements rendus en matière de délits ainsi que ceux qui portent sur les incidents de procédure, peuvent toujours être attaqués par la voie de l'appel devant la chambre correctionnelle d'appel. Or, les décisions qui décident de la liberté provisoire et qui sont rendues par les tribunaux de première instance en matière délictuelle sont susceptibles d'appel et sont indépendantes du jugement sur le fond (article 181-1 C.P.P.)[252].

**452.** ***Les parties.*** La possibilité de faire appel appartient au prévenu, qui peut interjeter appel de la décision, tant de son volet pénal que civil. Elle appartient également à la personne civilement responsable, qui intervient ou est intervenue au cours du procès dans sa phase initiale. Elle a le droit de faire appel de la décision qui l'oblige à payer l'indemnité due à l'accusé. Or, elle ne peut pas

---

[251] C. sup. arr. n° 791, cité par le ministère de la justice, op. cit. p. 279.

[252] C. sup. du 25/12/1963, arr. n° 305, Revue de la justice et du droit, n° 65-66-67, p. 282. Cité par AL-ALAMI (A.W.), op. cit. p. 282.

contester la décision de condamnation, d'acquittement ou de relaxe. La partie civile peut aussi tenter cette voie de recours, mais seulement pour défendre ses intérêts civils. De plus, le Ministère public peut faire appel du jugement, mais uniquement de la partie pénale, car il ne peut pas contester le jugement qui a statué sur l'action civile.

Enfin, les administrations dans les cas où celles-ci exercent l'action publique, ainsi qu'au procureur général du Roi près la Cour d'appel (art. 397 C.P.P.).

**453. *Délai.*** L'appel doit être en principe interjeté dans un délai de dix jours à compter du prononcé du jugement contradictoire (art. 400 C.P.P.). S'il expire normalement un samedi, un dimanche ou un jour férié ou chômé, il est prorogé jusqu'au premier jour ouvrable suivant[253].

Si le jugement est rendu par défaut (art. 393 C.P.P.), et même dans certains cas, lorsque le jugement est contradictoire ou réputé tel (art. 400-2 C.P.P.), le délai ne court qu'à compter de la notification du jugement à personne ou à domicile.

En cas d'appel d'une des parties, les autres parties ont un délai supplémentaire de cinq jours pour interjeter appel (al. 3). Elles forment alors un appel incident.

L'appel est caduc après l'expiration des délais ou en cas de désistement des parties appelantes. Il peut être révoqué tant qu'il n'en a pas donné acte par la juridiction (art. 403 C.P.P.).

Concernant l'appel interjeté par le Parquet en matière correctionnelle, il est de deux mois, à compter du jour du prononcé du jugement. Cet appel est notifié au prévenu et, s'il y a lieu, au civilement responsable. Toutefois, cette notification est valablement faite au prévenu présent à l'audience ou par déclaration lorsque, dans

---

[253] La Cour Suprême a rejeté un recours tenté hors délai par l'intéressé, malgré la fourniture d'un certificat médical prouvant qu'il était gravement malade et qu'il n'avait pas pu effectuer cette procédure dans les délais. Le délai est une notion d'ordre public. Ainsi, dans le cas où il ne serait pas en mesure de former un recours dans le délai légal, l'intéressé peut faire appel au service d'un avocat pour éviter le dépassement du délai d'appel. Arr. n° 3561 du 12 mai 1987. Cité par AL-KHAMLISHI (A.), op. cit. p. 280. Cité par AL-ALAMI (A.W.), op. cit. p. 113.

le délai d'appel du procureur général du Roi, l'affaire vient à l'audience sur l'appel du prévenu ou de toute autre partie (art. 402 C.P.P.).

L'appel de la partie civile des ordonnances de non-informer, de non-lieu et des ordonnances faisant grief à ses intérêts civils est interjeté dans les trois jours qui suivent la notification de l'ordonnance juridictionnelle faite à son domicile réel ou élu (art. 224-4 C.P.P.).

**454.** ***Conditions de forme.*** La déclaration d'appel doit être faite au greffe de la juridiction qui a rendu la décision attaquée ou celle de la Cour d'appel (art. 399, al. 2 C.P.P.).

Lorsque l'appelant est détenu, l'appel peut être fait au moyen d'une déclaration au greffe de l'établissement pénitentiaire où elle est immédiatement inscrite sur un registre spécial. Le chef de l'établissement pénitentiaire est tenu de transmettre copie de cette déclaration, dans un délai ne dépassant pas vingt-quatre heures, au greffe de la juridiction qui a rendu le jugement (al. 3 et 4).

### *2) La chambre criminelle d'appel*

**455.** Les décisions rendues en matière criminelle peuvent désormais faire l'objet d'un appel. Cette possibilité appartient à l'accusé, au Ministère public, à la personne civilement responsable ainsi qu'à la partie civile quant à leurs intérêts civils et en cas d'appel du Ministère public.

C'est la chambre criminelle d'appel près de la même Cour qui statue sur l'appel. Elle est autrement composée, à peine de nullité, d'un président de chambre et de quatre conseillers qui n'avaient pas participé au jugement de l'affaire, en présence du représentant du Ministère public et avec l'assistance du greffier. La Cour peut s'adjoindre un ou plusieurs conseillers conformément au deuxième alinéa de l'article 417 de ce Code.

**456.** ***Délai.*** L'appel doit être interjeté dans un délai de dix jours à compter du prononcé de l'arrêt. Toutefois, le délai ne court qu'à compter du jour de la notification de l'arrêt à personne ou à domicile pour la partie qui n'était pas présente ou représentée à l'audience, dans le cas où elle-même ou son représentant n'auraient pas été informés du jour où il serait prononcé. Il en est de même pour le jugement réputé contradictoire ou par contumace.

Il faut enfin noter qu'en cas d'appel incident formé par l'une des parties au procès à la suite de l'appel principal interjeté par une autre partie, le délai d'appel est prolongé de cinq jours (art. 400-3 C.P.P.).

**457.** ***Forme.*** L'appel est interjeté par une déclaration au greffe de la Cour d'appel qui a rendu la décision attaquée.

**458.** ***Appel principal et appel incident.*** L'appel incident peut se définir comme un appel provoqué par l'appel principal, qui n'est formé qu'en raison de celui-ci et qui se greffe sur lui pour étendre la saisine de la Cour d'appel.

Le droit de former un appel incident est général et appartient à toutes les parties. Dès que la chambre criminelle juge que l'appel incident du Ministère public formé à la suite de l'appel principal d'une partie civile contre un jugement de relaxe est recevable[254].

L'appel principal et l'appel incident sont soumis aux mêmes conditions de fond et de forme, à l'exception de celles relatives au délai d'appel. Par ailleurs, le fait qu'un appel soit qualifié d'incident n'en modifie pas l'effet dévolutif ; la loi ne faisant à cet égard aucune distinction entre ces formes d'appel.

### *B) Les effets*

L'appel produit deux effets essentiels : *l'effet suspensif et l'effet dévolutif.*

#### *1) L'effet suspensif*

**459.** ***Principe.*** Le délai d'appel et l'acte d'appel suspendent l'exécution des jugements rendus en matière des délits et celle des contraventions (art. 398 C.P.P.).

**460.** ***Exception.*** Par exception à l'effet suspensif, le délai d'appel accordé au procureur général du Roi près la Cour d'appel ne fait pas obstacle à l'exécution de la peine. Pareillement, malgré l'appel, le prévenu détenu, bénéficiant d'un jugement d'acquittement, d'absolution ou de condamnation à l'emprisonnement avec sursis ou à

[254] Crim., 21 sept. 2004, B. n° 2014, cité par DESPORTE (F.), "Traité de procédure pénale", éd. Economica, 2012, n° 3344.

l'amende, ou lorsque l'action publique est éteinte, doit être immédiatement libéré en application du principe de la présomption d'innocence (art. 404 C.P.P.). Il en est de même pour le contrôle judiciaire. Le mandat de dépôt ou d'arrêt décerné par le tribunal contre le prévenu, condamné à un an au moins d'emprisonnement sans sursis (art. 392 C.P.P.), continue aussi à produire ses effets en dépit de l'appel.

Enfin, malgré l'effet suspensif de l'appel, la provision accordée à la partie civile peut être immédiatement versée à celle-ci (al. 4). Des dépenses à exécution provisoire peuvent être demandées devant la chambre correctionnelle d'appel statuant en chambre du conseil (al. 5).

### *2) L'effet dévolutif*

**461.** En sus de l'effet suspensif, l'appel comprend un effet dévolutif qui permet de déférer la décision attaquée à une juridiction qui statue en fait comme en droit.

Les règles de procédure sont analogues à celles qui ont été observées en première instance, si ce n'est que l'audience débutera par la lecture d'un rapport sur l'affaire par le Président ou l'un des conseillers à la demande de l'une des parties immédiatement après l'interrogatoire d'identité du prévenu (art. 407-2 C.P.P.). Celui-ci est ensuite interrogé sur le fond de l'affaire. Les témoins sont entendus, si la chambre avait exceptionnellement ordonné leur audition.

**462.** ***La procédure est orale et contradictoire.*** Les parties appelantes ont la parole successivement, puis les parties intimées (c'est-à-dire les parties contre lesquelles l'appel est formé). Les prévenus et l'avocat ont la parole, les derniers.

**463.** ***Les limites de l'effet dévolutif.*** La Cour d'appel est liée par les faits déférés au premier juge[255] ; elle ne peut étendre la prévention à

[255] La Cour suprême a précisé dans son arrêt du 19/12/68 : « *Attendu qu'en revanche, ce qui détermine l'étendue de l'autorité de la Cour d'appel, c'est la déclaration d'appel, indépendamment de la demande ou du rapport, même s'il est déposé dans le délai d'appel et même s'il est en contradiction totale ou partielle avec cette déclaration, et pour autant que l'appel interjeté dans cette affaire par le Ministère public contre l'appelant soit général, sans restriction, la Cour d'appel avait le pouvoir absolu d'infliger une peine d'emprisonnement et une amende*

d'autres faits, en ce qui concerne le volet civil ou pénal. Ainsi, la juridiction de deuxième degré ne peut condamner pour des faits qui n'ont pas été discutés devant le tribunal de première instance. A titre d'illustration, elle n'a pas le droit de modifier le vol en recel, car elle est liée par le principe du double degré de juridiction. La violation de cette règle entraîne la nullité de la procédure. Elle produit son effet même si l'accusé donne son accord pour être jugé pour des nouveaux faits devant ladite Cour.

Cependant, la Cour d'appel peut examiner des nouveaux moyens, comme l'audition d'un nouveau témoin ou la prise en considération d'un moyen de preuve rejeté par le tribunal de première instance, qui estime qu'il est obtenu par un acte de procédure vicié. Or, la Cour d'appel a vérifié sa conformité à la loi.

L'autre limite dont souffre la Cour d'appel se rapporte au fait qu'elle est liée par l'objet de l'appel et la qualité de l'appelant. D'une part, la loi n'a pas complètement aboli la volonté des parties au procès à fixer les limites que la juridiction de deuxième degré doit respecter lors de l'examen de l'appel. Ainsi, la personne contre laquelle la décision a été rendue par le tribunal de première instance a le droit de l'accepter ou de la rejeter. Conséquemment, si elle a l'intention de contester la décision, elle dispose de la faculté de faire un appel « général » ou « partiel », c'est-à-dire le recours tenté se limitait à certains aspects du jugement.

Un accusé reconnu coupable de plusieurs chefs d'accusation peut également faire appel de tous ces chefs ou limiter son recours à certains d'entre eux seulement. Le Ministère public qui a poursuivi plusieurs prévenus peut faire appel de la décision rendue contre tous ou contre certains d'entre eux et il peut requérir l'acquittement en leur faveur. Il peut demander que la décision soit modifiée pendant la phase d'appel, en terme de montant de la peine pour certains seulement des accusés.

D'autre part, la Cour d'appel est liée par la qualité de l'appelant. Ainsi, les pouvoirs du juge d'appel diffèrent suivant que *l'appel a été*

---

*sévères à l'appelant dans les limites de la loi* ». Arr. n° 116, jurisprudence de la Cour suprême, n° 7, p. 75, cité par AL-KHAMLISHI (A.), op. cit. p. 295. Cité par AL-ALAMI (A.W.), op. cit. p. 140.

*interjeté par le prévenu, le Ministère public, la partie civile ou le tiers civilement responsable.*

**464.** ***L'appel interjeté par le prévenu.*** Le prévenu peut faire appel de l'action publique et de l'action civile. Dans le premier cas, le juge d'appel ne peut pas prononcer une peine plus grave que celle du premier jugement ni modifier la qualification de l'infraction dans le sens de l'aggravation de la peine (art. 409-2 C.P.P.)[256].

**465.** ***L'appel formé par le Ministère public ou une administration publique.*** Si l'appel est formé par le Ministère public seul ou une administration publique, la Cour d'appel ne sera saisie que de l'action publique, à l'exclusion de ce qui a été jugé sur l'action civile. Elle peut soit confirmer la décision des premiers juges, soit la réformer ou l'infirmer dans le sens de l'indulgence comme de la sévérité (art. 409 C.P.P.).

**466.** ***L'appel formé par la partie civile.*** Si la partie civile ou le tiers civilement responsable fait appel, la Cour d'appel ne sera saisie que de l'action civile, car le droit de faire appel de l'action publique appartient seulement au ministère public et au prévenu.

Le juge d'appel a le pouvoir d'augmenter ou de maintenir le montant des dommages-intérêts alloués par le juge de première instance ; il peut également décider la solidarité entre les débiteurs, si la juridiction de premier degré l'avait refusé. Mais il ne peut les diminuer ou infirmer le jugement, qui accorde le droit à l'indemnisation[257].

---

[256] La Cour suprême, dans son arrêt du 11/04/1985, n° 3268, a relevé que : « *Dans le cas où l'accusé serait le seul appelant, la Cour d'appel ne peut que corriger ou annuler la décision initiale en faveur de l'appelant.*
*Et lorsque le tribunal a aggravé la situation de l'accusé, qui était le seul à faire appel du jugement initial, et a rendu exécutoire la peine de l'emprisonnement au lieu de sursis, il a augmenté le montant de l'amende, il l'a également accusé du délit d'escroquerie, dont il a été acquitté en première instance, il a porté une violation de l'article 409 du Code de procédure pénale (actuel article 409 C.P.P.), et son arrêt encourt la cassation* ».Rev. justice et droit, n° 37-38, p. 202. Cité par AL-ALAMI (A.W.), op. cit. p. 156.

[257] La Cour suprême, dans son arrêt du 29/01/1970, a relevé que : « *L'annulation de la décision contestée demandant une réparation civile que l'appelant avait présentée ne lui a en réalité causé aucun préjudice, car cette annulation a été prononcée par le tribunal en sa qualité de juridiction répressive, qui n'est pas*

**467.** ***L'extension de l'effet dévolutif.*** La Cour d'appel étend sa compétence pour comprendre le pouvoir d'évocation. Ce droit constitue une dérogation à la règle du double degré de juridiction.

Ainsi, lorsque le jugement est annulé pour violation ou omission non réparée des formes prescrites par la loi à peine de nullité, la juridiction d'appel évoque, c'est-à-dire statue sur le fond. Il en est de même pour le cas d'infirmation d'un jugement par lequel la juridiction du premier degré s'était à tort déclarée compétente ou incompétente territorialement (art. 406 C.P.P.). La juridiction d'appel statue en toute liberté sur toute l'affaire (aggravation ou diminution de la peine et des dommages-intérêts) quelle que soit la qualité de celui qui a interjeté appel.

### *3) La décision*

Elle prend différentes formes selon l'objet de l'appel :
- *Décision d'irrecevabilité ;*
- *décision d'incompétence* ;
- *décision sur le fond.*

#### a) Décision d'irrecevabilité

**468.** Le prévenu qui désire faire un appel doit observer certaines conditions de forme prévues par la loi, car la violation de ces conditions entraîne l'irrecevabilité de l'appel. Ainsi, en cas d'appel irrégulier ou formé tardivement, comme le défaut de notification d'appel interjeté par le procureur général du Roi, qui dispose d'un délai de soixante jours à compter du prononcé du jugement, au prévenu et, le cas échéant, au civilement responsable (art. 402 C.P.P.), ou le recours formé contre un jugement de première instance portant condamnation uniquement à une peine d'amende, alors que l'appel des

---

*habilitée à accorder une indemnisation, à moins qu'elle se soit assurée que l'acte perpétré constitue une infraction, qui fait l'objet de poursuites. De là, la personne concernée a le droit de saisir la juridiction civile, qui examine la demande d'indemnisation non pas sur la base du caractère pénal de l'acte, mais sur celle des règles du droit civil proprement dites. Ainsi, le moyen soulevé n'est donc pas accepté, étant donné que la juridiction de deuxième degré s'est prononcée contre l'intérêt de la partie civile, qui a formé seule l'appel. »* Arr. n° 286, Rev. justice et droit, n° 112-113, p. 108. Cité par AL-ALAMI (A.W.), op. cit. p. 159-160.

jugements rendus en matière de contravention n'est possible que lorsqu'ils portent sur une peine privative de liberté (art. 396 C.P.P.).

Dans ces hypothèses, la Cour d'appel qui a relevé l'irrégularité de l'appel en la forme est dessaisie de l'affaire, car il s'agit d'une question d'ordre public.

### b) Décision d'incompétence

**469.** La juridiction saisie du recours est tenue d'opérer une vérification d'office de sa compétence matérielle, car il s'agit d'une question d'ordre public. Elle ne pourra intervenir que si le juge de première instance est également compétent pour rendre un jugement sur l'affaire.

Ainsi, si une partie soulève une exception d'incompétence du tribunal de première instance pour statuer sur l'action publique, car les faits reçoivent la qualification de crime, qui relève de la compétence de la chambre criminelle de la Cour d'appel. Or, la chambre correctionnelle du tribunal rejette ce moyen de défense et maintient sa compétence. L'intéressé entend donc faire appel de cette décision, devant la Chambre correctionnelle de la Cour d'appel, et celle-ci considère que le moyen soulevé est fondé en fait et en droit. Dans ce cas, elle décide qu'elle est incompétente pour examiner l'appel.

### c) Décision sur le fond

**470.** La Cour d'appel examine la décision du tribunal de première instance lorsqu'elle se déclare compétente pour statuer sur l'appel formé par le Ministère public, par le prévenu, par la partie civile ou le civilement responsable. Elle statue en fait comme en droit, car il s'agit d'une juridiction de deuxième degré, qui dispose de tous les pouvoirs pour confirmer la décision attaquée, si l'appel n'est pas fondé ou l'infirmer dans le cas contraire. Dans ce cas, elle peut modifier, en tout ou en partie, le jugement.

## *Section 2 - Les voies de recours extraordinaires*

*Ouvertes dans les seuls cas spécifiés par la loi, les voies de recours extraordinaires sont le pourvoi en cassation (§. 1), la rétractation et la rectification des arrêts (§. 2) et enfin les demandes en révision et en réexamen (§. 3).*

## §. 1) Le pourvoi en cassation

*La Cour de cassation peut être saisie d'un pourvoi dans l'intérêt des parties (A) ou d'un pourvoi dans l'intérêt de la loi (B).*

### *A) Le pourvoi dans l'intérêt des parties*

*Nous allons examiner successivement :*
*- Les conditions de fond du pourvoi (1) ;*
*- celles de forme (2) ;*
*- les cas de cassation (3) ;*
*- ses effets (4) ;*
*- l'arrêt de la chambre criminelle (5).*

### *1) Les conditions de fond*

*Il paraît important de traiter dans l'ordre :*
*- Les conditions qui concernent les personnes admises à se pourvoir en cassation (a) ;*
*- les décisions susceptibles de pourvoi (b).*

#### a) Les conditions relatives aux parties

**471.** La lecture des articles 523 et 531 C.P.P. permet de relever que les conditions relatives aux parties se rapportent à deux notions importantes, à savoir la qualité et l'intérêt à se pourvoir en cassation.

D'une part, les parties au procès (Ministère public, prévenu, partie civile, tiers civilement responsable ou autres parties) ont seules la qualité pour former un pourvoi en cassation. *A contrario,* la personne qui était partie au procès en première instance, mais qui n'a pas interjeté appel devant la Cour d'appel, ne peut pas se pourvoir en cassation.

L'intérêt à agir conditionne, d'autre part, le droit de se pourvoir en cassation. La personne doit dès lors avoir intérêt à la cassation, ce qui suppose que la décision attaquée fait grief à la partie qui en demande l'annulation[258]. Le ministère public ne peut se pourvoir que sur l'action publique ; la partie civile ne peut agir que quant à ses intérêts civils ; concernant le civilement responsable, il ne peut se pourvoir que contre les décisions qui ont retenu sa responsabilité, et seul le condamné peut se pourvoir à la fois sur les actions publique et civile.

### b) Les décisions susceptibles de pourvoi en cassation

*Le pourvoi en cassation peut être formé contre la décision rendue sur le fond (1°) et contre les ordonnances judiciaires (2°).*

#### *1°) Les décisions statuant sur le fond*

**472.** Le recours en cassation contre les jugements ou arrêts préparatoires, d'instruction ou interlocutoires, même contre les jugements ou arrêts rendus sur la compétence, ne sera reçu qu'après le jugement ou l'arrêt définitif sur le fond. Or, cette règle ne s'applique pas lorsque les jugements ou arrêts sont rendus par une juridiction qui se déclare incompétente. C'est d'ailleurs ce qu'a affirmé la Cour suprême dans son arrêt du 21 février 1963 : *"En application de l'article 572, alinéa 1er C.P.P., la décision qui décline sa compétence à raison de la matière, sur une exception soulevée avant toute défense au fond, peut être frappée immédiatement de pourvoi.*

*2°, 3° et 4° En l'absence de disposition contraire de la loi, le juge répressif est compétent pour statuer sur les questions soulevées accessoirement à la poursuite. Il est notamment compétent pour apprécier si l'accident donnant lieu aux poursuites est ou non un accident du travail. La compagnie d'assurances qui garantit la seule responsabilité civile en cas d'accident causé à la personne ou aux biens des tiers par un véhicule automobile n'a aucune qualité pour intenter une action en réparation des dommages résultant d'un éventuel accident du travail. Par suite, les juges répressifs qui*

---

[258] L'article 523 du Code de procédure pénale précise que le pourvoi en cassation est irrecevable, si la personne n'a pas été partie à l'instance et si la décision attaquée ne lui fait pas grief. De là, le pourvoi de l'accusé n'est pas recevable, même s'il était partie à l'instance dans le cadre de l'appel en sa qualité d'intimé, mais il n'a subi aucun préjudice du fait de l'arrêt, car celui-ci a diminué la peine. C. sup. du 19/06/1969, jurisprudence de la Cour suprême, n° 12, p. 78. Cité par AL-ALAMI (A.W.), op. cit., p. 172.

*décident que la juridiction compétente en matière des accidents du travail est seule compétente pour trancher la contestation relative au caractère de l'accident et déclinent leur propre compétence en raison de la matière à l'égard de cette contestation, en impartissant à l'assureur de la responsabilité civile du prévenu, auteur de l'accident, un délai pour saisir la juridiction des accidents du travail, violent les règles relatives à leur compétence et les articles 11 et 12 du dahir du 25 juin 1927 déterminant les personnes aptes à souscrire la déclaration qui constitue l'acte initial de la procédure en matière d'accidents du travail.*[259]"

### *2°) Les ordonnances judiciaires*

**473.** Les ordonnances de non-lieu peuvent faire l'objet d'un pourvoi du Ministère public. La partie civile peut également les attaquer dans le cas de la déclaration d'irrecevabilité de l'action civile ou de l'omission de statuer sur un chef d'inculpation.

Concernant les ordonnances de renvoi de la chambre correctionnelle de la Cour d'appel, elles ne peuvent être frappées de pourvoi qu'avec le jugement sur le fond. Il en est de même pour les ordonnances liées à la liberté provisoire ou au contrôle judiciaire.

### *2) Les conditions de forme*

Les conditions de forme sont prévues aux articles 526, 527, 528, 529 et 530 du Code de procédure pénale. *Elles tournent autour de l'acte d'appel, des délais et du dépôt d'un mémoire contenant les moyens de cassation au greffe de la juridiction qui a rendu la décision.*

### a) La déclaration de pourvoi

**474.** Le pourvoi en cassation est formé par une déclaration faite au greffe du tribunal ou de la Cour qui a rendu la décision attaquée soit par le demandeur lui-même, soit par un avocat.

Cette déclaration est inscrite sur un registre tenu à cet effet ; elle doit être signée par le Greffier et par le déclarant, dont un récépissé

---

[259] Ch. pén. 21 février 1963, n° 66790, p 1332.

peut lui être délivré. Si celui-ci ne sait pas signer, il appose son empreinte (art. 526, al. 2 et 3)[260].

**475.** Lorsque le demandeur en cassation est détenu, le pourvoi peut être formé par une déclaration auprès du chef de l'établissement pénitentiaire. Cette déclaration est inscrite sur un registre spécial. Elle est adressée, dans les vingt-quatre heures, une copie au greffe de la juridiction qui a rendu la décision attaquée pour être transcrite sur le registre prévu par la loi.

### b) Le délai du pourvoi

**476.** Le délai pour se pourvoir en cassation est en principe de dix jours à partir du prononcé de la décision attaquée, s'il s'agit d'une décision contradictoire (art. 527 C.P.P.)[261]. Or, le délai ne court qu'à compter de la signification de la décision à personne ou à domicile dans les cas suivants :

*"1. pour la partie qui, après les débats contradictoires, n'était pas présente ou représentée à l'audience où la décision a été prononcée, à moins que la partie ne soit informée de la date de ce prononcé à jour fixe, et la décision est effectivement rendue à ce jour ;*

*2. pour le prévenu qui a demandé à être jugé en son absence dans les conditions prévues à l'alinéa 2 de l'article 214 ci-dessus, ou qui n'a pas comparu dans les cas prévus aux alinéas 4 et 5 dudit article ;*

*3. pour le prévenu dont l'opposition a été jugée non avenue conformément à l'alinéa 4 de l'article 394 ci-dessus.*

*Le délai de pourvoi concernant les décisions par défaut ne court que du jour où l'opposition n'est plus recevable. Le pourvoi en*

---

[260] La Cour suprême, dans son arrêt du 27 avril 1989, a précisé que : « *Le pourvoi en cassation s'effectue par une déclaration faite devant le greffier du déclarant en personne ou par l'intermédiaire de son avocat. Cette déclaration est considérée comme une formalité substantielle qui ne peut être remplacée par aucune autre procédure, y compris le mémoire du pourvoi en cassation.* » Arr., n° 3574, Recueil de la jurisprudence de la Cour suprême en matière criminelle de 1981 à 1995, publié par l'association de développement des recherches et études juridiques.

[261] La Cour de cassation, dans un arrêt du 27 avril 2017, a précisé que : « La décision attaquée ayant été rendue en présence du demandeur, qui a comparu en état de détention, son pourvoi en cassation en dehors du délai de dix jours est sur la forme irrecevable ». Arr. n° 747, doss. corr. n° 23043/6/8/2016.

*cassation vaut renonciation au droit de faire opposition par la partie qui y a fait recours*[262]*."*

Ce délai est un délai franc conformément à l'article 750 du Code de procédure pénale, qui précise que tous les délais prévus par cette loi sont des délais francs. Ainsi, pour le Ministère public et la personne contre laquelle la décision a été rendue, le délai court à compter du prononcé de celle-ci.

Quant au jugement réputé contradictoire, le délai court à compter du jour qui suit la notification du jugement à personne ou à son domicile. Or, si la décision est rendue par défaut, le dernier alinéa de l'article 527 du Code de procédure pénale précise que le délai court à compter du jour où l'opposition devient irrecevable.

### c) Le dépôt du mémoire

**477.** ***L'obtention d'une copie de l'arrêt et le dépôt des mémoires en cassation.*** Une copie certifiée conforme à l'original de l'arrêt est délivrée par le secrétariat-greffe dans les trente jours à compter de la date du pourvoi en cassation. Sur la base de l'arrêt obtenu, il est procédé à l'élaboration du mémoire en cassation qui expose les moyens de cassation prévus par la loi. Pour s'en convaincre, l'article 528-2 du Code de procédure pénale précise qu'en matière délictuelle et contraventionnelle, le demandeur au pourvoi dépose, sous peine de déchéance de son droit, par l'intermédiaire d'un avocat agréé près la Cour de cassation, un mémoire contenant les moyens de cassation au greffe de la juridiction. Or, l'alinéa 3 du même article exclut de cette formalité les crimes, car le dépôt de mémoire est facultatif et peut être déposé par un avocat, même non agréé près ladite Cour.

L'article 529 du Code de procédure pénale dispense également du ministère d'avocat *"le ministère public et l'Etat, qu'ils soient demandeurs ou défendeurs.*

*Lorsque l'Etat fait usage de cette dispense, ses mémoires sont signés par le ministre intéressé ou par un fonctionnaire ayant reçu une délégation spéciale."*

Les moyens invoqués ne peuvent pas être des moyens de fait, mais ils doivent être des moyens de droit. Ils ne peuvent être des moyens

[262] C. sup., deux chambres réunies, du 23/11/2005, n° 1730-10. Aff. n° 17506-2003 publié à la partie V des arrêts de la Cour suprême, p. 11.

nouveaux, c'est-à-dire des moyens qui n'auraient pas été examinés par le juge du fond, à moins qu'ils ne soient d'ordre public (incompétence matérielle, prescription de l'action publique, chose jugée).

Un mémoire est signé et assorti d'autant de copies qu'il existe de parties intéressées par la solution du pourvoi. Le greffier prend acte du nombre de ces copies, paraphe et signe l'original et la copie délivrée au demandeur au pourvoi.

**478. *Délai.*** Pour le délai de dépôt des mémoires en cassation, il importe de distinguer deux cas. D'une part, lorsque l'extrait de l'arrêt a été remis au service dans les trente jours à compter de la date de la déclaration du pourvoi en cassation, le délai de dépôt des mémoires est de soixante jours à compter de la date de la déclaration du pourvoi. Dans ce cas, les mémoires et les documents à y joindre sont à déposer au secrétariat-greffe du tribunal ayant rendu l'arrêt attaqué. D'autre part, lorsque l'extrait de l'arrêt n'a pas été délivré au service dans le délai de trente jours précité, le délai de dépôt des mémoires est alors de soixante jours à compter de la date d'enregistrement du dossier à la Cour de cassation.

**479. *Dépôt du montant de la consignation.*** L'article 530 du Code de procédure pénale énonce que : *"La partie, autre que le Ministère public ou les administrations publiques, est tenue de consigner, avec le mémoire du pourvoi ou dans le délai prévu pour son dépôt dans les cas où le mémoire n'est pas obligatoire, le montant de mille (1000) dirhams au greffe de la juridiction qui a rendu la décision attaquée. Cette somme est restituée au demandeur au pourvoi au cas où la Cour de cassation ne le condamne pas à l'amende prévue à l'article 549 et après la liquidation des frais de justice en cas de rejet du pourvoi de cassation.*

*Sont dispensés de la consignation prévue à l'alinéa précédent, les demandeurs au pourvoi détenus pendant le délai de pourvoi et les demandeurs au pourvoi qui présentent, au moment de leur déclaration, un certificat d'indigence.*

*Le défaut de dépôt du montant de la consignation prévue à l'alinéa précédent n'entraîne pas la déchéance de la demande. Toutefois, la Cour de cassation doit prononcer le double de la consignation en cas de rejet de pourvoi en cassation."*

### *3) Les cas du pourvoi*

**480.** Selon l'article 534 du Code de procédure pénale, *"les pourvois en cassation des ordonnances, arrêts ou jugements doivent être fondés sur une des causes ci-après :*

*1. Violation des formes substantielles de procédure ;*
*2. excès de pouvoir ;*
*3. incompétence ;*
*4. violation de la loi de fond ;*
*5. manque de base légale ou défaut de motif".*

**481. *La violation des formes substantielles de la procédure.*** Un cas d'ouverture du pourvoi consiste dans l'inobservation des formes prescrites par la loi, à peine de nullité. Ce cas est assez fréquent et concerne aussi bien les nullités de l'enquête, de l'instruction que les formalités substantielles des jugements. Par exemple, le défaut de prestation de serment par l'interprète comme le prévoit la loi[263], l'audition d'un témoin qui n'a pas prêté serment[264], le tribunal détermine la peine sans tenir compte du concours des causes d'atténuation[265] ou la condamnation à une peine supérieure au maximum de la peine prévue par la loi, sans mentionner les circonstances d'aggravation de la sanction[266], comme le prévoit l'article 161 du Code pénal. Il en est de même pour la constitution irrégulière de la juridiction. Les décisions qui font l'objet d'un pourvoi en cassation sont ainsi déclarées nulles, lorsqu'elles ne sont pas rendues par le nombre de juges prescrit ou lorsqu'elles ont été rendues par des juges qui n'ont pas assisté à toutes les audiences de la cause.

Toutefois, soucieux de se conformer aux exigences du délai raisonnable, l'article 535 du Code de procédure pénale impose une obligation, celle de ne pas présenter comme moyen de cassation les

---

[263] C. sup., arr. n° 318, du 23 nov. 1969, jurisprudence de la Cour suprême, n° 8, p. 70.

[264] C. sup., arr. n° 528, du 17 avril 1969, jurisprudence de la Cour suprême, n° 8, p. 74.

[265] C. sup., arr. n° 92, du 20 fév. 1969, jurisprudence de la Cour suprême, n° 7 p. 91.

[266] La Cour suprême a relevé que : "*La possibilité de soulever d'office le moyen de cassation contre l'arrêt qui porte une violation à l'ordre public et aussi contre les décisions portant un excès de pouvoir et une violation de la loi*". Arr. n° 192, du 16 mai 1961, jurisprudence de la Cour suprême en matière pénale, 1957-1965, p. 78. Cité par Al ALAMI (A.W.), "Procédure pénale", T. 3, op. cit., p. 192.

nullités commises en première instance qui n'ont pas déjà été invoquées devant la Cour d'appel. Ainsi, seules les nullités soulevées en appel peuvent constituer des moyens de cassation. Le but étant de ne pas priver les justiciables du double degré de juridiction.

**482.** ***La violation de la loi pénale de fond.*** Il s'agit d'une hypothèse générale portant sur une mauvaise application ou interprétation de la loi par les juges du fond. C'est ainsi le cas d'une erreur de qualification des faits, de la méconnaissance de la Cour d'appel, de l'autorité de la chose jugée, car il y a eu un désistement des parties de faire appel dans le délai…

Toutefois, l'article 537 du Code de procédure pénale dispose que : *"Lorsque la peine prononcée est la même que celle portée par la loi qui s'applique à l'infraction, nul ne peut demander l'annulation de la décision sous le prétexte qu'il y aurait erreur dans la qualification retenue par cette décision ou dans les textes de loi qu'elle a visés, à moins qu'il n'en résulte un préjudice au demandeur.*

*Quand la peine se trouve justifiée par l'un des chefs d'inculpation, il n'y a point lieu à annulation de la décision, mais la Cour de cassation déclare, dans ce cas, que la condamnation portée à la décision attaquée ne s'applique qu'à celui des chefs d'inculpation qui a été légalement retenu".*

**483.** ***L'excès de pouvoir de la juridiction qui a statué.*** Cela signifie que *« la juridiction qui était compétente a procédé à des actes qu'elle n'avait pas le pouvoir de faire »*[267] : par exemple, elle a statué sur l'action civile, alors que la victime ne s'est pas constituée partie civile ; elle a jugé un chef de condamnation qui n'est pas visé dans l'acte de renvoi ; critiquer un texte législatif ou le comportement du ministère public ; enfin, ne pas admettre un recours ouvert par la loi.

**484.** ***En qui concerne les règles de compétence,*** qui se rapportent aux compétences matérielles, personnelles et territoriales, il est important de préciser, même si l'article 534 du Code de procédure pénale ne fait aucune mention, que la violation des règles de compétences matérielles et personnelles est d'ordre public ; elle peut dès lors être soulevée pour la première fois devant la Cour de cassation. Or, la compétence territoriale ne peut être frappée de

---

[267] BOULOC (B.), op. cit. p. 968.

pourvoi en cassation qu'en même temps que le pourvoi formé contre la décision définitive rendue sur le fond.

**485.** On peut enfin citer le cas de ***manque de base légale ou de défaut de motif.*** En principe, le manque de base légale traduit un défaut de motivation, d'où découle une mauvaise application de la loi. La décision des juges du fond est incomplète au regard du texte appliqué ; elle ne comporte pas tous les éléments qui permettent de mettre en œuvre la règle de droit. En effet, ce vice de fond peut être invoqué si la motivation en fait et en droit ne permet pas à la Cour de cassation d'exercer son contrôle.

La contradiction de motifs constitue également un moyen de cassation, la méconnaissance des juges d'une demande présentée par une des parties[268].

### *4) Les effets*

*Le pourvoi en cassation produit un effet suspensif et un effet dévolutif.*

### a) Effet suspensif

**486.** L'exécution des décisions de justice est soumise à l'épuisement des voies de recours, y compris le pourvoi en cassation (art. 597 C.P.P.). Il s'agit d'une application concrète du principe de la présomption d'innocence. Une personne ne peut dès lors être déclarée coupable qu'après en avoir été décidée ainsi par une juridiction qui a rendu la décision devenue définitive, car dans ce cas, elle acquiert l'autorité de la chose jugée et elle est irrévocable. L'article 531 du Code de procédure pénale énonce, en effet, que : *"La partie dont un précédent pourvoi a été rejeté ne peut, sous quelque motif et par quelque moyen que ce soit, se pourvoir à nouveau contre la décision déjà vainement attaquée".*

---

[268] Préc.

Si une partie du jugement indique que l'accusé avoue le viol, alors que l'autre partie mentionne que la victime était consentante, ce qui met en évidence la contradiction entre deux parties du même jugement. C. sup. arr. n° 92 du 17/02/1959, jurisprudence de la Cour suprême dans les matières pénales, publiée par la faculté de droit en 1962, p. 84, cité par AL-ALAMI (A.W.), op. cit. p. 200.

**487.** Cependant, malgré le pourvoi, les condamnations civiles[269] peuvent être exécutées et les mandats de dépôt ou d'arrêt continuent à produire leurs effets (art. 532-1 C.P.P.).

Dans le même ordre d'idées, les articles 392 et 431 du Code de procédure pénale permettent de mettre à exécution une peine privative de liberté, même si la décision n'a pas acquis la force de la chose jugée. Ainsi, l'article 392 du Code de procédure pénale précise que la juridiction peut, sur réquisitions du Ministère public, en cas de condamnation à une peine égale ou supérieure à une année d'emprisonnement et par une décision spéciale et motivée, décerner contre le prévenu un mandat de dépôt ou d'arrêt. Cette décision est exécutée nonobstant tout recours ordinaire ou extraordinaire. C'est ce que prévoit également l'article 431 du même Code.

### b) Effet dévolutif

**488.** Le pourvoi en cassation a un effet dévolutif, par lequel la chambre criminelle de la Cour de cassation est saisie directement dans les limites de l'acte de pourvoi et selon la qualité du demandeur. Ce n'est pas à dire qu'il ait un effet dévolutif, comme l'appel, car seules les questions de droit sont soumises à la Haute juridiction, à l'exclusion donc des questions de fait.

Dans ce cadre bien restreint, la Cour de cassation doit être liée, lorsqu'elle examine le pourvoi, par les points de droit soulevés par le demandeur dans son recours.

Mais qu'en est-il des nouveaux moyens qui n'ont pas été soumis au juge du fond ? La Cour de cassation ne peut pas examiner ces moyens, à moins qu'ils ne soient d'ordre public (incompétence, prescription de l'action publique).

---

[269] La Cour suprême a déclaré que : "*La partie civile qui a continué de demander au juge de renvoi l'octroi des indemnités beaucoup plus importantes au titre des dommages et intérêts et le fait de ne pas restituer ces indemnités, dont un jugement a été rendu faisant l'objet d'un pourvoi en cassation, ne signifie pas, d'une part, que ladite décision est devenue définitive, car son exécution est devenue impossible après son annulation et, d'autre part, il ne signifie pas que les indemnités reçues sont satisfaisantes pour la réparation des préjudices subis par la victime*". C. sup., arr. n° 1773, du 16/01/1965, jurisprudence de la Cour suprême en matière pénale : années 57-65, p. 4. Cité par AL-ALAMI (A.W.), op. cit. p. 227.

### *5) L'arrêt de la chambre criminelle*

*Si la chambre criminelle estime que les conditions formelles d'admission du pourvoi ne sont pas remplies, elle déclare l'irrecevabilité du pourvoi. Mais lorsque le pourvoi est recevable, ladite chambre statue sur le fond ; elle peut alors rendre soit un arrêt de rejet, soit un arrêt de cassation, suivant que le pourvoi lui paraît mal ou bien fondé.*

#### a) L'irrecevabilité ou la déchéance

**489.** Le conseiller rapporteur peut, sur l'avis conforme du président de chambre et du Ministère public, décider l'irrecevabilité ou une déchéance du pourvoi, s'il constate une cause de nullité évidente de la demande. Il fait donc inscrire l'affaire au rôle d'une prochaine audience (art. 544 C.P.P.). La date de l'audience est alors notifiée au demandeur dans un délai de cinq jours au moins.

Les cas d'irrecevabilité ou de déchéance sont nombreux, mais on va se contenter de quelques exemples :

- La déclaration de pourvoi en cassation est déposée hors délai ;
- l'action publique est éteinte ou le demandeur, hormis le Ministère public, s'est désisté de son pourvoi ;
- le pourvoi formé par une partie, qui n'a pas la qualité ou l'intérêt à la cassation (la partie civile ou le civilement responsable ne peuvent se pourvoir contre l'action publique) ;
- le mémoire est irrecevable, s'il n'est pas déposé par un avocat agréé près la Cour de cassation concernant les cas où le dépôt de mémoire est obligatoire ;
- la partie, dont un précédent pourvoi a été rejeté, forme un nouveau pourvoi contre la décision déjà attaquée ;
- le pourvoi exercé contre l'ordonnance contraventionnelle rendue dans tous les cas où une contravention est punie d'une amende seulement et constatée par un procès-verbal ou rapport, et si aucune partie lésée ne s'est manifestée ;
- une des parties forme un pourvoi en cassation contre un jugement, un arrêt ou une ordonnance prononçant une amende ou son équivalent, dont le montant n'excède pas vingt mille dirhams, sans avoir présenté ce qui justifie le paiement de l'amende ;

- se pourvoir en cassation contre une contravention commise au cours de l'audience.

### b) L'arrêt de rejet

**490.** Lorsque les moyens soulevés par le demandeur ne sont pas fondés ou ne répondent pas à la liste de l'article 534 du Code de procédure pénale, la Cour de cassation peut décider le rejet du pourvoi[270]. Il en est ainsi le cas, lorsque le moyen invoqué demande les nullités commises en première instance, mais qui n'ont pas été soulevées devant la Cour d'appel (art. 535 C.P.P.). Il peut aussi s'agir des moyens de cassation, qui portent sur les faits matériels ne relevant pas de la compétence de la Cour de cassation ou qui portent sur les faits et le droit. Enfin, des moyens nouveaux présentés devant la Haute juridiction, c'est-à-dire des moyens qui n'auraient pas été examinés par le juge du fond.

**491.** L'arrêt de rejet met alors fin au procès ; la décision acquiert alors l'autorité de la chose jugée. La partie privée demanderesse est condamnée aux dépens (art. 549 C.P.P.). La Cour de cassation peut aussi statuer sur la demande en dommages et intérêts formée par le défendeur à raison du préjudice que lui a causé le pourvoi (art. 549-2 C.P.P.).

Dans le même ordre d'idées, si le moyen invoqué est sans objet, la décision attaquée devient irrévocable ; elle acquiert définitivement l'autorité de la chose jugée. Il en est ainsi le cas lorsque la Cour de cassation constate que les faits ne constituent pas une infraction au regard de la loi. La cassation peut également être prononcée par retranchement, c'est-à-dire l'annulation ne frappe qu'une disposition accessoire ou qui n'affecte pas l'essentiel de la condamnation prononcée. Par exemple, le jugement ou l'arrêt attaqué condamne

---

[270] La Haute juridiction a précisé, dans son arrêt du 31 mars 1961, que : « *Les moyens de cassation doivent être exprimés avec des mots permettant d'identifier les défauts de la décision contestée* ». Arr. n° 598, Recueil des arrêts de la Cour suprême, années 57-65, p. 71.

Dans un autre arrêt, la Cour suprême a relevé qu'« *il n'est pas permis d'accepter un recours en cassation dans lequel le demandeur se limiterait à faire référence à des textes de loi, qui ne sont pas présentés de manière précise tout en affirmant qu'ils ont été violés sans justification* ». Arr. du 12 déc. 1968, n° 177, jurisprudence de la Cour suprême, n° 6, p. 74.

l'accusé à une peine privative de liberté et une amende qui n'est pas prévue par la loi, dans ce cas la Cour de cassation réforme la partie de la décision qui porte sur l'amende[271].

**492.** ***La théorie de la peine justifiée.*** Cette théorie est une création de la Cour de cassation française. Elle désigne qu'en se fondant sur l'exigence d'un intérêt chez le demandeur, la Cour de cassation déclare irrecevables les pourvois en cassation formés *"contre les décisions renfermant non seulement une erreur matérielle sur la citation du texte applicable, seule visée par la loi, mais même contre celles contenant une erreur de droit, si ces décisions prononcent la même peine ou peine plus élevée (peine justifiée) que celle qui aurait pu être prononcée si l'erreur de droit n'avait pas été commise"*[272]. Elle rend un arrêt de rejet.

Le Code de procédure pénale a repris à son compte la théorie de "la peine justifiée" dans son article 537 C.P.P. Dans ce cas, la Cour de cassation estime que la situation du demandeur ne serait pas changée, si son pourvoi était accueilli et que dès lors il ne saurait prétendre avoir un intérêt à la cassation. C'est ainsi qu'elle fait application de cette théorie pour rejeter les pourvois formés contre des arrêts contenant une erreur de qualification de l'infraction, une erreur sur la qualité d'auteur principal, complice ou instigateur : la peine prononcée est la même[273].

### c) L'arrêt de cassation

*La cassation peut être avec renvoi (1°) ou sans renvoi (2°).*

---

[271] La Cour suprême a relevé que : « Si les faits mentionnés dans la convocation ne constituent pas une infraction, la décision doit être cassée sans renvoi. » Arr. du 21 fév. 1963, Recueil des arrêts de la Cour suprême 57-65, p. 90.

[272] BOULOC (B.), op. cit., n° 1137.

[273] La Cour suprême a précisé que : « La peine prévue pour le délit de corruption (art. 251 C.P.P.) diffère de la peine prévue pour le délit prévu par l'article 361 du Code de procédure pénale. Par conséquent, une erreur de qualification des faits commis par l'accusé conduit inévitablement à la cassation conformément à l'article 589 du Code de procédure pénale (actuel article 537 C.P.P.). » Arr. n° 1072, du 11/04/1974, Revue de la jurisprudence de la Cour suprême, n° 26, p. 227.

### *1°) Cassation avec renvoi*

**493.** Si le pourvoi est fondé en droit, la Cour de cassation annule la décision attaquée. Elle doit renvoyer l'affaire devant la même juridiction autrement composée ou devant une autre juridiction de même nature et degré que celle ayant rendu la décision en violation de la loi (art. 550-1 C.P.P.). Si la cassation intervient pour incompétence, le renvoi s'opère vers la juridiction légalement compétente (art. 550-2 C.P.P.).

**494.** Par ailleurs, la juridiction de renvoi n'est saisie que dans les limites du pourvoi. Ainsi, elle ne peut statuer que sur les points de droit précédemment examinés par la juridiction dont l'arrêt a été annulé (art. 554 C.P.P.). Conséquemment, elle ne peut ni ajouter de faits nouveaux ni accueillir d'autres parties, qui n'ont pas soulevé le moyen sur lequel la cassation est formée.

Cependant, cette juridiction après la cassation dispose de la même autorité que celle de la juridiction qui a rendu la décision prononcée en violation de la loi. Ainsi, elle a le pouvoir d'instruire l'affaire et d'ouvrir les débats, de sorte qu'elle a le droit de prendre toute mesure utile et d'examiner tous les moyens de défense que les parties avaient soulevés devant la Cour de cassation. Dans ce cadre, elle peut rendre une décision différente de celle des premiers juges ou elle peut statuer dans le même sens que la décision cassée.

Concernant le cas où les juges de renvoi statuent dans le même sens que les premiers juges, le nouveau pourvoi en cassation est fondé sur les mêmes moyens présentés par les mêmes parties que le premier pourvoi ; il doit alors être jugé par deux chambres réunies (art. 557 C.P.P.).

Cette affirmation mérite d'être nuancée dans la mesure où la juridiction de renvoi doit se conformer à la cassation intervenue sur le point de droit et qui a motivé l'annulation de la décision des premiers juges.

### *2°) Cassation sans renvoi*

**495.** La Cour de cassation peut, exceptionnellement, rendre un arrêt de cassation sans renvoi. Ainsi, lorsque la cassation ne laisse plus rien à juger au fond (erreur de qualification, amnistie, prescription…). Il peut aussi s'agir de la cassation par retranchement lorsque l'annulation ne frappe qu'une disposition accessoire ou qui n'affecte pas l'essentiel de la décision attaquée (art. 553 C.P.P.).

### *B) Le pourvoi dans l'intérêt de la loi*

Ce type de pourvoi comprend deux cas de figure. *Le premier se rapporte au pourvoi d'office du procureur général du Roi près la Cour de cassation, et le deuxième concerne le pourvoi sur ordre écrit du ministre de la justice.*

#### *1) Le pourvoi exercé d'office*

**496.** Ce pourvoi est prévu par l'article 559 C.P.P. ; il peut être formé par le procureur général près la Cour de cassation, de sa propre initiative, contre toute décision juridictionnelle insusceptible d'appel contre laquelle les parties n'ont pas fait de pourvoi dans les délais légaux. Il s'agit d'une décision qui contient une violation des dispositions du droit pénal de fond d'ordre public ou des règles substantielles de procédure. Il est présenté selon la procédure ordinaire de la Cour de cassation (art. 562 C.P.P.). Or, lorsque la décision était susceptible d'appel et qu'aucune des parties n'a interjeté appel dans le délai légal, le procureur général du Roi près la Cour de cassation ne peut pas exercer ce droit, même s'il y a eu erreur de droit.

**497.** A la différence du pourvoi ordinaire, le pourvoi dans l'intérêt de la loi n'a pas d'effet suspensif. De là, la cassation intervenue n'a qu'un effet théorique, prononcée sans renvoi, car *« les parties ne peuvent s'en prévaloir pour éluder les dispositions de la décision cassée ou s'opposer à son exécution »* (art. 559-2 C.P.P.). Ainsi, le coupable ne bénéficie pas de la cassation de la décision de condamnation. De même, la personne acquittée ne peut craindre de nouvelles poursuites du Ministère public. Dans les deux cas, la décision a acquis l'autorité de la chose jugée, après l'expiration du droit de se pourvoir en cassation dans l'intérêt des parties.

En somme, le pourvoi dans l'intérêt de la loi ne vise qu'à mettre en évidence les principes de droit.

### *2) Le pourvoi en annulation sur l'ordre du ministre de la justice*

**498.** Ce pourvoi est formé par le procureur général du Roi près la Cour de cassation sur l'ordre écrit du ministre de la justice. Il est intenté pour le même objectif que celui du pourvoi formé d'office par le procureur général du Roi, à savoir la cassation de la décision prononcée en violation de la loi.

Cependant, le pourvoi sur l'ordre écrit du ministre de la justice se distingue du pourvoi dans l'intérêt de la loi exercé d'office par le procureur général du Roi. Cette différence se rapporte au domaine et aux effets du pourvoi.

**499. *Domaine.*** Le domaine du pourvoi sur l'ordre du ministre de la justice est plus étendu que celui du pourvoi dans l'intérêt de la loi intenté d'office par le procureur général du Roi près la Cour de cassation. Ainsi, l'article 560-1 C.P.P. étend la possibilité de former le pourvoi dans l'intérêt de la loi, car il permet de l'exercer non seulement contre les décisions judiciaires non susceptibles d'appel, mais contre toutes les décisions, y compris celles qui n'ont pas acquis l'autorité de la chose jugée. Ainsi, le pourvoi sur l'ordre écrit du ministre de la justice peut être formé contre des actes judiciaires, arrêts ou jugements intervenus en violation de la loi ou des formes substantielles de procédure. Il peut s'agir des jugements rendus par le juge de proximité, des ordonnances du juge d'instruction.

Mais le pourvoi ne peut être fondé sur des moyens déjà soulevés dans un précédent pourvoi de droit commun formé contre la même décision (art. 561 C.P.P.).

**500. *Effets.*** Alors que le pourvoi formé d'office par le procureur général du Roi près la Cour de cassation ne produit aucun effet à l'égard des parties, le pourvoi sur l'ordre écrit du ministre de la justice doit avoir un effet positif à l'égard de la personne poursuivie, si elle a été condamnée. En cas d'acquittement, ce pourvoi ne peut pas entraîner une modification de la situation de l'individu acquitté (art. 560 C.P.P.).

## §. 2 - La rétractation et la rectification de l'arrêt

**501.** Le recours en rétractation constitue une voie de cassation extraordinaire. Il est prévu par le législateur marocain pour permettre, dans des cas bien précis, de réexaminer une décision rendue ayant acquis l'autorité de la chose jugée. Spécialement, il vise les arrêts de la Cour de cassation souffrant d'erreurs matérielles ou autres.

Cette voie de recours laisse apparaître un problème de conciliation entre deux intérêts contradictoires, à savoir l'irrévocabilité des décisions, qui ont acquis l'autorité de la chose jugée, et le sentiment général de la justice qui exige de corriger les erreurs judiciaires[274].

*Cette précision donnée, il paraît important de traiter les cas de rétractation (A) et la procédure (B).*

### A) Les cas de rétractation

**502.** L'article 563 C.P.P. donne une liste limitative de recours en rétractation contre les arrêts de la Cour de cassation. Il s'agit des cas suivants :

- Des arrêts qui ont été rendus sur la base de documents déclarés ou reconnus faux ;
- les décisions entachées d'erreurs matérielles manifestes, qui peuvent être rectifiées à l'aide d'éléments fournis par la décision elle-même. La demande en rectification est formée par un mémoire porté devant la chambre qui a rendu l'arrêt, objet de la rectification ;
- l'omission de statuer sur un chef de demande en vertu de moyens ayant fait l'objet de preuves ou dans le cas où la décision n'a pas été motivée ;
- les arrêts statuant en matière d'irrecevabilité ou de déchéance, qui ont été déterminés par les indications de mentions à caractère officiel, dont l'inexactitude est confirmée par de nouveaux documents officiels produits ultérieurement.

---

[274] MERLE (R.) et VITU (A.), « Traité de droit criminel -procédure pénale- », éd. CUJAS, 5e éd., p. 259.

### *B) La procédure*

**503.** A la différence du recours motivé par les erreurs commises dans l'application de la loi et de la révision ouverte pour la réparation d'une erreur de fait, le recours en rétractation est porté devant la juridiction qui a rendu la décision entachée d'erreur matérielle.

La demande en rétractation est formée par l'intéressé selon les règles prescrites par l'article 528, al. 2, 3, et 4 du Code de procédure pénale ou par le Ministère public au moyen d'un mémoire déposé au greffe de la Cour de cassation. Celle-ci statue sur la demande selon les règles prévues par les articles 539 à 557 du Code de procédure pénale.

Lorsqu'il s'agit de la rectification des erreurs matérielles, la Cour de cassation déclare, si elle admet la demande, la rectification de l'erreur sans renvoi.

**504.** ***La procédure d'inscription de faux.*** Cette procédure est prévue par l'article 564 du Code de procédure pénale, ainsi rédigé : *"Le mémoire de pourvoi en rétractation contre une pièce arguée de faux devant la Cour de cassation doit, à peine de nullité, être signé par celui qui allègue le faux ou par son représentant muni d'une procuration spéciale. Il est soumis au premier président de la Cour de cassation"*. Le mémoire doit être notifié au Ministère public. Mais *« la partie qui demande la rétractation, à l'exception du Ministère public ou des administrations publiques, doit déposer une caution pécuniaire de cinq mille dirhams, sous peine d'irrecevabilité.*

*Le montant de la caution est conservé au profit du Trésor, dans le cas du rejet du pourvoi en rétractation »* (art. 563-2 C.P.P.).

Une fois les conditions précitées réunies, le président rend une ordonnance de rejet ou une ordonnance portant permission de s'inscrire en faux. Elle est notifiée au demandeur, dans le délai de quinze jours à compter de son prononcé, avec permission de s'inscrire en faux au greffe de la Cour de cassation.

La Haute juridiction statue, après une enquête, sur la réalité des allégations. Si le faux est établi, elle déclare son existence et ordonne la restitution du montant déposé au demandeur.

## §. 3) La révision

**505.** Le recours en révision est considéré comme l'une des voies de recours extraordinaires que le législateur a abordées dans le titre 3 du livre 4 du Code de procédure pénale, spécialement, aux articles 565 à 574. Sa motivation forte était de préserver une "justice juste"[275], qui nécessite de critiquer une décision, même si elle a acquis l'autorité de la chose jugée.

*Cet état de lieu met en exergue l'opportunité de traiter les conditions du pourvoi en révision (A) et la procédure de jugement (B).*

### *A) Les conditions de fond*

**506.** Selon l'article 565 CP.P., le pourvoi en révision n'est admis qu'à mesure de la découverte d'une erreur de fait commise au détriment d'une personne condamnée pour un crime ou un délit. Il vise à corriger cette erreur, car il serait injuste de la maintenir. Or, cette rectification porte une atteinte à l'autorité de la chose jugée.

**507.** ***Les décisions susceptibles de révision.*** Le pourvoi en révision est possible contre les décisions de condamnation à des peines criminelles ou délictuelles prévues par le Code pénal. *A contrario*, les décisions d'acquittement, celles qui prononcent une peine contraventionnelle, et celles qui n'ont pas acquis l'autorité de la chose jugée[276], ne sont pas sujettes à cette voie de recours. Il en est de même pour la condamnation civile à des dommages-intérêts lorsque l'action civile est visée seule dans le pourvoi en raison de l'existence d'un des motifs qui éteint l'action publique (décès du condamné, prescription…).

En revanche, la révision est possible en cas d'exemption de peine, car *« si elle exclut la peine, l'exemption suppose une affirmation de la culpabilité qui donne un intérêt moral à demander la révision.[277] »* Elle peut être admise à l'encontre des décisions ayant retenu un

---

[275] Expression empruntée à Y. JEANCLOS, in injuste justice ? La dynamique pénale du XXIème siècle, Lexis Nexis, 2013, p. 27 et s. Cité par GOETZ (D.), "La révision en matière pénale", thèse de doctorat, Université de Strasbourg, soutenue le 8 sept. 2005, n° 5.

[276] C. sup. n° 906, du 6 juillet 1961, Rev. la justice et le droit, n° 43 et 44 p. 135.

[277] BOULOC (B.), op. cit., n° 1157.

trouble psychique, mais constatant d'importantes charges ayant dispensé l'agent de peine[278].

**508. *Les cas de révision.*** Selon l'article 566 C.P.P., le pourvoi en révision n'est recevable que dans les cas suivants :

↳ Après une condamnation pour homicide volontaire ou involontaire, des pièces sont fournies qui permettront de faire apparaître des indices démontrant que la prétendue victime de cet homicide est encore vivante. La tentative de meurtre est exclue de la liste.

↳ Lorsque deux individus ont été condamnés pour le même crime ou le même délit par deux décisions contradictoires. La contradiction entre ces deux condamnations est la preuve que l'un des deux condamnés est innocent. Cette hypothèse ne s'applique pas à la complicité et à la participation. Dans ce cadre, la Cour suprême a précisé que : *« La condamnation de deux personnes à la réclusion à perpétuité pour le crime d'homicide volontaire en vertu d'une décision ayant acquis la force de la chose jugée, et la comparution ultérieure du véritable auteur ainsi que sa condamnation à mort pour le même crime, en vertu d'une décision revêtue de la chose jugée, justifient le dépôt d'une demande de révision par le procureur général du Roi près la Cour suprême - oui - Que les deux arrêts ont épuisé les voies de recours après que la Cour suprême a décidé de rejeter les recours formés contre eux et que le fait qu'ils soient contradictoires et inconciliables rend la demande de révision fondée et remplit les conditions de recevabilité en la forme - oui - »*[279].

↳ Si un des témoins entendu a été, postérieurement à la condamnation, poursuivi et condamné pour faux témoignage contre l'accusé.

↳ Enfin, le fait nouveau, c'est-à-dire tout ce qui n'a pas été connu des premiers juges. Par exemple, une personne qui est condamnée pour complicité d'escroquerie, mais l'acquittement est intervenu en appel au profit de l'auteur principal, au motif que *"l'infraction n'était pas caractérisée en tous ses éléments matériels*[280]*"*.

---

[278] Com. rév. 8 févr. 2010, Bull. C.R., n° 2. Cité par BOULOC (B.), op. cit.

[279] C. sup., 06/07/2005, n° 1935.

[280] Crim., 26 juin 1991, Bull. n° 282 ; JCP 1992.II.21131 note Jouve ; Com. rév. 20 juin 1994, Bull. n° 246. Com. rév. 16 nov. 1998, Bull. n° 299, JCP 1999. II. 10118, note W. Jeandidier (complicité et recel) ; Com. rév. 24 mai 2006, Bull. n° 152 ; Crim. 17 janv. 2007, Bull. n° 11. V. aussi pour le cas d'une aide à un délit déclaré inexistant : Com. rév. 17 juin 1998, Bull. n° 197. Mais il en va autrement, si la relaxe n'exclut pas

**509.** ***Les personnes qui peuvent demander la révision.*** Selon l'article 567 C.P.P., la révision peut être demandée dans les trois cas énumérés à l'article 566 par le procureur général du Roi près la Cour de cassation sur sa propre initiative ou à la requête du ministre de la justice (al. 1), après avis d'une commission composée de directeurs du ministère et de trois magistrats de la Cour de cassation désignés par le premier président de cette Cour, en dehors de la chambre criminelle ; par le condamné ou, en cas d'incapacité, à son représentant légal (al. 2) ; au conjoint après la mort ou l'absence déclarée du condamné, à ses enfants, à ses parents, à ses héritiers, à ses légataires et à ceux qui en ont reçu de lui la mission expresse avant sa mort (al. 3).

### *B) Les conditions de forme*

**510.** Le pourvoi est porté devant la Cour de cassation. Elle est compétente pour se prononcer sur la recevabilité en la forme de la demande en révision. Elle procédera ainsi à la vérification de la qualité du demandeur, du pourvoi et de la décision attaquée. Elle examine après si le pourvoi est fondé. Elle peut alors procéder directement ou par commission rogatoire à toute opération (confrontation, reconnaissance d'identité et investigation), qui permet de faire manifester la vérité. Il s'agit là d'une exception au principe qui donne à la Cour de cassation la compétence d'examiner des questions de fait (art. 570-2 C.P.P.).

Si la demande est mal fondée, la Haute juridiction la rejette par une décision de rejet (art. 570-3 C.P.P.). Or, si elle estime que la demande est fondée, elle rendra un arrêt d'annulation de la condamnation prononcée. Cet arrêt est rendu avec renvoi ou sans renvoi.

**511.** ***Annulation avec renvoi.*** Comme le pourvoi en cassation, l'annulation de la décision de condamnation, à la suite d'un pourvoi en révision, est prononcée en principe avec renvoi devant une juridiction du même ordre et du même degré que celle qui avait rendu la décision annulée (art. 571-1 C.P.P.).

Ce cas se présente lorsque la Chambre criminelle estime, après avoir accepté la demande de révision et annulé la décision de condamnation, qu'elle peut procéder à de nouveaux débats oraux

---

l'existence du fait principal : Crim. 16 févr. 2000, Bull. n° 73 ; Crim. 29 juin 2011, Bull. n° 155. Cités par BOULOC (B.), op. cit. n° 1159.

contradictoires. La juridiction de renvoi procède au nouveau jugement de l'affaire dans les formes ordinaires (art. 571-2 C.P.P.). Elle examine l'affaire qui lui est soumise, comme si elle en était saisie pour la première fois. Elle pourra donc procéder à tout acte qui paraît nécessaire pour la manifestation de la vérité (recherches, confrontations et investigations). Le renvoi de l'affaire devant elle ne lui impose aucune obligation légale consistant à respecter l'annulation de la décision de condamnation. Ainsi, elle peut proclamer l'innocence de l'intéressé ou le déclarer coupable, ou confirmer la condamnation et la peine prononcée dans le premier jugement. Or, elle ne peut pas prononcer une peine plus grave que celle de la décision annulée.

**512. *Annulation sans renvoi.*** La chambre criminelle annule la décision de condamnation sans renvoi, en raison de l'impossibilité de procéder à de nouveaux débats. Dans ce cas, elle statue elle-même sur le fond de l'affaire, sur les réquisitions du procureur général du Roi près la Cour de cassation, en présence des parties civiles, s'il y en a au procès, et des curateurs nommés par la Haute juridiction à la mémoire de chacun des morts. Il peut ainsi s'agir du cas de l'accusé décédé ou déclaré irresponsable pénalement. Il peut aussi concerner la prescription de l'action ou celle de la peine, ou si les faits ne constituent plus une infraction à la loi pénale depuis l'arrêt de la Cour de cassation, qui a annulé le jugement ou l'arrêt de condamnation (art. 571-3 C.P.P.)[281].

**513. *Les effets du pourvoi en révision*.** Ce pourvoi a un effet suspensif. En effet, dès que la demande est transmise à la chambre criminelle, la condamnation est suspendue de plein droit, dans le cas où son exécution n'a pas encore commencé. Si, au contraire, le condamné est en état de détention, la mise en liberté de l'accusé peut être ordonnée facultativement par le président du ministère public[282], jusqu'à la décision de la Cour de cassation. Le but étant de déjouer le calcul des condamnés qui formeraient un pourvoi en révision uniquement pour obtenir leur mise en liberté. Ce pourvoi a également

---

[281] C. sup., arr. n° 298-11 du 20 mars 2002. Aff. n° 23662-01, publié au rapport annuel de la Cour suprême, 2002, p. 123.

[282] Il a remplacé le ministre de la justice dans toutes ses prérogatives liées à l'action publique.

*un effet dévolutif*, par lequel la Cour de cassation statue en fait comme en droit.

**514.** Il est à noter que la nouvelle décision rendue par la juridiction de renvoi ou par la Chambre criminelle, qui prononce l'acquittement du condamné, produit certains effets.

Ainsi, celui-ci conduit à l'effacement de la condamnation du casier judiciaire ainsi qu'à la suppression de la condamnation civile à des dommages et intérêts. L'intéressé peut dès lors sur sa demande et en tout état de la procédure de révision, être indemnisé à raison du préjudice subi par la condamnation (art. 573-1 C.P.P.)[283]. Or, en cas de son décès, le droit de demander des dommages-intérêts appartient, dans les mêmes conditions, à son conjoint, à des ascendants et descendants. Il n'appartient aux parents d'un degré plus éloigné qu'autant qu'ils justifient d'un préjudice matériel résultant pour eux de la condamnation (art. 573-2 C.P.P.).

C'est l'Etat qui doit assumer les conséquences de l'erreur judiciaire, sauf son recours contre la partie civile, le dénonciateur ou le faux témoin par la faute desquels la condamnation a été prononcée. Ils seront payés comme frais de justice en matière pénale (art. 573-4 C.P.P.).

Cependant, si l'arrêt ou le jugement définitif de révision prononce une condamnation, il met à la charge du condamné le remboursement des frais au Trésor ou envers le demandeur en révision. Mais s'il succombe, il sera condamné à tous les frais (art. 574-3 C.P.P.).

Enfin, selon l'article 574-4 du Code de procédure pénale, si le demandeur le requiert, l'arrêt ou le jugement de révision prononçant l'innocence du condamné est affiché dans la ville où a été prononcée la condamnation, dans la commune du lieu où le crime ou le délit a été commis, dans celle du domicile des demandeurs en révision, dans

---

[283] La Cour suprême a précisé que : « *Conformément aux dispositions des articles 571 et 573 du Code de procédure pénale et par exception aux cas réglementés par les articles 391 et suivants C.P.C. et 81 D.O.C., et par dérogation au principe de la responsabilité de l'État sur l'activité judiciaire qui ne relève pas du domaine administratif, comme c'est le cas de faute de service résultant de la gestion du service de la justice, le législateur a confié la compétence d'indemnisation du préjudice résultant d'une erreur judiciaire à la chambre criminelle de la Cour suprême ou à la juridiction de renvoi après qu'une décision est rendue pour annuler la décision de condamnation à une peine prononcée sur la base d'une procédure de révision* ». Arr. n° 558, du 27/06/2006 concernant le dossier administratif n° 80/07.

celle du lieu de naissance et du dernier domicile de la victime de l'erreur judiciaire, si elle est décédée, dans celle où siège la juridiction de révision. Dans les mêmes conditions, il est ordonné qu'il soit inséré au Journal Officiel et publié par extraits dans cinq journaux au choix de la juridiction qui a prononcé la décision. Les frais de la publicité prévue sont à la charge du Trésor.

# BIBLIOGRAPHIE

## TRAITES, MANUELS ET OUVRAGES GENERAUX

CORNU (G.), "Vocabulaire juridique". Coll. Quadrige, 7e Éd. PUF, 2005.

FOUCAULT (M.), "Moi, Pierre Rivière, ayant égorgé ma mère, ma sœur et mon frère. Un cas de parricide au XIXème siècle", 1973, Folio.

GUINCHARD (S.) et MONTAGNIER (G.), "Lexique des termes juridiques", 13e éd., Dalloz, 2001, p. 434.

"Le Nouveau Littré", Paris, Garnier, Dict Littre, 2007, vol. II, cf. Prouver.

MONTESQUIEU, "De l'esprit des lois", Livre XII : Des lois qui forment la liberté politique dans son rapport avec le citoyen.

TARDE (G.), "La philosophie pénale", Paris, Cujas, coll. Bibliothèque internationale de criminologie, 4ème éd., 1972, p.436.

## OUVRAGES SPECIAUX

ABDEL FATTAH (I. A.-H.), « La politique criminelle en matière de détention provisoire », éd. Dar Al Salam, 2022, en arabe.

ABDEL RAHIM OTHMAN (A.), « Explication du Code de procédure pénale », éd. autorité générale égyptienne du livre, 1991, en arabe.

ABOU AL-FUTOUH (M. H.), « Explication du Code de procédure pénale », imprimé au pochoir, en arabe, 1982.

ABOU KHADRA (M. A.-G. A.-M.), « L'interrogatoire de l'accusé et ses garanties pendant les phases de l'action pénale : étude comparée », éd. maison de la Renaissance arabe, 2000, 1ère éd., en arabe, p. 942.

AL ALAMI (A.W.) :

- « Explication de la nouvelle loi relative à la procédure pénale », T. 1 et 2, 2018, en arabe, éd. Najah Al-Jadida ;
- "Procédure pénale", T. 3, imprimerie Najah Al Jadida, éd. 2011.

Al-ALFI (M. A. H.), « L'action civile devant la justice pénale », T. 1, Maison égyptienne-marocaine de publication et de distribution.
AL-ARARI (A. K.), « Les sources des obligations, la responsabilité civile », 3ème éd., en arabe, imprimerie Al Oumnia, Rabat, 2014.
Al-DAGHIDI (M.M.), « Les investigations et la preuve pénale », Société Nass d'imprimerie, en arabe, édition 2000.
AL-HOUMD (A.W.), « Al Wassit en droit procédural koweitien », Dar Al-Qabas pour l'édition et l'impression, 4ème éd., en arabe.
AL KHAMLISHI (A.) :
- "Traité de droit pénal général", en arabe, éd. Al *Maarif*, 1ère éd. 1985.
- « Explication du Code de procédure pénale », T. 2, Librairie AL MAARIF, 1991.
AL-MARINI (M.), « Les procédés de preuves pénales dans la perquisition », T. 1, éditeur non identifié, en arabe, 1997, 1ère éd. p. 96.
AL-SAIFI (A. F. M.), « La théorie générale de la règle de procédure pénale », en arabe, DAR AL-AHAD, BEYROUTH, 1974.
AL-SHATWI (M.) et GHALAB (M.), « Défenses formelles et questions préliminaires devant le juge répressif », imprimerie et papeterie nationale, Marrakech, 1998.
AL-SHUAIBI (A.-G. Q.), « La coercition et son impact sur les preuves pénales », 1ère édition, publiée par l'association des juristes des Emiraties, Shariqua, 2011.
AMIR (KH.), « L'action pénale à la lumière des arrêts de la Cour de cassation », centre de connaissances d'Alexandrie, p. 9 (sans mentionner la date).
AYAT (M.), « Etude de procédure pénale », T. 1 et 2, en arabe, imprimerie Babel d'édition et de distribution, Rabat, 1991.
AYOUCH (Z.), « Garanties pour les accusés en phase préalable au jugement », imprimerie Afolki, Tiznit, 1ère édition, 2009.
AWAD (M.M.), « Les droits de l'homme dans les procédures pénales », Nouvelle Bibliothèque Galaa, Beyrouth, T. 2, 2ème éd. 1989, en arabe.
BAKKAR (A. H.), « Garanties d'un procès équitable pendant les phases d'enquête préliminaire et d'instruction préparatoire », Bibliothèque Al-Rashad, Settat, en arabe, 2020.
BEHI (L.), « Explication de la loi relative à la nouvelle procédure pénale », éd. la Revue marocaine de l'administration et de développement, 2004, T. 1, en arabe.

BEN HADDOU (A. S.), « Précis de procédure pénale », imprimerie nationale et papier, Marrakech, 2001, en arabe.
BOULOC (B.), « Procédure pénale », éd. D., 2014.
BOUZAT (P.) et PINTAL (J.), « Traité de droit pénal et de criminologie », T. I, II et III, 1963.
BRAHIM (M.H.), « L'incitation policière et ses effets sur la responsabilité pénale », en arabe, Nouvelle maison d'université, 1997.
DANJAUME-RACCHINI (G.), « Guide du droit pénal », Ellipses, 2007.
DAOUDI (L.), « Etude de la loi n° 22-01 relative à la procédure pénale », en arabe, imprimerie nationale d'Al Waraqa, 2022.
DESPORTE (F.), « Traité de procédure pénale », éd. Economica, 2012.
Desportes (F.) et Lazerges (L.)-Cousquer, « Traité de procédure pénale », Titre II - les principes directeurs, *Economica,* 2009, n° 1605 et s.
DRISSI ALAMI MACHICHI (M.) :
- « Manuel de droit pénal général », les éditions Maghrébines, 1974 ;
- « Procédure pénale », T. 1, en arabe, les institutions judiciaires, Rabat, imprimerie AL MAARIF, publications de l'association pour le développement de la recherche et des études judiciaires, 1991.
ESSAID (M.-J.), « Le procès équitable dans le Code de procédure pénale de 2002 », publié par la fondation ESSAID (M.-J.) pour la réforme du droit et le développement socio-économique.
GUINCHARD (S.), CHAINAIS (C.), SOREL (J.-M.), « Droit processuel », éd. D. 10e éd.
HAMAD (A. F. A. M.), « La preuve pénale en droit comparé et en doctrine islamique et ses applications dans le système saoudien », Ma'had al-Idārah al-'Āmmah, 2011, en arabe.
HELIE (F.), « Chapitre préliminaire de son traité de l'instruction criminelle », 2e éd. Paris, 1866, T.I, p. 3.
HOUMED (A.W.), « Précis de procédure pénale marocaine », publication et distribution de la librairie Toumy, en arabe.
HOUSNI (M.N.), « Explication du Code de procédure pénale », 1ère édition, Dar Al Nahda Al Arabiya, Le Caire, 1988, en arabe, p. 690.
Danjaume-Racchini (G.), « Guide du droit pénal », Ellipses, 2007.
JEULAND (V.E.), "Droit processuel", LGDJ (coll. Manuel), 2007.
KHALAND (K.A.), « Preuve pénale utilisant des moyens scientifiques : une étude analytique comparative », en arabe, mémoire

de master, Université Saladin, Bureau d'édition et de publicité de Tafsir, Erbil, 1ère éd.
LAZERGES (C.), « De la judiciarisation à la juridictionnalisation de l'exécution des peines », in *la sanction du droit*, Mélanges offerts à Pierre COUVRAT, Paris : PUF, Publ. Faculté de droit et des sciences sociales de Poitiers, 2001, p. 489 et s.
MACHICHI (M.I.A.) :
- « Procédure pénale », éd. les presses de l'imprimerie KAMAR, Casablanca, n° 2/1982.
- « Explication de la nouvelle loi relative à la procédure pénale », imprimerie Al Najah, 2009.
MATAR (A. A. A.), « Le rôle des empreintes digitales dans les preuves pénales », Dar Al-Fikr universitaire, Egypte, 2015, en arabe.
MATSPOULOU (H.), BOULOC (B.), « Droit pénal général et procédure pénale », éd. D. 2018.
MERLE (R.) et VITU (A.) : « Traité de droit criminel », Tome II, Procédure pénale, 5e éd., Cujas, 2001.
NAFID (Y.), « Procédure de l'instruction préparatoire - étude comparée », imprimerie Al Oumnia, Rabat.
NAJIB HOUSNI (M.), « Explication du Code de procédure pénale », en arabe, éd. maison Renaissance arabe, 1995.
OTHMAN (A. A. R.), « Explication du Code de procédure pénale », éd. autorité générale égyptienne du livre, 1991, en arabe.
PACHA (A. Z. A-O.), « Principes fondamentaux de procédure pénale », en arabe, partie 1, Le Caire, imprimerie Lajma de la traduction et l'édition, 1951.
PRADEL (J.) :
- « L'instruction préparatoire », CUJAS, 1990, p. 587.
- « Procédure pénale », éd. Cujas, 10e éd. 2000, n° 233.
QILISH (A.), MAJIDI (A.), HAMIDI (S.), ZENOUN (M.), « Explication pratique de la procédure pénale », imprimerie Oumnia, 2ème éd., 2016, en arabe.
RENAULT-BRAHINSKY (C.), « procédure pénale », éd. GUALINO, 2018.
SOROUR (A.F.) :
- « Problèmes contemporains de la politique pénale », en arabe, Presse universitaire du Caire, 1983.
- « Al Wassit des procédures pénales », éd. Dar Al Nahda Al arabia, en arabe.

SUDRE (F.) (ss. dir.), « Les grands arrêts de la Cour européenne des droits de l'homme », PUF, 8e éd., 2017.
THOMAS (D.), "Le concept de procès pénal", *in, La sanction du droit,* Mélanges offerts à Pierre COUVRAT, Paris : PUF, Publ. Faculté de droit et des sciences sociales de Poitiers, 2001.
VERNY (E.), « Procédure pénale », éd. D., 6ème éd.

## THESES, MEMOIRES ET MONOGRAPHIES

AL-ANAZI (F. M.), « L'impact de la preuve utilisant la technologie moderne sur les droits de l'homme : une étude fondamentale comparée et appliquée », en arabe, une recherche soumise pour remplir les conditions d'obtention d'une maîtrise en justice pénale, Université arabe Naif des sciences de sécurité, Collège des études supérieures, Département de justice pénale, spécialisation : Législation pénale. Al-Islami, 2007.
CHEHADE (FE.H.), « Les actes d'investigation », thèse, Le Mans, 2010.
CLÉMENT (S.), « Les droits de la défense dans le procès pénal : du principe du contradictoire à l'égalité des armes », thèse de doctorat, université de Nantes, faculté de droit et des sciences politiques.
GOETZ (D.), « La révision en matière pénale », thèse de doctorat, Université de Strasbourg, soutenue le 08 sept. 2005, n° 5.
NZASHI LUHUSU (TH.), « L'obtention de la preuve par la police judiciaire », thèse de doctorat, soutenue le 29/11/2013, université Paris Ouest la défense.
ROUSSEL (G.), « Rédaction et exploitation des procès-verbaux depuis la loi du 15 juin 2000 », Mémoire DEA, Éd. L'Harmattan, 2004.
SEGAUD (J.), « Essai sur l'action publique », thèse UFR Droit et Sciences Politiques, 2010.
TADROUS (S.), « La place de la victime dans le procès pénal », thèse de doctorat soutenue à l'université Montpellier I, 2014.
WAJDI (R.), « La théorie générale de la jurisprudence », thèse de doctorat, le Caire, 1967, en arabe.
ZIRARI-DEVIF (M.), « La formation du système pénal marocain », thèse, Nice, 1989.

## ARTICLES

AL-MARAWI (H. A. H. D.), « Les méthodes traditionnelles de la preuve pénale », en arabe, ISSN : 2537 – 0758, la Revue de droit.
BIHL (Ŕ L.), *« Typologie des actions en responsabilité : quelles preuves pour quelle action? »* INC Hebdo, 15 mai 1992, p. 82.
COLLET (Ph.), « La conception de l'impartialité du juge par la chambre criminelle de la Cour de cassation », R.S.C. 2016. 485.
CROIZIER (J-L), GUERY (C.), « Expertise », Répertoire pénal, Dalloz, janv. 2010, n° 5, p.3 s.
GUERY (C.), « Commission rogatoire », Dalloz.fr sept. 2012 (actualisation : mai 2017).
LEBLOIS-HAPPE (J.), « Le placement en détention provisoire », AJ pénal, oct. 2003, p. 9.
LEIGH (L.), « La phase préparatoire du procès pénal en droit comparé », RID pén. 1985.
LEROY (J.), « La garde à vue ». Art. 53 à 73 C.P.P. J. Cl., Procédure pénale, 2003, n° 90.
LOMBOIS (C.), « Commission rogatoire », Dalloz.fr, décembre 1998 (actualisation : avril 2016), n° 1.
MAZEAUD (H.), « La lésion d'un intérêt légitime juridiquement protégé, condition de la responsabilité civile », D. 1954, chron. p. 34.
SPENCER (J.-R.), « Les limites en matière de preuve, aspects actuels », R.S.C. 1992, p. 42 et s.
VERIN (J.), « Une politique criminelle fondée sur la victimologie et sur l'intérêt des victimes », R.S.C. 1981, p. 895 et s.
VUILLEMINGONZALES (C.), « La protection de la liberté pendant la phase préparatoire », Rev. pénit. Avril 2001, p.119.

## INDEX DE JURISPRUDENCE

### ➢ Jurisprudence marocaine

C. sup., 18/02/1958, jurisprudence de la Cour suprême en matière pénale 88-99.
C. sup., 26/08/1958, rev. de la jurisprudence de la Cour suprême, n° 13, p. 177.

C. sup., 17/02/1959, arr. n° 92, jurisprudence de la Cour suprême en matière pénale, publiée par la faculté de droit en 1962, p. 84.
C. sup., 31/03/1961, arr. n° 598, Recueil des arrêts de la Cour suprême, années 57-65, p. 71.
C. sup., 16/05/1961, arr. n° 192, jurisprudence de la Cour suprême en matière pénale, 1957-1965, p. 78.
C. sup., 6/07/1961, arr. n° 906, Rev. la justice et le droit n° 43 et 44, p. 135.
C. sup., 08/02/1962, n° 1022, jurisprudence de la Cour suprême en matière pénale, années 57-65, p. 25.
C. sup., 1er/03/1962, arr. n° 1058, jurisprudence de la Cour suprême en matière pénale, années 57-65, p. 48.
C. sup., 21/06/1962, n° 1174.
C. sup., 21/02/1963, arr. n° 66790, p. 1332.
C. sup., 20/03/1963, n° 341, Rev. droit et justice, n° 62, p. 140.
C. sup., 25/12/1963, arr. n° 305, Rev. justice et du droit, n° 65-66-67, p. 282.
C. sup., 29/04/1964, arr. n° 707, Rev. droit et justice, n° 70-71, p. 161.
C. sup., 19/03/1964, n° 1539, Rev. droit et justice, n° 65-66-67, p. 276.
C. sup., 17/06/1964, arr. n° 374, Rev. justice et droit, n° 70 et 71, p. 6453.
C. sup., 16/07/1964, arr. n° 1692, jurisprudence de la Cour suprême en matière pénale, p. 97.
C. sup. 16/01/1965, arr. n° 1773, jurisprudence de la Cour suprême en matière pénale : années 57-65, p. 4.
C. sup., 02/06/1966, arr. n° 661.
C. sup., 12/12/1968, n° 177, jurisprudence de la Cour suprême, n° 6, p. 74.
C. sup., 19/12/68, arr. n° 116.
C. sup., 17 octobre 1968, arr. n° 8.
C. sup., 17/10/1968, arr. n° 3, jurisprudence de la Cour suprême, n°4, p. 95.
C. sup., 14/11/1968, arr. n° 95, jurisprudence de la Cour suprême, n° 6, p. 67.
C. sup., 20/02/1969, arr. n° 401, jurisprudence de la Cour suprême, n° 9, p. 78.
C. sup., 20/02/1969, arr. n° 397, jurisprudence de la Cour suprême n° 7, p. 94.
C. sup., 17/04/1969, arr. n° 9, p. 71.

C. sup., 15/05/1969, arr. n° 574, Rev. jurisprudence de la Cour suprême, années 66-86, p. 406.
C. sup., 03/06/1969, arr. n° 737, jurisprudence de la Cour suprême n° 13, p. 71.
C. sup., arr. n° 653, doss. correctionnel du 19 juin 1969, jurisprudence de la Cour suprême, n° 12, p. 70.
C. sup., 19/06/1969, jurisprudence de la Cour suprême, n° 12, p. 78.
C. sup., 08/07/1969, arr. n° 933.
C. sup., 23/11/1969, n° 2010099.
C. sup., 29/01/1970, n° 286, Rev. justice et droit, n° 112-113, p. 108.
C. sup., 7/05/1970, n° 629, jurisprudence de la Cour suprême, n° 17, p. 70.
C. sup., 18/06/1970, n° 818.
C. sup., 19/11/1970, n° 49, publié à la Revue de la jurisprudence de la Cour suprême, n° 20, p. 40.
C. sup., 5/11/1970, n° 3, jurisprudence de la Cour suprême n° 19, p. 72.
C. sup., 26/05/1971, n° 793/71, publié à la revue des avocats, n° 8 et 9, p. 83 et s.
C. sup., 14/07/1972, n° 860, aff. n° 39047.
C. sup., 12/07/1973, aff. n° 46413.
C. sup., 26/10/1973, n° 157, aff. n° 44381.
C. sup., 24/12/1973, n° 631, aff. n° 364.
C. sup., 10/10/1974, n° 1504, aff. n° 40601.
C. sup., 11/04/1974, n° 1072, Revue de la jurisprudence de la Cour suprême, n° 26, p. 227.
C. sup., 2/05/1974, publié à la Revue de la justice et du droit, n° 126, p. 147.
C. sup., 06/01/1975, n° 188, doss. criminel n° 44091, Revue de la magistrature et du droit, n° 127 et 218.
C. sup., 20/05/1976, n° 729, Rev. justice et droit, n° 27, p. 196.
C. sup., 26/01/1978, n° 357, jurisprudence de la Cour suprême, n° 25, p. 209.
C. sup., 26/01/1978, n° 342, Recueil de jurisprudence de la Cour suprême en matière pénale, p. 157.
C. sup., 12/04/1979, n° 663, Recueil des arrêts de la Cour suprême en matière pénale, 66-86, p. 300 et s.
C. sup., 13/04/1979, arr. n° 773, Revue des avocats, n° 15, p. 78.
C. sup., 29/01/1981, n° 103, doss. correctionnel n° 55739, publié à la Revue de la Cour suprême n° 27, p. 203.

C. sup,. 24/02/1982, arr. n° 88, jurisprudence de la Cour suprême n° 30, p. 154.
C. sup., 23/07/1982, Recueil de la jurisprudence de la Cour suprême, n° 30, p. 80.
C. sup., 12/11/1983, doss. pénal, n° 199-82, publié à la Revue de la jurisprudence de la Cour suprême, n° 35-36, p. 253.
C. sup., 12/12/1983, arr. n° 8185.
C. sup., 25/10/1983, arr. n° 7567, jurisprudence de la Cour suprême, n° 35-36, p. 211.
C. sup., 12/12/1983, arr. n° 8185.
C. sup., 24/01/1985, n° 769, doss. n° 13175, publié à la Revue marocaine des juridictions, n° 37, p. 93 et s.
C. sup., 07/02/1985, arr. n° 1170, Recueil de la jurisprudence de la Cour suprême, années 81-95, p. 76.
C. sup., 11/04/1985, n° 3268, Rev. justice et droit, n° 37-38, p. 202.
C. sup., 9/10/1986, arr. n° 7043, Rev. justice et droit, n° 138 p. 293.
C. sup., 25/03/1986, n° 2461, Recueil des arrêts de la Cour suprême, partie II, p. 148 et s.
C. sup., arr. n° 4435, doss. corr. n° 6706 du 16 mai 1985, jurisprudence de la Cour suprême, n° 39, p. 197.
C. sup., 09/10/1986, arr. n° 7043, Rev. justice et droit, n° 138, p. 293.
C. sup., 12 mai 1987, arr. n° 3561.
C. sup., 16/05/1987, arr. n° 16, jurisprudence de la Cour suprême n° 41, p. 220.
C. sup., 10/03/1988, arr. n° 2142, Rev. de la jurisprudence de la Cour suprême en matière pénale, années 81-95, p. 262.
C.A. de Casablanca, 4/07/88, arr. n° 5827, Rev. des tribunaux marocains, p. 71.
C. sup., 27/04/1989, arr. n° 3574, Recueil de la jurisprudence de la Cour suprême en matière pénale de 1981 à 1995, publié par l'association de développement des recherches et études juridiques.
C.S.J., 06/06/1989, arr. publié à la Revue des avocats, n° 874, doss. n° 2298.
C. sup., 25/10/1990, arr. n° 8594.
C.A. de RABAT, 15/01/1992, n° 551-89/542, publié à la Revue du rayonnement, n° 7, 4/06/1992, p. 125.
C. sup., 28/05/92, dossier n° 90-18308, Décision correctionnelle n° 4039. Publié dans la Revue des avocats, n° 24/23, p. 188.
C.sup., 7/07/1994, n° 6294, dossier correctionnel, n° 18568/92, publié dans la Revue de la jurisprudence de la Cour suprême.

C.sup., 8/02/1995, arr. n° 41415, doss. corr. n° 89/17921, arrêts de la Cour suprême n° 49-50, p. 238.
C. sup., 7/03/1996, doss. n° 4527/95.
C. sup., 27/05/1998, arr. n° 1362.
C. sup., 17/01/1999, n° 32, jurisprudence de la Cour suprême, n° 53 et 54, p. 379.
C. sup., 28/10/1999, arr. n° 2660, doss. corr. 10989/99, jurisprudence de la Cour suprême, n° 59-60.
C. sup., 26/01/2000, arr. n° 205, Rev. de la jurisprudence de la Cour suprême, n° 57 et 58, p. 491.
C. sup., n° 3005, du 28/06/2001, doss. correctionnel n° 22629/2000, publié à la Revue de la Cour suprême, n° 62, p. 314.
C. sup. arr. toutes les chambre réunies, 02/01/2002, n° 1-3, en matière correctionnelle, n° 12543-00. Publié à la revue de la justice, Cour sup., deux chambres ou toutes les chambres réunies. Partie 2, p. 128, et la partie 3, p. 116.
C. sup., 20/03/2002, arr. n° 298-11, aff. n° 23662-01, publié au rapport annuel de la Cour suprême, 2002, p. 123.
C. sup., 27/06/2002, arr. n° 2322/7, doss. correctionnel n° 2162/200.
Ord. jud. n° 238/08, 08/10/03, doss. n° 389/06, 2ème ch. d'instruction près de la Cour d'appel de Kénitra.
C. sup., 23 oct. 2003, n° 102529, doss. n° 10225/02, publié à la Revue du barreau, n° 25, p. 130 et s.
C.A. d'El Jadida, 24/10/2004, doss. n° 88-02, publié à la Revue Al-Milaf, n° 5, p. 324.
C. sup., 06/07/2005, n° 1935.
C. sup., deux chambres réunies, 23/11/2005, n° 1730-10, aff. n° 17506-2003, publié à la partie V des arrêts de la Cour suprême, p. 11.
C. sup. deux chambres réunies, 08 mars 2006, n° 5822, doss. n° 1348/05, publié au Recueil des arrêts de la Cour suprême - deux chambres ou toutes les chambres réunies -
C. sup., 7/06/2006, n° 1847, doss. corr. n° 2883/06, publié à la Revue de la jurisprudence de la Cour suprême, n° 66, p. 370 et s.
C. sup, 27/06/2006, arr. n° 558.
T.P.I. de Marrakech, 27 juin 2006, n° 1879, arr. n° 06/1703, publié à la Revue des juridictions de Marrakech, n° 1, p. 303 et s.
C. sup., 27/06/2006, arr. n° 558, concernant le dossier administratif n° 80/07.
C. sup., 24/01/2007, arr. n° 166.

C. sup., 18/07/2007, n° 1892-3. Doss. corr. n° 20405-06. Publié à la Revue AL Milaf, n° 13/11/2008, imprimerie Najah Al jadida, p. 270.
C. sup., 06/06/2008, arr. n° 1505, Rev. des juridictions marocaines, n° 115, p. 101.
Ord. du juge d'instruction près la Cour d'appel de Casablanca, 5/10/2008, doss. n° 1377/5/09, non publiée.
Ord. du juge d'instruction de la Cour d'appel de El Jadida, n° 6/09, du 18 mars 2009, n° 41/08. Non publiée.
Ord. C.A. de Casablanca, 26/09/2009, doss. n° 729/09, non publiée.
Ord. judiciaire de la Cour d'appel de Fès, le 31 mai 2010 ; doss. crim. n° 327/2610/10, non publiée.
C. sup., 14/04/2010, doss. corr. 14311/2009, n° 1184/7.
C. sup., 02/06/2010, arr. n° 629, doss. corr. n° 17, p. 298.
Cass., 3/08/2011, n° 681/1, doss. n° 16080/10, publié au Recueil de la Cour d'appel de Rabat, n° 2, p. 231 et s.
Arr. de la section de la criminalité financière à la Cour d'appel de Rabat du 30/10/2013, n° 5, doss. n° 12/2626/13, publié à la Revue de la doctrine et la jurisprudence, n° 1, p. 239 et s.
Cass., 25/07/2014, arr. n° 6955, doss. corr. de flagrance, n° 1969/2601/2014.
T.P.I. de BERKANE, 09/06/2016, aff. n° 13650/16.
Ord. Ch. corr. C.A. de Nador, du 05/04/2017, doss. n° 118/8/2017, non publiée.
C.A. de Nador, 26/04/2017, arr. n° 131/8/2017, non publié.
Cass., 27/07/2017, arr. n° 747, doss. corr. n° 23043/6/8/2016.
C.A.A. de Marrakech, 09/10/2019, arr. n° 560, doss. n° 683/7112/2018, non publié.

- **Jurisprudence française**

Crim., 22 janv. 1953, JCP 1953. II. 7456, rap. Brouchot.
Crim., 9 févr. 1961, D. 1961. 306.
Crim., 16 janv. 1964, D. 1964, 191, note J. M, Bull. n° 16.
Crim., 6 oct. 1964, Bull. crim. n° 256.
Crim., 17 oct. 1967, Bull. crim. n° 251.
Crim., 24 avril 1971, Bull. n° 117, Rev. sc. crim. 1971, p. 608, note BOULOC (B.).
Crim., 30 mai 1980, Bull. n° 165, D.1981. 533, note W. Jeandidier.
Crim., 18 févr. 1982, D. 1983. 130, note Chambon.
Crim., 21 juill. 1982, Bull. n° 196, D.1982. 642, note Berr ; Vannes.

Crim., 8 oct. 1985, Bull. n° 301.
Crim., 2 févr. 1988, Bull. n° 52.
Crim., 8 nov. 1989, JCP 1990. II. 21580.
Crim., 26 juin 1991, Bull. n° 282 ; JCP 1992.II.21131 note Jouve.
Crim., 23 octobre 1991, *Bull. crim.,* n° 371. D. 1992. IR 38.
Crim., 22 avr. 1992 : Juris-Data n° 1992-001905; Bull. crim. 1992, n° 169.
Com. rév. 20 juin 1994, Bull. n° 246. Com. rév. 16 nov. 1998, Bull. n° 299, JCP 1999. II. 10118 note W. Jeandidier (complicité et recel).
Crim., 31 janv. 1995, Bulletin d'information de la Cour de cassation, 1995. 605, Gaz. Pal. 1996.1. Somm. 152.
Crim., 22 janv. 1997, B.C. n° 31.
Com. rév. 17 juin 1998, Bull. n° 197.
Crim., 16 févr. 1999, n° 98-80.537, Bull. crim. n° 17 ; Dr. pénal 1999. Comm. 84, note Robert.
Crim., 16 févr. 2000, Bull. n° 73.
Crim., 11 déc. 2002, JCP 2003. IV. 1255.
Crim., 1er oct. 2003, D. 2004. 1845, note M. Sanchez.
Crim., 21 sept. 2004, B. n° 2014.
Crim., 5 janvier 2005, Bull. crim., n° 6, *Dr. pénal* 2005, comm. 48, obs. A. MARON, *AJ pénal* 2005, p. 119, obs. S. ENDERLIN, *R.S.C.*, 2005.373, obs. J. BUISSON.
Com. rév. 24 mai 2006, Bull. n° 152 ; Crim. 17 janv. 2007, Bull. n° 11.
Crim., 11 juill. 2007, n° 07-83.427: Juris-Data n° 2007-040272.
Crim., 29 juin 2011, Bull. n° 155.
Crim., 15 déc. 2011, n° 8, 214, p. 379, note Leroy (J.).
Crim., 4 oct. 2016, n° 16-82.308 : JurisData n° 2016-020398.
Crim, 1er juin 2022, n° 21-81.644.

## TEXTES

- Dahir du 20 hidja 1335 (10 octobre 1917) sur la conservation et l'exploitation des forêts. B.O. 12 mouharram 1336 (29 octobre 1917).
- Dahir n° 1-57-119 du 18 Hija 1376 (16 juillet 1957), chambre syndicale des biologistes.
- Dahir du 6 février 1958 (16 rejeb 1377) relative aux grâces royales, n° 1-57-387, B.O. n° 2365 du 21 février 1958, p. 359.

- Dahir n° 1-57-280, publié au B.O. du 28 février 1958 sur le service de la gendarmerie royale.
- Dahir n° 1-58-261 du 1er chaabane 1378 (10 février 1959) formant Code de procédure pénale.
- Dahir portant loi n° 1-74-448 du 11 Ramadan 1394 (28 septembre 1974) édictant des mesures transitoires pour l'application du Dahir portant loi n° 1-74-338 du 24 joumada II 1394 (15 Juillet 1974) fixant l'organisation judiciaire du Royaume et du décret n° 2-74-498 du 25 joumada II 1394 (16 juillet 1974) pris en application du Dahir portant loi susvisé.
- Dahir n° 1.75.242 du 12 avril 1976 portant publication de la convention du 12 février 1971 relative à l'exécution des jugements et l'extradition des criminels.
- Dahir portant loi n° 1-77-339 du 25 chaoual 1397 (9 octobre 1977) approuvant le Code des douanes ainsi que des impôts indirects relevant de l'administration des douanes et impôts indirects (B.O. n° 3389 bis du 13-10-77), tel qu'il a été modifié et complété par la loi n° 99.02 promulguée par le Dahir n° 1-00-222 du 2 rabii I 1421 (5 juin 2000).
- A/RES/44/25 du 20 novembre 1989.
- Dahir n° 1-92-31 du 15 hija 1412 (17 juin 1992) portant promulgation de la loi n° 12-90 relative à l'urbanisme, B.O. n° 4159, 14 moharrem 1413 (15-7-92), complété et modifié par la loi n° 66-12 promulguée par le Dahir n° 1.16.124 du 21 Kaada 1437 (25 août 2016) relative au contrôle et à la répression des infractions en matière d'urbanisme et de construction.
- Loi n° 1-93-162 organisant l'exercice de la profession d'avocat (promulguée par Dahir du 22 rebia I 1414 (10 septembre 1993). Actuellement, la profession d'avocat est régie par la loi du 20 octobre 2008 (Dahir n° 1-08-101 portant loi n° 28-08 du 20 chaoual 1429, 20 octobre 2008).
- Loi n° 24-96 relative à la poste et aux télécommunications telle qu'elle a été modifiée et complétée, promulguée par le Dahir n° 1.97.162 du 2 Rabii II 1418 (7 août 1997).
- Dahir n° 1-99-200 du 13 joumada I 1420 portant promulgation de la loi n° 23-98 relative à l'organisation et au fonctionnement des établissements pénitentiaires.
- Dahir n° 1-98-10 du 25 rabii I 1421 (28 juin 2000) portant publication de la convention d'entraide judiciaire en matière pénale

faite à Rabat le 10 moharrem 1404 (17 octobre 1983) entre le Royaume du Maroc et les Etats-Unis d'Amérique.

- Loi n° 50-00 relative aux traducteurs agréés près les juridictions, promulguée par Dahir n° 1-01-127 du 29 rabii I 1422 (22 juin 2001) (B.O. n° 4918, 19 juillet 2001).
- Dahir n° 1-01-254 du 9 chaoual 1424 portant publication du Protocole facultatif à la Convention relative aux droits de l'enfant concernant la vente d'enfants, la prostitution et la pornographie mettant en scène des enfants, fait à New York le 25 mai 2000 (B.O. 4 mars 2004).
- Dahir n° 1.02.255 du 25 rajab 1423 (3 octobre 2002) portant promulgation de la loi n° 22.01.
- Dahir n° 1-02-238 du 25 rejeb 1423 (3 octobre 2002) portant promulgation de la loi n° 17-99 portant Code des assurances, tel qu'il a été modifié et complété.
- Dahir n° 1-03-140 du 26 rabii I 1424 (28 mai 2003) portant promulgation de la loi n° 03-03 relative à la lutte contre le terrorisme. B.O. n° 5114, 5 juin 2003.
- Suppression de la Cour spéciale de justice par le Dahir n° 129-04-1 du 15 septembre 2004 portant promulgation de la loi n° 97-03. Cette loi modifie et complète aussi le Code pénal. B.O. n° 5248 du 16 septembre 2004, p. 3372.
- Loi n° 43-05 relative à la lutte contre le blanchiment de capitaux, telle qu'elle a été modifiée et complétée par la loi n° 12-18.
- Dahir n° 1-10-07 du 26 safar 1431 (11 février 2010) portant promulgation de la loi n° 52-05 portant Code de la route.
- *Dahir* n° 01.09.213 du 8 rabia I 1431 (*23 février 2010)* relatif à la *Direction Générale* de la *Sûreté Nationale*. B.O. 5817 du 14 rabia I 1431 (mars 2010), p. 611.
- Loi n° 42-10, promulguée par le Dahir n° 1.11.151 du 16 Ramadan 1432 (17 août 2011) portant organisation des juridictions de proximité et fixant leur compétence. Modifiée par la loi n° 12.09 promulguée par la Dahir n° 21.12.1 du 13 Ramadan 1433 (2 août 2012), B.O. n° 6078 du 11 choual 1433 (30 août 2012), p. 4632.
- Loi n° 35-11 promulguée par le Dahir n° 1.11.169 du 17 octobre 2011.
- A/RES/66/138 du 19 décembre 2011, entré en vigueur le 14 avril 2014.

- Dahir n° 1-13-16 du 1er joumada 1434 (13 mars 2013) portant promulgation de la loi n° 08-12 relative à l'ordre national des médecins.
- Loi n° 103.13 relative à la lutte contre les violences faites aux femmes.
- Dahir n° 1-14-187 du 17 safar 1436 (10 déc. 2014), portant promulgation de la loi n° 108-13 relative à la justice militaire.
- Loi n° 15.10 promulguée par le Dahir n° 16.15.10 du 29 Rabaii 1436 (19 février 2015), B.O. n° 6344 du 28 joumada I 1436 (19 mars 2015), p. 1751.
- Dahir n° 1-16-40 du 14 joumada II 1437 (24 mars 2016) portant promulgation de la loi organique n° 100-13 relative au conseil supérieur du pouvoir judiciaire.
- Dahir n° 1.16.41, 14 joumada II 1437 (24 mars 2016), portant promulgation de la loi organique n° 106-13 formant statut des magistrats, B.O. n° 6456 du 6 rajeb 1437. Cette loi a été modifiée et complétée par la loi organique n° 14-22, promulguée par le Dahir n° 1.23.37 du 23 chaban 1444 (16 mars 2023). B.O. n° 7180, 01 Ramadan 1444 (23 mars 2023), p. 3208.
- Dahir n° 16-122 du 6 kaada 1437 (10 août 2016) portant promulgation de la loi n° 88-13 relative à la presse et à l'édition.
- Dahir n° 1-16-127 du 21 KAADA 1437 (25 août 2016) portant promulgation de la loi n° 27-14 relative à la lutte contre la traite des êtres humains.
- Dahir n° 1-19-92 du 5 kaada 1440 (08 juillet 2019) portant promulgation de la loi n° 32-18 modifiant et complétant la loi n° 22-01 relative à la procédure pénale.
- Loi n° 38-15 promulguée par le Dahir n° 1.22.38 du 30 Kaada 1443 (30 juin 2022), relative à l'organisation judiciaire au Royaume.
- Dahir du 06 hija 1341 (21 juillet 1923) sur la police de la chasse modifié et complété par le Dahir n° 1-06-127 du 18 joumada I 1427 (15 juin 2006) portant promulgation de la loi n° 54-03.
- Projet de loi n° 10-23 relatif à l'organisation et au fonctionnement des établissements pénitentiaires.

# REFERENCES ELECTRONIQUES

ABOU EL FARAH (A.), « Peut-on juger un membre du gouvernement », https://www.lavieeco.com/pouvoirs/ peut-on-juger-un-membre-du-gouvernement-28864/

Convention de Vienne du 18 avril 1961 sur les relations diplomatiques, entrée en vigueur le 24 avril 1964. Nations-Unies, Recueil des traités, vol. 500, p. 95. https://legal.un.org/ilc/texts/instruments/french/conventions/9_1_1961 .pdf

Convention de Vienne du 24 avril 1963 sur les relations consulaires, faite à Vienne le 24 avril 1963. Entrée en vigueur le 19 mars 1967. Nations-Unies, Recueil des Traités, vol. 596, p. 261. https://legal.un.org/ilc/texts/instruments/ french/conventions/9_2_1963.pdf

CHRISTODOULOU (H.), « Analyse critique des notions de connexité et d'indivisibilité en procédure pénale », éd. Toulouse Capitole publications, 31 mars 2023, p. 4. https://hal.science/hal-04053906/document

LECUYER, "L'immunité et la responsabilité civile », Crépisca, Cole. Colloque, PUF 2009, p. 114. Cité par YVES (A.), "Quels écrits sont protégés par l'immunité judiciaire ?" (Civ. 1ère, 16 novembre 2016, n° 15-24248, à publier au Bulletin). https://www.yvesavril.com/articles-informations/articles/responsabilite-des-avocats/quels-ecrits-sont-proteges-par-limmunite judiciaire-civ-1ere-16-novembre-2016-n-15-24248-a-publier-au-bulletin-2.

Louis Favoreu et Thierry Renoux Extrait du Répertoire Dalloz du contentieux administratif, Paris, Sirey, 1992, p. 90 s. Cité par STEFF (A.), « La protection de l'accès au juge judiciaire par les normes fondamentales », https://journals.openedition. org/add/561, p. 233.

Rapport fédération internationale des droits de l'homme, « Les autorités marocaines à l'épreuve du terrorisme : la tentation de l'arbitraire violation flagrantes des droits de l'homme dans la lutte anti-terroriste », n° 379, Fév. 2004. www.fidh.org/IMG/pdf/ma379f-3.pdf.

https://www.jean-pimor-avocats.fr/ actualites/regles-de-procedures/le-jugement-rendu-par-defaut-et-le-jugement-repute-contradictoire

https://www.lexbase.fr/revues-juridiques/3222744-cite-dans-la-rubrique-bprocedure-penale-b-titre-nbsp-itout-jugement-ou-arret-doit-comporter-les-moti
http://www.cnb.avocat.fr/PDF/colloques/EGJP2006.pdf
https://ledroitcriminel.fr/la_science_criminelle/penalistes/le_proces_penal/generalites/levasseur_qualification.htm
http://omdp.org.ma/wp-content/uploads/2020/09/Rapport-annuel-situation-prisons-d%C3%A9tenus-2019_OMP_Fr-Final.pd
https://www.leconomiste.com/flash-infos/population-carcerale-detention-preventive-drogue-l-administration-penitentiaire-devoile
MANGIN (M.), « De l'instruction écrite et du règlement de la compétence en matière criminelle », T. 1, 1848, Bruxelles. https://books.google.co.ma
MDIDECH (J.), « La détention préventive au Maroc, l'exception qui est devenue la règle », in la vie économique, *www.lavie éco.com.*
YVES (A.), « Quels écrits sont protégés par l'immunité judiciaire ? » (Civ. 1ère, 16 novembre 2016, n° 15-24248, à publier au Bulletin). https://www.yvesavril.com/articles-informations/articles/responsabilite-des-avocats/quels-ecrits-sont-proteges-par-limmunite-judiciaire-civ-1ere-16-novembre-2016-n-15-24248-a-publier-au-bulletin-2.

## INDEX ALPHABETIQUE

T



V

# TABLE DES MATIERES

## Structures éditoriales du groupe L'Harmattan

**L'Harmattan Italie**
Via degli Artisti, 15
10124 Torino
harmattan.italia@gmail.com

**L'Harmattan Hongrie**
Kossuth l. u. 14-16.
1053 Budapest
harmattan@harmattan.hu

---

**L'Harmattan Sénégal**
10 VDN en face Mermoz
BP 45034 Dakar-Fann
senharmattan@gmail.com

**L'Harmattan Cameroun**
TSINGA/FECAFOOT
BP 11486 Yaoundé
inkoukam@gmail.com

**L'Harmattan Burkina Faso**
Achille Somé – tengnule@hotmail.fr

**L'Harmattan Guinée**
Almamya, rue KA 028 OKB Agency
BP 3470 Conakry
harmattanguinee@yahoo.fr

**L'Harmattan RDC**
185, avenue Nyangwe
Commune de Lingwala – Kinshasa
matangilamusadila@yahoo.fr

**L'Harmattan Congo**
67, boulevard Denis-Sassou-N'Guesso
BP 2874 Brazzaville
harmattan.congo@yahoo.fr

**L'Harmattan Mali**
ACI 2000 - Immeuble Mgr Jean Marie Cisse
Bureau 10
BP 145 Bamako-Mali
mali@harmattan.fr

**L'Harmattan Togo**
Djidjole – Lomé
Maison Amela
face EPP BATOME
ddamela@aol.com

**L'Harmattan Côte d'Ivoire**
Résidence Karl – Cité des Arts
Abidjan-Cocody
03 BP 1588 Abidjan
espace_harmattan.ci@hotmail.fr

---

## Nos librairies en France

**Librairie internationale**
16, rue des Écoles
75005 Paris
librairie.internationale@harmattan.fr
01 40 46 79 11
www.librairieharmattan.com

**Librairie des savoirs**
21, rue des Écoles
75005 Paris
librairie.sh@harmattan.fr
01 46 34 13 71
www.librairieharmattansh.com

**Librairie Le Lucernaire**
53, rue Notre-Dame-des-Champs
75006 Paris
librairie@lucernaire.fr
01 42 22 67 13

www.ingramcontent.com/pod-product-compliance
Lightning Source LLC
LaVergne TN
LVHW011433061026
849535LV00004BA/795